Emil Staiger · Gipfel der Zeit

Emil Staiger

Gipfel der Zeit

STUDIEN ZUR WELTLITERATUR

SOPHOKLES
HORAZ
SHAKESPEARE
MANZONI

Artemis Verlag Zürich
und München

©
1979 Artemis Verlag Zürich und München
Satz und Druck: Schüler AG, Biel
Printed in Switzerland
ISBN 3 7608 0506 X

Vorwort

*Drum, da gehäuft sind rings
Die Gipfel der Zeit, und die Liebsten
Nah wohnen, ermattend auf
Getrenntesten Bergen,
So gieb unschuldig Wasser,
O Fittige gieb uns, treuesten Sinns
Hinüberzugehn und wiederzukehren.*

Die Verse, denen der Titel des Buchs, «Gipfel der Zeit», entnommen ist, stammen aus Hölderlins Hymne «Patmos». Ihr Anfang lautet in einer späten Fassung: «Voll Güt' ist; keiner aber fasset Allein Gott». Weil Gott keiner allein zu fassen vermag, sucht der Dichter Hilfe. In einer weiten Landschaft erblickt er «rings gehäuft» die «Gipfel der Zeit». Damit können nur die Gipfel in der Geschichte des Geistes gemeint sein. Sie zeigen sich Hölderlin simultan wie Höhenzüge eines Gebirges. Vermutlich denkt er – in einer Hymne – an einen antiken Gipfel wie Pindar; und er denkt an die Offenbarung, die dem Apostel Johannes auf der Insel Patmos zuteilgeworden ist. Wir zählen hier zu den Gipfeln auch Werke, die ihm unbekannt oder minder vertraut gewesen sind: neben dem Sophokleïschen «König Ödipus», den er ganz übersetzt hat, und den Oden des Horaz, von denen uns in seiner Verdeutschung wenigstens einige Proben vorliegen, «Hamlet», der ihm bekannt gewesen sein dürfte wie andere Tragödien Shakespeares, die er einmal in einem Brief erwähnt (an Neuffer 4. Juni 1799), schließlich aber auch Manzonis Roman «I promessi sposi», der ihm schon in der älteren Fassung, die Goethe noch erreicht hat, nicht mehr zugänglich war und mit dem er vermutlich, selbst wenn er seines Geistes noch mächtig gewesen wäre, wenig hätte anfangen können.

Wenn wir hier keinen Wert darauf legen, die längst zum Gemeinplatz gewordene Behauptung einer psychischen Verwandtschaft von Hamlet und Ödipus aufzugreifen, so scheinen die vier Werke – das antike und das neuzeitliche Drama, die kleinen lyrischen Kunstgebilde des Augusteers und die breite Erzählung des Italieners – nichts miteinander zu schaffen zu haben und eher «auf getrenntesten Bergen» als einander «nahe zu wohnen». Unbestreitbar ist aber, daß sie alle als Gipfelwerke gelten. Und wenn wir uns die Gründe ihres Ruhms zu vergegenwärtigen suchen, bemerken wir auch ein gemeinsames Schicksal: An echter Verehrung und Deklamationen tiefster Bewunderung fehlt es nicht. Bewunderung und Verehrung jedoch werden immer wieder anders begründet. Über die Schuld des Ödipus, das Zögern und den Wahnsinn Hamlets bestehen die größten, ja völlig unvereinbare Meinungsverschiedenheiten. Manche Philologen glauben, Horaz die raffiniertesten Kompositionsgeheimnisse und tiefe Gedanken zutrauen zu müssen, um sein Ansehen in der Antike, in der Renaissance und im Barock zu erklären; andere billigen ihm zwar Anmut und feinste künstlerische Reize zu, halten ihn aber für oberflächlich und finden, seine Oden seien aus einzelnen, nur äußerlich verbundenen Blöcken zusammengesetzt. Schließlich gibt es keine allgemein überzeugende Antwort auf die Frage, was «I promessi sposi», außer der vorbildlichen Prosa, so weit über alle andern rührenden, einfachen Volksgeschichten erhebt.

Ein eigentümlicher Befund! Ihn wahrzunehmen, zu untersuchen und, womöglich, zu verstehen, ist die Absicht der folgenden Studien, die sich auch weiterhin gern zu den Versen aus Hölderlins Hymne bekennen möchte. Um «unschuldig Wasser» und um «Fittige» bittet der Dichter, der einen der nahen und doch durch Klüfte der Zeit getrennten Gipfel erreichen möchte. Ich biete eine in einem Gespräch mit Wolfgang Binder versuchte Deutung, wenn ich «unschuldig Wasser» als «heilige Nüchternheit»[1] erkläre, die «Fittige» als Begeisterung. Der beiden einander «harmonisch entgegengesetzten»[2] Kräfte bedarf es also, wenn das Hinübergehen in den Bereich der Vergangenheit und das Wiederkehren in die eigene Welt, die Aneignung, gelingen soll. So der um das Entschwinden der Götter und um ihre Wiederkehr in künftiger Zeit besorgte Dichter. In einem anderen, allerdings meist viel bescheideneren Sinn wird aber jeder seiner Bitte beipflichten, der in Vergangenes eindringen will.

Welchen Namen man diesem Geschäft zu geben bereit ist, tut wenig zur Sache. Als «Wissenschaft» im strengen Sinn des Begriffs, als Beitrag zur Forschung, wird man es schwerlich gelten lassen. Ernst Robert Curtius hat sich zwar einmal erlaubt, von den «paar indogermanischen Dialekten» zu sprechen, die man doch wohl rasch lernen könne. Doch daß ein Literarhistoriker deutscher Sprache sich über griechische, lateinische, englische, italienische Dichtung mit immer gleicher Kompetenz zu äußern wisse, wird kaum jemand zuzugeben gewillt sein. Außerdem ist die Fachliteratur zu den hier ausgewählten Werken längst unübersehbar geworden. Niemand, der aufmerksam zu lesen gewohnt ist, bewältigt auch nur einen winzigen Bruchteil dieses weitläufigen Schrifttums. Doch sollen wir deshalb darauf verzichten, uns über größte Schöpfungen der Vergangenheit unsere Gedanken zu machen und diese Gedanken mitzuteilen? Daß dabei manches dem Fachmann längst Bekannte zur Sprache kommen dürfte, wird man vielleicht noch hingehen lassen. Bedenklicher scheint es, wenn dem Interpreten einiges entgangen sein sollte, was von den Spezialisten mit großer Geduld erarbeitet worden ist und seither als gesichertes Ergebnis der Forschung gilt. Vor dieser Gefahr und ebenso vor einzelnen Fehlern, die dem mit einer fremden Sprache nicht ganz Vertrauten nur allzu leicht unterlaufen, hat mich aber doch wohl die selbstlose Hilfe befreundeter Kollegen beschützt. Ich möchte nicht versäumen, ihnen hier meinen herzlichsten Dank auszusprechen. Das Sophokles-Kapitel haben Albin Lesky und Walter Burkert durchgesehen. Die besonders heiklen Betrachtungen über die Oden des Horaz zu prüfen, hatte Heinz Haffter die Güte. Die Literatur über Shakespeares «Hamlet» gleicht immer mehr dem «Gorgonenhaupt» in Goethes Entwurf zur «Klassischen Walpurgisnacht», das, «seit Jahrhunderten immer größer und breiter werdend», alle Wiederbelebung des Vergangenen zu vereiteln droht und die auf historischem Boden versammelten Geister «aus aller Fassung»[3] bringt. Da war mir denn der sachkundige Beistand Heinrich Straumanns besonders wertvoll. Georges Güntert, der mir schon bei meiner Übersetzung von Tassos Werken und Briefen seinen Rat gegönnt hat, fühle ich mich auch bei der Würdigung von Manzonis Roman verpflichtet. Daß ich diesen freundlichen Helfern mit meinem Dank nun freilich nicht die Verantwortung für alles, was ich im folgenden sage, aufbürden möchte, versteht sich von selbst, und daß sie diese auch kaum zu tragen bereit sein dürften, nehme ich an.

Da sich die vier Studien weniger an Fachgelehrte als an einen breiteren Leserkreis wenden, war es geboten, die Texte in deutscher Übersetzung vorzulegen, manchmal neben dem Original, so durchweg bei dem eigentlich unübersetzbaren Horaz. Bei Sophokles habe ich auf meine 1944 in Zürich erschienene Verdeutschung zurückgegriffen, allerdings nicht ohne zwei wesentliche Korrekturen anzubringen. Die Proben aus Horaz und Manzoni erscheinen in diesem Buch zum ersten Mal in meiner Übersetzung. Bei Shakespeare wäre es bare Vermessenheit gewesen, die Übertragung August Wilhelm Schlegels umgehen zu wollen. Einige offenkundige Fehler, wie sie zum Teil schon L. L. Schücking in den Tempel-Klassikern anmerkt, mußten freilich ausgemerzt werden. Auf den romantisierenden Ton, der so oft beanstandet worden ist, habe ich gelegentlich hingewiesen, ohne mir aber Änderungen, die den Stil empfindlich hätten stören müssen, zu gestatten.

Der Aufsatz über «König Ödipus» ist bereits in der Zeitschrift «Scheidewege» erschienen (Frankfurt a. M. 1973, Jahrgang 3, Heft 1/2). Die drei andern Studien, alle in den letzten vier Jahren entstanden, werden hier zum ersten Mal veröffentlicht.

Sophokles

König Ödipus

Die Tragödie «König Ödipus», die Sophokles vermutlich am Anfang der zwanziger Jahre des fünften Jahrhunderts vor Christus auf die Bühne brachte[1], gehört, wie «Hamlet», zu den Werken, denen man seit langem den höchsten weltliterarischen Rang zubilligt, deren Gehalt jedoch bis auf den heutigen Tag umstritten ist. Offenbar täuschen sich viele über ihr eigenes künstlerisches Empfinden und lesen den Text des Dichters verblendet durch theoretische Vorurteile. Die Aussicht, Klarheit zu schaffen, ist nach zweieinhalb Jahrtausenden ernster, vergeblicher Anstrengungen gering. Das offenbare Geheimnis des «König Ödipus» läßt uns aber nicht los und nötigt uns, die sonderbare Ruhmesgeschichte zu bedenken und eine wo nicht neue, so doch bereinigte Deutung vorzuschlagen. Es kann sich freilich nicht darum handeln, sämtliche Zeugen zu verhören. Da wäre kein Ende abzusehen. Der Kenner wird bemerken, daß ich unter den neueren fachwissenschaftlichen Interpreten besonders Karl Reinhardt[2] und C. M. Bowra[3] verpflichtet bin. Das Schwergewicht lege ich aber nicht auf altphilologische Diskussionen. Mein Interesse gilt vor allem Dichtern und Denkern, die ohne die gründliche Kenntnis von Fachgelehrten das Drama unbefangen zu würdigen glaubten und eben so dem Text des Dichters offensichtlich Gewalt antaten. Auch wenn ich nicht hoffen kann, nachdem die Fehldeutungen widerlegt sind, eher den richtigen Weg zu finden, will ich doch weiterzuschreiten versuchen und schließlich damit zufrieden sein, die Fragen wieder aufgeregt und auf die Gefahren der Interpretation an einem erstaunlichen Beispiel hingewiesen zu haben.

Von der Vorgeschichte der Handlung läßt uns Sophokles folgendes wissen:

Laios, König von Theben, mit Iokaste vermählt, hat von den Priestern einer Orakelstätte Apolls – vermutlich Delphi – erfahren, daß ihn sein eigener Sohn erschlagen werde. Ein Sohn wird ihm geboren. Um dem Spruch zu entgehen, befiehlt er, das Kind mit zusammengebundenen Füßen in unwegsamem Gebirge auszusetzen. Der Sklave, der den Auftrag erhält, übergibt es aber aus Mitleid einem korinthischen Hirten. Dieser bringt es seinem König Polybos, der kinderlos mit Merope vermählt ist und den Findling wie einen eigenen Sohn erzieht und liebt. Nach den Wunden an den Füßen wird der Knabe «Ödipus», das ist «Schwellfuß», genannt. Von seiner Herkunft weiß er nichts. Er hält sich für den Sohn des Königs, scheint auch als solcher zu gelten und wird als Großer im Lande hochgeachtet.

Eines Tages aber behauptet bei einem Gelage einer im Rausch, daß Ödipus nicht von Polybos stamme. Ödipus fragt die vermeintlichen Eltern. Sie lügen ihn nicht geradezu an. Es heißt nur, daß sie dem Schwätzer zürnen. Ödipus versteht das zunächst als beruhigende Versicherung. Dann aber läßt ihm das verhängnisvolle Wort doch keine Ruhe. Ohne Merope und Polybos seine Absicht mitzuteilen, reist er nach Delphi, um den Gott nach seiner Herkunft zu befragen. Doch statt ihm zu verkünden, wessen Sohn er ist, erklärt das Orakel, er werde seinen Vater töten und sich mit seiner Mutter vermählen.

Darauf entschließt sich Ödipus, nie nach Korinth zurückzukehren. Er kommt nach Phokis. Wo der Weg von Delphi in den Weg von Daulia mündet, begegnet ihm auf einem Wagen mit kleinem Geleite Laios, den er nicht kennt. Der Wagenlenker und der Alte stoßen ihn mit Gewalt beiseite. Ödipus übermannt der Zorn. Er schlägt den Wagenlenker nieder. Darauf versetzt ihm Laios mit der Peitsche einen Schlag aufs Haupt. Ödipus vergilt den Hieb, indem er Laios samt dem Gefolge mit seinem Wanderstab erschlägt.

Er kommt nach Theben. Dort löst er das Rätsel der Sphinx, befreit damit die Stadt von einer schweren Plage und vermählt sich mit der Königin, die dem Befreier zugesagt ist. Der Spruch des Orakels hat sich erfüllt. Ödipus ahnt nicht, in welche Lage er geraten ist, und herrscht in Theben einige Zeit als weiser und gerechter König und Vater einiger Kinder, die Iokaste ihm geboren hat.

Da bricht eine tödliche Seuche aus, die Menschen, Tiere und Pflanzen befällt. Hier setzt die tragische Handlung ein. Thebanisches Volk, von einem Priester begleitet, fleht den König an, auf Hilfe in der Not zu sinnen. –

Schon in dieser Fassung der Vorgeschichte ist einiges zu beachten. Aischylos hat dieselbe Sage in einer Tetralogie gestaltet, zu der die Tragödien «Laios», «Ödipus», «Sieben gegen Theben» und das Satyrspiel «Die Sphinx» gehören. Überliefert ist nur das dritte Stück, «Die Sieben gegen Theben». In einem Chorlied wird jedoch auf die erste Tragödie zurückverwiesen. König Laios habe, so erfahren wir da, Apoll getrotzt:

> Dreimal von pythischem Nabel
> Gab kund sein Spruch,
> Er werde die Stadt bewahren,
> Wenn ohne Sohn er sterbe.
> Doch bezwungen von unberatener Lust
> Erzeugte er sich das Verderben,
> Den vatermordenden Ödipus.
> Der wagts, in der heiligen Furche
> Der Mutter, die ihn genährt, zu sä'n
> Den blutigen Keim. Die Gatten
> Vereinte betörender Wahnsinn. (746 ff.)

So weiß es auch Iokaste in den «Phoinissen» des Euripides:

> Sie nennen mich Iokaste, nach dem Willen
> Des Vaters. Laios freite mich. Ich blieb,
> Ihm lange schon Vermählte, kinderlos.
> Er ging und fragte Phoibos und erbat
> Zugleich sich Kinder männlichen Geschlechts.
> Der Gott sprach: «Herr der reisigen Thebaner!
> Besäe nicht die Furche, Göttern trotzend.
> Denn zeugst du einen Sohn, wird er dich töten,
> Und waten wird dein ganzes Haus in Blut.»

> Doch er, im Rausch der Lust verfallen, zeugte
> Mir einen Sohn, und da er ihn gesät,
> Bewußt des Frevels und des Spruchs gedenkend,
> Gab er das Kleine Hirten mit dem Auftrag,
> Es auf Kithairons Gipfel auszusetzen. (12 ff.)

Man kann nun freilich sagen, Sophokles setze die Kenntnis von Laios' Frevel bei seiner Zuhörerschaft voraus. Doch wenn er ihn nicht ausdrücklich erwähnt, so heißt dies, daß er ihm nichts bedeutet.

Damit verschiebt sich der Sinn beträchtlich. Aischylos führt offenbar wie in der «Orestie» so auch in seinem thebanischen Zyklus einen Erbfluch in drei Tragödien durch. Den Erbfluch hat sich ein Geschlecht durch eine gegen den Willen der Götter begangene Handlung zugezogen. Auch Euripides entwickelt die Fabel unter diesem Zeichen. Bei Sophokles dagegen bleibt dem König Laios keine Wahl. Apollon warnt nicht, er sagt nur voraus, und was er voraussagt, wird, wie immer der Mensch auch handeln mag, geschehen.

Wenn dem so ist, dann werden wir aber auch nicht mehr anzunehmen genötigt, die Gottheit habe das Unheil über das ganze Haus des Laios gesandt. Sie rächt sich nicht, sie weiß nur die Zukunft, die für die Menschen noch dunkel ist, und teilt ihr Wissen den Sterblichen mit, ohne Arglist übrigens, unzweideutig, nicht im Stil der meisten Orakel, die Herodot überliefert. Ödipus freilich glaubt einmal, eine Zweideutigkeit annehmen zu dürfen. Nachdem die Nachricht vom Tod des Polybos eingetroffen ist, atmet er auf:

> Ah! Wer, mein Weib, achtete künftig noch
> Des Herds der Pythia, wer noch des Gevögels,
> Des kreischenden da oben, das den Vater
> Zu morden mir bestimmte? Sieh, er liegt
> Im Grab, doch ich bin hier, und keine Waffe
> Rührte ich an, wofern ihn Sehnsucht nicht
> Nach mir verzehrt – so freilich wär es denkbar.
> Und alle trügerischen Sprüche ruhn
> Mit Polybos nun im Hades und sind nichts. (964 ff.[4])

Der Spruch ist aber nicht trügerisch. Das Deuten zeigt im Gegenteil, wie klar der Gott gesprochen hat.

Nur daß Apollon Ödipus verschweigt, wer seine Eltern sind, könnte als göttliche Tücke gedeutet werden. Und Ödipus selber scheint es so aufzufassen, wenn er sich «gottverhaßt» nennt und zwar für seine Blendung die volle Verantwortung zu übernehmen bereit ist, alles andere aber dem finsteren Willen der Gottheit zuschreibt:

> Phoibos Apollon wars, Apoll,
> Der solch Unheil an mir vollbracht.
> Dies aber hat keiner als ich allein,
> Ich selbst zerstört: O Freunde, dem nichts
> Süß wäre zu sehn,
> Was frommte mir Licht? (1329 ff.)

Ist dies aber mehr als der verzweifelte Schrei eines Menschen, der sein Schicksal der Gottheit anvertraut hat und doch nicht von ihr beschützt worden ist? Konnte ihn Apollon denn beschützen, er, für dessen Blick das Unheil doch längst Gegenwart war? Wie dem auch sei – man kann nicht sagen, daß Sophokles einen besondern Akzent auf die grausame göttliche Willkür lege. Die schlimme Zukunft im voraus kennen ist nicht dasselbe wie sie wollen. Daß Phoibos sie gewollt und gewaltsam herbeigeführt habe, wirft ihm nur Ödipus selbst im äußersten Elend vor.

Wie immer in diesem Stück geraten wir aber, nachdem eine Frage geklärt ist, in neue, noch größere Schwierigkeiten. Über den Tod des Laios denken wir zwar nicht weiter nach; wir sehen den alten Mann nicht auf der Bühne und haben keinen triftigen Grund, sein jähes Elend zu beklagen. Er selbst erfährt ja nicht einmal, daß ihn sein eigener Sohn erschlägt. Ein Unglück aber, wie es Ödipus heimsucht, fordert eine Erklärung. Als solche scheint am ehesten eine persönliche Schuld in Frage zu kommen.

Damit fällt das Stichwort, das von jeher die größte Verwirrung stiftet. Es liegt nahe, sich auf die «Poetik» des Aristoteles zu berufen. Nach Aristoteles eignet sich für die Tragödie am besten ein Held, der andere Menschen nicht an Tugend und Gerechtigkeit überragt, auch nicht gerade durch Bosheit, sondern durch einen «Fehler» ins Unglück stürzt. Als einen Helden dieser Art bezeichnet Aristoteles ausdrücklich König Ödipus[5].

Worin besteht dann aber der «Fehler»? Wir werden zunächst beachten müssen, daß die übliche Übersetzung des Worts, das Aristoteles braucht (ἁμαρτία), mit «Fehler» fragwürdig ist. Nach der «Nikomachischen Ethik» liegt die ἁμαρτία – oder, wie es dort heißt, das ἁμάρτημα – zwischen ἀδίκημα und ἀτύχημα. Das ἀδίκημα ist ein bewußtes Unrecht, das ἀτύχημα eine unvorhersehbare Schädigung anderer. Bei dem ἁμαρτημα dagegen liegt der letzte Grund des Unrechts in uns selbst, in unserm Willen; es fehlt jedoch die böse Absicht, die alle Folgen der Handlung ermißt und auf das Endergebnis zielt[6].

In welchem ἁμάρτημα bestünde dann also die Schuld des Ödipus? Aristoteles schweigt sich darüber aus. Einen Hinweis hat die deutsche Aufklärung zu geben versucht. In Briefen, die zwischen Nicolai und Lessing gewechselt wurden, kommt die Frage wiederholt zur Sprache. Nicolai erklärt, der «Fehler» sei nicht die Ermordung des Laios, «welche außer der Handlung ist, sondern die Neugier, aus welcher die Auflösung fließt»[7]. Später meint er dann immerhin, auch die «Heftigkeit» könnte als Fehler gelten[8]. Lessing erklärt jedoch, er finde ihn weder in Neugier noch in Heftigkeit, sondern habe dabei seine eigenen Gedanken, die er ein andermal melden wolle[9]. Er hat sie aber nie gemeldet, und Nicolai durfte erwidern, «daß der Fehler sehr klein sein müsse, zu dem der Scharfsinn eines Lessing erfordert wird, um ihn zu entdecken»[10].

Wir sehen, wie leicht eine Theorie sogar die gescheitesten Männer verblendet. Die Neugier oder die Heftigkeit soll eine Schuld des Ödipus sein? Die Neugier ist offenbar seine Pflicht. Der König übernimmt den Auftrag, Theben von der Pest zu befreien. Er kann dies nur, indem er eine Blutschuld tilgt, die auf der Stadt liegt. So lautet der Spruch aus dem Munde Apolls. Mit leidenschaftlicher Sorge beginnt der König die schwierige

Untersuchung. Er kann überhaupt nicht zu neugierig sein und würde sich schwer verfehlen, wenn er als oberster Richter des Landes erlahmte. Was seine Heftigkeit betrifft, so müssen wir wohl die Vorgeschichte von der Handlung unterscheiden. Zur Vorgeschichte gehört sein Verhalten bei der Begegnung mit König Laios. Er selbst erzählt den Vorfall so:

> Als mich die Fahrt zu jenem Dreiweg führte,
> Kam mir ein Herold und auf einem Roß-
> Gespann ein Mann entgegen, wie du ihn
> Geschildert. Und gewaltsam stießen mich
> Der Führer und der Alte von der Straße.
> Von Zorn gepackt schlag ich den Lenker nieder,
> Der mir den Stoß versetzt; der Greis jedoch,
> Wie ich vorbeigehn will, zielt mitten mir
> Aufs Haupt und läßt die Peitsche niederfahren.
> Ungleich zahl ich's ihm heim: Im Nu stürzt er,
> Vom Wanderstab in meiner Faust getroffen,
> Mitten vom Wagen rücklings in den Staub.
> Und so erschlag ich alle. (801 ff.)

Nach unseren modernen Begriffen liegt hier die Schuld überschrittener Notwehr vor, nicht aber für das athenische Volk, mit dem sich Sophokles verstand. Nach Drakons Gesetz ging straflos aus, wer ohne Vorbedacht tötete[11]. Von Vorbedacht kann beim Verhalten des Ödipus keine Rede sein. Mehr noch: er wird offensichtlich gereizt. Aus seiner Erzählung geht hervor, daß er der Angegriffene war, sich wehrte und eine Beleidigung rächte. Dagegen ist nichts einzuwenden. Wer auf sich hält, der handelt so.

Nicht ebenso leicht zu entschuldigen ist die Heftigkeit, mit der er sich Kreon und Teiresias widersetzt. Auch da ist aber modernes und antikes Empfinden zu unterscheiden. Wir meinen, der Verdacht, daß Kreon ihm nach Thron und Leben trachte, sei völlig aus der Luft gegriffen, erst recht der Argwohn, daß der Seher an einem Komplott beteiligt sei. Der Grieche traute einem Tyrannen solche Befürchtungen eher zu. Doch eben darin hat man nun wieder das ἁμάρτημα finden wollen. König Ödipus, wird erklärt[12], erscheine im ersten Auftritt als gerechter, weiser, gütiger Fürst. Im Drang des Geschehens aber neige er mehr und mehr zu Despotismus, wofür die demokratischen Athener empfindlich gewesen seien. Seine Verfehlung wäre dann Hybris, eine Schuld, die ein Gemeinplatz der attischen Tragödie ist und stets die gebührende Sühne findet.

Das scheint einleuchtend; und doch befriedigt uns auch diese Erklärung nicht. Wir haben nämlich vergessen, darauf zu achten, in welchem Sinne Aristoteles das ἁμάρτημα zur Bedingung des tragischen Helden macht. Es geht ihm einzig um das Spiel der Gefühle in der Zuhörerschaft. Der Zuschauer wird unwillig, wenn er vollkommene Tugend leiden sieht. Das Leiden einer Gestalt, die eine Schwäche gezeigt hat, nimmt er dagegen mit einer gewissen Genugtuung hin. So denken auch Nicolai und Lessing. Und so betrachtet, dürfte es in der Tat für die Wirkung bedeutsam sein, daß Sophokles despotische Züge in Ödipus hervortreten läßt. Der Ausgang wird erträglicher, als wenn noch immer der treubesorgte Landesvater vor uns stünde.

Ein anderes aber ist es, einen wesentlichen Zusammenhang von Schuld und Unglück anzunehmen, also den grausigen Ausgang als Folge des ἁμάρτημα zu betrachten. Ödipus würde heimgesucht, auch wenn er ohne Makel wäre. Denn sein Unheil ist geweissagt. Das Entsetzliche hat sich überdies längst ereignet, bevor er heftig und despotisch geworden ist. So fallen auch alle idealistischen Deutungen, die mit tragischer Schuld und Sühne operieren, dahin. Sie lassen sich ohnehin dem «Ödipus» gegenüber nicht leicht vertreten. Wo gäbe es hier eine Kollision von Pflichten und eine Schuld, die aus dem freien Bekenntnis zu dieser Pflicht und freier Mißachtung der andern entspränge? In der «Antigone» konnte man allenfalls noch, wenngleich mit einigem Zwang, den unversöhnlichen Widerstreit von Staat und Familie dargestellt finden. Im «König Ödipus» zeigt sich nichts, was irgend damit vergleichbar wäre. Die Schuld war aber ein Postulat. Man forderte sie, um die Würde der Gottheit zu retten, im Namen der Theodizee, die man seit Lessing zwar immer vertieft und schwierigeren Fragen angepaßt, nicht aber preisgegeben hatte. Nur wenn eine menschliche Schuld vorlag, blieb Gott der Vorwurf, ein ungerechter Herr des Lebens zu sein, erspart. Die Schuld, wie man sie postulierte, fehlte; also mußte man sie erfinden.

Mit der sonderbarsten Erfindung versucht sich Hölderlin zu behelfen. Der zweite Abschnitt seiner «Anmerkungen zum Ödipus» beginnt: «Die *Verständlichkeit* des Ganzen beruhet vorzüglich darauf, daß man die Szene ins Auge faßt, wo Ödipus den Orakelspruch *zu unendlich* deutet, zum *nefas* versucht wird.

Nemlich der Orakelspruch heißt:

> Geboten hat uns Phöbos klar, der König,
> Man soll des Landes Schmach, auf diesem Grund
> genährt,
> Verfolgen, nicht Unheilbares ernähren.

Das konnte heißen: Richtet, allgemein, ein streng und rein Gericht, haltet gute bürgerliche Ordnung. Ödipus aber spricht gleich darauf priesterlich:

> Durch welche Reinigung, etc.

Und gehet ins *besondere,*

> Und welchem Mann bedeutet er diß Schicksal?

Und bringet *so die Gedanken* des Kreon auf das furchtbare Wort:

> Uns war, o König, Laios vormals Herr
> In diesem Land', eh du die Stadt gelenket.

So wird der Orakelspruch und die nicht notwendig darunter gehörige Geschichte von Laios Tode zusammengebracht. In der gleich darauf folgenden Szene spricht aber, in zorniger Ahnung, der Geist des Ödipus, alles wissend, das nefas eigentlich aus, indem er das allgemeine Gebot argwöhnisch ins Besondere deutet, und auf einen Mörder des Laios anwendet, und dann auch die Sünde als unendlich nimmt»[13].

«Nefas» sagt Hölderlin, nicht «Schuld». Nefas bedeutet eine Schuld, durch die sich der Mensch an den Göttern versündigt. Wie versündigt sich aber Ödipus? Indem er den Spruch «zu unendlich deutet», indem er in seiner Deutung dessen, was Phoibos gefordert hat, zu weit geht. Phoibos soll nur gefordert haben, gute bürgerliche Ordnung zu halten. Ödipus aber setzt nun gleich voraus, ein besonderer Fall sei gemeint, und bringt Kreon so dazu, die Ermordung des Laios zur Sprache zu bringen und das Verhängnis auszulösen. Dem widerspricht aber klar der Text. Zum Spruch Apolls gehören offensichtlich auch die beiden Verse, die Hölderlin selber so übersetzt:

> Verbannen sollen, oder Mord mit Mord
> Ausrichten wir, solch Blut reg' auf die Stadt[14].

Nicht Ödipus bringt also Kreon auf den Gedanken an einen Mord. Apollon selber weist darauf hin, eindeutig, wie alle Orakel des Gottes in dieser Tragödie eindeutig sind. Hölderlin geht darüber hinweg und schließt die Frage des Ödipus:

> Und welchem Mann bedeutet er diß Schicksal[15]?

unmittelbar an den allgemeinen Teil des Orakels an. Eine fast unbegreifliche Willkür, die wiederum nur bezeugt, wie leicht theoretische Vorurteile sogar den eminentesten Geist verblenden.

Die idealistischen Deutungsversuche behaupten sich, mannigfach abgewandelt, in der deutschen Schulästhetik bis gegen das Ende des letzten Jahrhunderts. Wir brauchen nicht auf sie einzugehen. Es wäre immer dasselbe zu sagen: Das Unheil steht von vornherein fest, es ist geweissagt; was der Mensch unterläßt oder tut, kann nichts daran ändern.

Um 1900 aber bemächtigt sich die Psychoanalyse der Frage. Sigmund Freud behauptet in der «Traumdeutung»[16], daß uns der sophokleische «König Ödipus» – im Gegensatz zu allen anderen sogenannten Schicksalstragödien – einen so mächtigen Eindruck mache, weil in uns allen der Wunsch lebendig sei, den Vater beiseitezuschaffen und der Mutter beizuwohnen.

Das «Ecce homo!», das sich vielen Lesern und Hörern angesichts der letzten entsetzlichen Szene aufdrängt, erhielte damit den prägnantesten Sinn. In den «Vorlesungen zur Einführung in die Psychoanalyse»[17] fügt Freud hinzu, die «kunstvoll verzögerte und durch immer neue Anzeichen angefachte Untersuchung» gleiche dem Fortgang einer Psychoanalyse. Und in der «Selbstdarstellung»[18] versucht er, den Einwand, daß Ödipus seinen Vater und seine Mutter ja gar nicht kennt, mit der Erklärung zu entkräften, gerade dies sei zu verstehen, «als der richtige Ausdruck der *unbewußten* Natur seiner verbrecherischen Strebungen».

Über den Ödipuskomplex zu rechten, ist hier nicht der Ort. Wir wollen sogar die seltsame Deutung des Umstands, daß Ödipus seine Eltern nicht kennt, auf sich beruhen lassen, obwohl doch anzunehmen wäre, daß sich auch eine unbewußte Liebe und Feindschaft des Sohnes auf Merope und Polybos beziehen müßte. Entschieden widersprechen aber darf man der Ansicht, die ungeheure Wirkung der Tragödie beruhe auf dem Ödipuskomplex. Freud verfängt sich im eigenen Netz. So richtig es nämlich ist, daß keine Schicksalstragödie an Gewalt dem «König Ödipus» gleichkommt, so richtig ist es auch, daß keine andere dichterische Darstellung des Ödipuskomplexes sich neben dem sophokleischen Werk behauptet. Man lese die Ödipus-Tragödien Senecas, Corneilles, Voltaires, Gides. Sie erschüttern uns nicht. Wir finden sie höchstens in Einzelheiten interessant. Oder man lese Hofmannsthals «Ödipus und die Sphinx», das Stück, das als erster Teil einer Trilogie gedacht war und, fühlbar unter dem Einfluß Freuds, mit allen erdenklichen Mitteln die Aufmerksamkeit auf die Psyche des Helden, auf seine geheimen Ängste und Wünsche lenkt. Der Eindruck ist eher peinlich als stark. Und wenn die Psychologen die Peinlichkeit daraus zu erklären versuchen, daß wir lieber nicht zu deutlich an unsere Komplexe erinnert sein möchten, so ist bereits der Punkt erreicht, bei dem es sich nicht mehr lohnt, weiterzustreiten. Das Unter- oder Unbewußte steht für alles zur Verfügung, was man im Interesse der Theorie vorauszusetzen beliebt.

Auch damit ist also nichts anzufangen! Die schlichte künstlerische Erfahrung mit sämtlichen Ödipusdramen der Welt widerlegt die Behauptung Freuds, die außerordentliche Wirkung des sophokleischen Werks beruhe darauf, daß jedermann Ödipus in sich selber trage.

Erst recht erübrigt es sich, auf eine noch jüngere Deutung[19] einzugehen, nach der uns Ödipus eine «Allverschuldung» des Menschen einprägen soll. Daß alles Handeln als solches Schuld, daß mit der Existenz des Menschen selber schon eine Schuld gesetzt sei, diese Erkenntnis gehe uns angesichts des geblendeten Königs auf. Mit keiner Silbe legt uns Sophokles einen solchen Gedanken nahe. Er ist ein Grieche. Kein Grieche hat je das Handeln an sich als Schuld betrachtet, keiner allein schon im Dasein des Menschen so etwas wie Schuld oder Sünde erblickt.

Nein! Die Schuld des Ödipus, um derentwillen er büßt und duldet, besteht in gar nichts anderem als in der Ermordung seines Vaters und in der Vermählung mit seiner Mutter. Dies hinzunehmen, fällt uns schwer, weil uns die Gesinnung alles gilt und ein Verbrechen, das nicht mit Wissen und Willen begangen worden ist, als Unglück erscheint, das keine Strafe, sondern tiefstes Erbarmen verdient. Wer sich zutraut, daß er von dieser humanen Überzeugung der neueren Zeiten ganz durchdrungen sei, wird Goethe zustimmen, der einmal im Unmut über die tragischen Greuel rundheraus erklärt hat: «Daß Ödipus sich die Augen ausreißt, ist eine Dummheit»[20].

Er wird es empörend finden, daß sich niemand des Unglückseligen annimmt und daß sogar der Dichter selbst die Verbannung des Blinden zu billigen scheint.

Es fragt sich aber sehr, ob wir in Wahrheit so human empfinden. Einen Menschen wie Ödipus würden wir alle mit heimlichem Schauder betrachten, mit einem Schauder nicht vor seinem Unglück, sondern vor seinen Verbrechen. Wir würden ihm kein Amt anvertrauen; wir sähen ihn ungern an unserm Tisch und wichen seiner Berührung aus. Er käme uns gezeichnet vor, auch wenn wir nicht an Mächte glauben, die einen Menschen zeichnen können.

Von da aus finden wir eine Brücke zu den Gefühlen eines Atheners um 430 vor Christi Geburt. An keinem christlichen Gewissen bricht sich in ihm das Grauen vor einem Menschen, der offensichtlich verflucht ist. Sein Unglück wird ihn zwar schwer erschüttern, um so schwerer, als er sich selber – was auch die Sophisten darüber sagen, und was er selbst als aufgeklärter Mensch darüber denken mag – dem allzeit unergründlichen Willen der Götter ausgeliefert fühlt. Doch kein Bewußtsein allgemeiner Sünde und Verderbnis der Welt wird ihn mit Ödipus verbinden. Ödipus ist der Ausgestoßene. Ein solcher Mensch tut wohl daran, sich selbst durch seine Blendung von allem menschlichen Umgang – auch, nach seinem Tod, von allem Umgang mit den Toten im Hades – auszuschließen und die thebanischen Alten zu bitten:

> O führt mich hinaus
> Eilends, ihr Freunde, der Unheil sät
> Und Fluch, den mich
> Die Himmlischen tief,
> Von allen Menschen am tiefsten gehaßt. (1339 ff.)

Dazu kommt, daß einem Griechen des fünften Jahrhunderts vor Christus das, was wir Gesinnung nennen, bei weitem nicht so viel bedeutet wie uns. Er, dem die Polis alles gilt, der kein Privatmann ($ἰδιώτης$), sondern vor allem Bürger sein will und im Namen der Stadt empfindet, hat kein Verständnis dafür, daß «gut» allein der gute Wille sei und Gott allein das Herz ansehe. Unsere Scheidung eines Innern von einem Äußern ist ihm fremd. Er nimmt den Menschen so, wie er in der Öffentlichkeit in Erscheinung tritt, und macht ihn für seine Erscheinung haftbar, unbekümmert um seine Gesinnung. Hier wird man Hegel zustimmen müssen, der in der «Ästhetik», im Anschluß an eine Würdigung der «Antigone», ausführt:
«Formeller schon ist eine zweite Hauptkollision, welche die griechischen Tragiker besonders in dem Schicksal des Ödipus darzustellen liebten, wovon uns Sophokles das vollendetste Beispiel in seinem Ödipus rex und Ödipus auf Kolonos zurückgelassen hat. Hier handelt es sich um das Recht des wachen

Bewußtseins, um die Berechtigung dessen, was der Mensch mit selbstbewußtem Wollen vollbringt, dem gegenüber, was er unbewußt und willenlos nach der Bestimmung der Götter wirklich getan hat. Ödipus hat den Vater erschlagen, die Mutter geheiratet, in blutschänderischem Ehebette Kinder gezeugt, und dennoch ist er, ohne es zu wissen und zu wollen, in diese ärgsten Frevel verwickelt worden. Das Recht unseres heutigen tieferen Bewußtseins würde darin bestehen, diese Verbrechen, da sie weder im eigenen Wissen noch im eigenen Wollen gelegen haben, auch nicht als die Taten des eigenen Selbst anzuerkennen; der plastische Grieche aber steht ein für das, was er als Individuum vollbracht hat, und zerscheidet sich nicht in die formelle Subjektivität des Selbstbewußtseins und in das, was die objektive Sache ist»[21].

Nur von da aus wird die Frage verständlich, die sich Ödipus aufdrängt, nachdem er vermuten muß, er habe Laios erschlagen: «Bin ich böse?» (822) Kein Mensch der Neuzeit kann so fragen. Entweder kennt er sich als Schurken oder er ist sich, obwohl ihn eine höhere Macht in Schuld verstrickt hat, seiner lauteren Gesinnung bewußt. Ein Kalvinist vielleicht mag zweifeln, ob er von Gott verworfen sei oder zu den Auserkorenen zähle. Auch er aber würde nur über den unerforschlichen Ratschluß Gottes brüten und hoffen bis zur Stunde des Todes. Der plastische Grieche dagegen nimmt es als Schicksal hin, daß er böse sei.

Sowie der Sinn für diese ungeteilte Auffassung des Menschen schwindet und andrerseits noch keine Schuldtheorie die Geister beirrt, muß Ödipus als das furchtbarste Beispiel des schuldlos leidenden Menschen erscheinen, unglücklicher noch als Hiob, dem zwar alles, was ihm lieb ist, geraubt wird, der aber doch kein Verbrechen begeht und mit sich selbst im Reinen bleibt. Schon Seneca zeigt einen Ödipus, der sich ebenso seiner furchtbaren Frevel wie seiner persönlichen Unschuld bewußt ist. Er will für seine Taten büßen und will mit seinem Tod zugleich seine Unschuld gegen das Schicksal schützen:

Mors innocentem sola Fortunae eripit[22].

(Schuldlosen Mann entreißt der Tod nur dem Geschick.)

Auch Iokaste unterscheidet Schicksal und bewußtes Handeln:

> Fati ista culpa est: nemo fit fato nocens[23].
> (Wo Schicksal waltet, trifft den Menschen keine Schuld.)

Obwohl er sich aber seiner Unschuld bewußt ist, blendet sich Ödipus, und Iokaste gibt sich selbst den Tod. Beide können sich vor dem Verhängnis nicht in ihre Gesinnung flüchten. Der Gegensatz von redlichem Wollen und entsetzlichem Tatbestand verschärft sich in Voltaires «Œdipe» – dank der «zweischenklichten» Natur des Alexandriners, die den Franzosen verlockt, die Antithese in immer neuen Formeln herauszuarbeiten:

> *Iocaste*
> Ecoutez ma prière.
> *Œdipe*
>   Ah! je n'écoute rien;
> J'ai tué votre époux.
> *Iocaste*
>   Mais vous êtes le mien.
> *Œdipe*
> Je le suis par le crime.
> *Iocaste*
>   Il est involontaire.
> *Œdipe*
> N'importe, il est commis.
> *Iocaste*
>   O comble de misère...
> *Iocaste*
> Ne vous accusez point d'un destin si cruel,
> Vous êtes malheureux, et non pas criminel...
> *Œdipe*
> Et je me vois enfin, par un mélange affreux,
> Inceste et parricide, et pourtant vertueux[24].

Das «schaurige Gemeng» wird schließlich ganz den Göttern aufgebürdet – in jenem ungeheuerlichen Protest der Humanität, mit dem Iokaste aus dem Leben scheidet:

J'ai fait rougir les dieux qui m'ont forcée au crime[25].

Wir haben uns damit weit vom Geist des fünften Jahrhunderts vor Christus entfernt. Doch ob man den Menschen, mit Hegel, im Sinne des «plastischen Griechen» als Einheit nehme oder Gesinnung und Tat unterscheide, es scheint nun unvermeidlich, den sophokleischen «König Ödipus» als Schicksalstragödie aufzufassen. Mit aller Entschiedenheit und dem Behagen, mit dem er sich öfter gegen klassische Traditionen wendet, bekennt sich Fontane zu dieser Auslegung:
«Unsere Dramaturgen haben es mehr und mehr zu einem Fundamentalsatz erhoben, daß es ohne eine Schuld nicht geht – die Hinfälligkeit dieses Satzes kann nicht glänzender demonstriert werden als am «König Ödipus». In ihm waltet einfach das Verhängnis, und so gewiß jene Willkürstragödie verwerflich und unerträglich ist, in der sich nichts aus dem Rätselwillen der Götter, sondern alles nur aus dem «car tel est notre plaisir» eines krausen Dichterkopfes entwickelt, so gewiß ist es anderseits für unsere Empfindung, daß die große, die echte, die eigentliche Schicksalstragödie unsere Schuldtragödie an erschütternder Gewalt überragt. Es ist der weitaus größere Stil. In dem Begreiflichen liegt auch immer das Begrenzte, während erst das Unbegreifliche uns mit den Schauern des Ewigen erfaßt. Die Schuldtragödie dient dem Sittlichen, indem sie das Gesetz des Sittlichen in dem sich Vollziehenden proklamiert. So sei es. Aber das Größte und Gewaltigste liegt in diesem tragischen Gange von Ursache und Wirkung nicht beschlossen. Das Größte und Gewaltigste liegt darüber hinaus. Das unerbittliche Gesetz, das von Uranfang an unsere Schicksale vorgezeichnet hat, das nur Unterwerfung und kein Erbarmen kennt und neben dem unsere ‹sittliche Weltordnung› wie eine kleinbürgerliche, in Zeitlichkeit befangene Anschauung besteht, dies unerbittliche, unser kleines Woher und Warum, unser ganzes Klügeln mit dem Finger beiseite schiebende

Gesetz, das ist es, was die Seele am tiefsten fassen muß, nicht dies Zug- und Klippklappspiel von Schuld und Sühne, nicht die alte Leier von ‹Zahn um Zahn› und nicht das ‹haec fabula docet›: wer Blut vergießt, des Blut soll wieder vergossen werden. All dies ist nicht heidnisch und am allerwenigsten ‹modernüberwunden›»[26].

Das wirkt nach den Klügeleien befreiend und gibt den Eindruck wieder, den ein Künstler von einem Kunstwerk empfängt. Dabei vergessen wir aber nicht, was Freud in seiner sonst anfechtbaren Deutung mit Recht feststellt: daß keine andere Schicksalstragödie es mit dem «König Ödipus» aufnehmen kann, daß also die Wirkung offenbar nicht allein auf dem Walten des Schicksals beruht. Die Schicksalstragödien der Romantik, «Der vierundzwanzigste Februar», «Der neunundzwanzigste Februar», «Der Leuchtturm», sogar Grillparzers «Ahnfrau», kommen uns veraltet vor; das Werk des Sophokles aber besteht.

Wie geht das zu? Zunächst fällt auf, daß die romantischen Tragiker mit Stimmung zu imponieren versuchen, dem Grauen sturmbewegter Nächte, dem Schreien aufgescheuchter Vögel, verlassenen Sälen, deren Pracht sich im Dunkel der Hintergründe verliert. Mit andern Mitteln hat schon Seneca sich um schaurige Stimmung bemüht: in der Beschreibung der Pest zu Beginn oder in der Totenbeschwörung durch Teiresias, die von Kreon in einer langen Rede beschrieben wird. Schwaden des Grauens umfluten uns. Bei Sophokles bleibt die Luft ganz klar, und es erweist sich, daß bei klarer Sicht das Rätselhafte uns nur um so entsetzlicher anstarrt. Klare Sicht wäre nun freilich für die romantischen Schicksalstragödien tödlich. Das Spiel mit Schicksalstagen und -stunden, fatalen Räumen und Gegenständen, vererbten rostigen Dolchen und dergleichen käme uns lächerlich vor. Diese Art von Vorbestimmung hat für uns keine Autorität und scheint schon in der Romantik mehr aus Langeweile hingenommen als ernsthaft anerkannt worden zu sein.

Ganz anders das Orakel von Delphi im fünften Jahrhundert vor Christi Geburt! Als der «König Ödipus» uraufgeführt wurde, lag die Zeit nicht weit zurück, in der Herodot das Orakel gegen moderne Skepsis verteidigt hatte. Sophokles selber hatte schon in früheren Tragödien Weissagungen ins Geschehen eingeflochten. Im «Aias» verkündet der Seher Kalchas, daß Hilfe möglich sei, wenn der Verstörte nur einen Tag im Zelt ausharre – ein Spruch, der episodisch bleibt und die tragische Handlung nicht organisiert. In der «Antigone» führt das Wort des Sehers eine Wendung herbei. Der Auftritt ist so bedeutsam, daß Hölderlin ihn als Zäsur in dem tragischen Vers, den das Ganze bilde, bezeichnen konnte[27]. Doch nichts ist mit den Weissagungen im «König Ödipus» zu vergleichen. Wieder tritt Teiresias auf, noch greisenhafter, unduldsamer, gereizter als in der «Antigone»: die Wucht des göttlichen Wissens droht das menschliche Gefäß zu sprengen. Und außer der Stimme des Sehers vernehmen wir dreimal das Orakel von Delphi, der Stätte Phoibos Apollons, die über dem Nabel der Erde errichtet ist, in der sich die vielen hadernden Stämme und Städte der Griechen vereinigt wissen. Der erste Spruch hat Laios erschreckt. Ihm ist geweissagt worden, daß ihn sein eigener Sohn erschlagen werde. Der zweite Spruch hat Ödipus wissen lassen, er werde den Vater töten und sich mit seiner Mutter vermählen. Der dritte Spruch befiehlt den Thebanern, die Blutschuld ihrer Stadt zu tilgen. Er scheint am wenigsten furchtbar zu sein und löst doch das ganze Verhängnis aus. Der Chor hat Recht, wenn er des «Raunens aus innerstem Nabel der Erde» gedenkt und warnt:

> Dies aber, lebendig ists
> Immerdar und umschwebt ihn. (480ff.)

Und Schiller erklärte nach langem Sinnen über die Einzigartigkeit des «Königs Ödipus» mit Grund:
«Das Orakel hat einen Anteil an der Tragödie, der schlechterdings durch nichts andres zu ersetzen ist; und wollte man das Wesentliche der Fabel selbst, bei veränderten Personen und Zeiten, beibehalten, so würde lächerlich werden, was jetzt furchtbar ist»[28].

Wenn aber alles auf dem Orakel beruht, warum erschüttert das Stück auch uns, die wir nicht an Orakel glauben? Wie bei dem Problem der Schuld verfälschen wir offenbar wieder unser Empfinden. Wir nehmen das Orakel als Gleichnis dafür, daß alles im voraus bestimmt sei und sich, unbekümmert um das Wollen und Trachten des Menschen, nach blinden Kausalitätsgesetzen erfülle. Fühlen wir uns dabei noch einigermaßen verpflichtet, antik zu denken, so halten wir uns an die Lehre der Stoa, daß in allem Geschehen unbedingte Notwendigkeit herrsche und εἱμαρμένη und πρόνοια, Verhängnis und Vorsehung, ein und dasselbe seien.

Doch damit haben wir uns schon wieder von dem Text des Dichters entfernt. Denn wenn auch nicht zu leugnen ist, daß der Glaube an das Orakel den Glauben an eine Vorbestimmung einschließt, so finden wir doch nirgends einen Hinweis auf das allgemeine blinde Walten des ewigen Fatums. Kein einziges Chorlied handelt in dieser Tragödie, die die Schicksalstragödie κατ' ἐξοχήν sein soll, vom Schicksal. Μοῖρα, das entscheidende Wort, begegnet uns ein einziges Mal in seiner vollen fatalen Bedeutung, dort nämlich, wo Iokaste erzählt, was Laios prophezeit worden ist.

> Dem Laios ward ein Spruch – ich sage nicht
> Von Phoibos selber, doch von seinen Dienern –
> Daß ihn das Schicksal treffe, durch den Sohn
> Zu sterben, der aus ihm und mir erwachse[29]. (711 ff.)

Wenn man μοῖρα schon hier zur Not als «Einzelschicksal» verstehen könnte, so gilt dies erst recht von den anderen Stellen (v. 864, 887, 1458). Dem Dichter liegt offenbar nichts daran, die allgemeine Zwangsläufigkeit des Weltgeschehens hervorzuheben[30] – auch wenn es ihm schon möglich gewesen sein sollte, diesen Gedanken zu fassen. Phoibos Apollon und Ödipus, ein Gott und ein Sterblicher, setzen sich in dieser Tragödie auseinander; und nicht darum geht es zu zeigen, daß alles auf Erden im voraus bestimmt sei, sondern darum, das unfehlbare Wissen des Gottes von dem befangenen Wissen des Menschen zu unterscheiden und also darzutun, daß eine Kluft die Menschen von Göttern trennt. Γνῶϑι σαυτόν, «Erkenne dich selbst, erkenne, daß du ein Mensch, kein Gott bist!» Der allen Griechen bekannte Spruch auf dem Tempel des Sehergottes in Delphi kommt noch am ehesten als «Idee» des «König Ödipus» in Betracht – sofern man Wert darauf legt, bei einem Kunstwerk nach einer Idee zu fragen. Auf das Erkennen des Gottes und auf das Erkennen des Menschen werden wir in allen Phasen der Sage verwiesen. Vor dem Blick Apollons ist die fernste Zukunft Gegenwart:

> Zeus nun aber ist und Apoll
> Voll Einsicht und wissend der Sterblichen Wandel.
> (498 f.)

An dieser Einsicht hat Teiresias Teil, der gebrechliche alte Mann, der unter der Last des übermenschlichen Wissens zusammenzubrechen scheint, der aber dann wieder, irgendwoher, die Kraft zur Verkündung der Wahrheit gewinnt, dessen körperlich blinde Augen für unsre im Göttlichen tastende Einbildungskraft die Sehkraft der Augen des Geistes erhöhen. Und andrerseits Ödipus, der kluge, der als einziger unter vielen das Rätsel der Sphinx zu lösen vermag, das Rätsel, dessen Lösung «Der Mensch» heißt, und der bei aller Leidenschaft zu wissen dann doch – zwar nicht versagt; er kommt ja mit seinem Forschen ans Ziel – am Ziel jedoch die jedem Menschen unüberwindlichen Schranken erkennt und erfährt, daß es keinem gelingt, das höhere Wissen des Gottes Lügen zu strafen. «Erkenne dich selbst» im alten Sinn: «Erkenne, daß du ein Mensch, kein Gott bist!» – das stellt sich zumal am Schluß in der Gestalt des geblendeten Königs dar, der nun im Dunkel, wie Teiresias, da ihn kein Augenschein mehr beirrt, die Wahrheit sieht, die er mit leiblichen Augen nicht zu sehen vermochte. In diesem Sinne sagen auch wir, wie schon so viele, angesichts der letzten Szene: «Ecce homo!» An Ödipus wird die Endlichkeit des menschlichen Wesens dargetan, die Endlichkeit des erkennenden Menschen, an die zu erinnern sich Sophokles, gereizt von der Anmaßung der Sophisten, zur Zeit des Peloponnesischen Krieges aufgefordert fühlen mochte.

So könnte es sein. Wir wissen aber nicht, wie Sophokles gedacht und ob er an Orakel geglaubt hat. Man sollte es für wahrscheinlich halten, wenn man bedenkt, daß in der Mehrzahl der sieben erhaltenen Tragödien ein Orakel oder ein gottbegeisterter Seher entscheidende Worte spricht, und daß in die Mitte des «König Ödipus», wie eine Achse, um die sich alles dreht, das Lied gerückt ist, in dem der Chor seine Sorge um die Würde der Weissagungen bekennt und ausspricht, daß auch die Aufführung von Tragödien, der fromme Tanz der Chöre sinnlos würde, wenn dem Menschen gestattet wäre, der Götter zu spotten:

> Es sei mein Teil, Lauterkeit,
> Heilige, mir in jeglichem Wort
> Und jeglicher Tat zu wahren. Denn
> Gesetze bestehen,
> Hoch über uns,
> Im Äther geborene: der Olymp
> Ist ihr Vater. Keines Menschen
> Sterblich Wesen schuf sie. Nie
> Schläfert sie Vergessen ein.
> Groß in ihnen ist Gott und altert nicht.
>
> Herrische zeugt frevler Geist;
> Frevel, so er wähnend sich
> Berauscht an vielem, über das Maß,
> Unzeitigem, und
> Den schroffsten Sims
> Erklommen, stürzet er jäh hinaus
> In blinde Not, wo ihm der Fuß
> Versagt. – O daß das Ringen nie
> Um Thebens Heil ende der Gott.
> Sei der göttliche Schutz mir immer nah.
>
> Wenn einer aber einhergeht, ein
> Verächter mit Händen oder dem Wort,
> Und fürchtet Dike nicht und scheut
> Der erhabenen Geister Throne nicht –:

> Schlage den bös Geschick,
> Unseligen Prunks Lohn.
> So er Gewinn sucht, unrecht, sündig
> Tun beginnet oder mit frechem
> Mut an Unnahbares rührt –:
> Wer wird dann der Begierde Pfeil
> Von seiner Seele noch wehren? Wenn
> Nämlich solches gilt, was soll
> Mir frommer Tanz?
>
> Nie geh ich wieder scheuen Sinns
> Zur heiligen Mitte der Erde, nie
> In Abais Haus und nimmer nach
> Olympia, wenn dies allen nicht,
> Von Händen gewiesen, schön sich fügt.
> Dir aber, Mächtiger, wenn du wahr
> So heißest, Zeus, Herrscher der Welt,
> Sei unverborgen dies und deinem
> Ewig unsterblichen Reich.
> Denn siech sind worden und Gespött
> Des Laios alte Sprüche, und wo
> Glänzt Apollons Ehre noch?
> Der Glaube sinkt. (863 ff.[31])

Andrerseits scheint es aber doch seltsam, daß wir nirgends jenen Zweifeln und Auseinandersetzungen begegnen, die uns in den Euripideischen Tragödien so viel zu schaffen machen. Auch Sophokles war ein Zeitgenosse des Gorgias und Protagoras; und eine starre oder gar naive Gläubigkeit wird man einem Manne von seinem Rang und Ansehn als Zeugen einer so heftigen geistigen Krise doch kaum zutrauen wollen.

Vertritt Iokaste den skeptischen Geist? Nach allem, was geschehen und nicht geschehen ist, hält sie sich für berechtigt, Orakelsprüche zu mißachten. Niemand sieht die Zukunft voraus. Der Zufall waltet über dem Menschen. So scheint es am besten, unbekümmert um Weissagungen dahinzuleben. Das könnte als Hinweis auf sophistische Zweifel an den Göttern gemeint sein. Dazu paßt, daß sich Iokaste eigenmächtig in den

Streit der Männer einmischt und sie zurechtweist. Sie ist von den neuen Lehren berührt. Sie bleibt nicht still im Haus, wie es Frauen nach altehrwürdiger Meinung ziemt. Sophokles habe, erklärt man, eine Art Aspasia vorgeschwebt[32]. Dieselbe Iokaste aber legt den größten Wert darauf, zwischen Apoll und den delphischen Priestern zu unterscheiden:

> Dem Laios ward ein Spruch – ich sage nicht
> Von Phoibos selber, doch von seinen Dienern...
> (711f.)

Und wie sie sieht, daß Ödipus sich ängstigt, beschließt sie, die Heiligtümer der Götter mit Weihrauch und Kränzen zu ehren. Aus ihren Taten und Worten spricht keine folgerichtige Überzeugung. Sie ist die Frau, die alles Störende fernzuhalten versucht, unsicher im Innern bei größter äußerer Würde, abgestimmt auf Ödipus, ruhig neben dem leidenschaftlich Erregten, kühl-verständig neben ihm, der nicht mehr «Neues aus Vergangenem besonnen deutet», sondern «jedem Wort verfällt, das Schrecken kündet» (915f.). Wir wissen, daß sie sich überall irrt; und vor dem Wahn einer so besonnenen Fürstin graut uns vielleicht noch mehr als vor dem König, der fieberhaft nach fernen Zeichen und Spuren sucht. Daraus jedoch ein Bekenntnis des Dichters herauszulesen, geht nicht an. Iokastes Reden und Handeln ist ganz von dramatischen Anforderungen bestimmt. Und wo die künstlerische Begründung hinreicht, bleibt es, wenn andere Zeugnisse fehlen, ungewiß, ob auch ein persönliches Interesse beteiligt sei.

Die Frage ist vielleicht zum Verständnis des «König Ödipus» weniger wichtig, als man zunächst annehmen möchte. Schrecken wir nicht vor einem Vergleich mit einem Dichter der Neuzeit zurück!

In manchen Tragödien Schillers, im «Wallenstein» etwa, auch in vielen Entwürfen, behauptet die Nemesis ihre Macht. Schiller hat aber, wie wir aus seinen philosophischen Schriften wissen, an eine Nemesis, im Sinne einer unfehlbaren Sühne begangenen Unrechts, nicht geglaubt. Außerhalb des Reichs der Freiheit, das nicht von dieser Erde ist, regiert ein blindes

Ungefähr. Der Gute hat keinen Lohn zu erwarten, der Böse wird nicht nach einem zuverlässigen Ratschluß heimgesucht. Alle Überzeugungen dieser Art nennt Schiller «Worte des Wahns». Dennoch regt er immer wieder den Schauer vor der Nemesis auf und scheint es ihm richtig, ihrem Triumph im fünften Aufzug zuzusteuern. Über den Widerspruch, der hier vorliegt, macht er sich selber keine Gedanken. Er braucht auch uns nicht zu beirren. In der Nemesis verdichtet sich die Unheimlichkeit des Lebens, die Schiller aus tiefster Erfahrung kennt. Daß keinem Glück zu trauen, die Macht gefährlich, die Größe hinfällig sei, für dieses Wissen, die Angst des Irdischen, steht die finstere Göttin ein. Aber zu sagen, daß ihr Walten gerecht sei (was es nur zufällig ist), erfordert die Rücksicht auf die Hörer. Sie wollen das Schauspiel befriedigt verlassen. Als ständig lauerndes Schrecknis entspricht die Nemesis dem Glauben des Dichters. Als gerechte Göttin erfüllt sie die Forderung einer tragischen Kunst, die nach dem größten Aufruhr alles wieder ins Gleichgewicht setzen will.

Ähnliche Betrachtungen legt das Orakel im «König Ödipus» nahe. Im Orakel verkündigt sich göttliches Wissen, ein Wissen, dem alles, Vergangenes, Gegenwärtiges und Künftiges, Gegenwart ist und unablässig Gegenwart bleibt. Dem Menschen entschwindet Vergangenes bald, vom Künftigen weiß er gar nichts und Gegenwärtiges nimmt er flüchtig wahr. Zum Orakel als Gleichnis göttlichen Wissens konnte sich Sophokles wohl bekennen. Wir brauchen nur an Parmenides' Unterscheidung von $\dot{\alpha}\lambda\acute{\eta}\vartheta\varepsilon\iota\alpha$ (Wahrheit) und $\delta\acute{o}\xi\alpha$ (Meinung der Menschen) zu denken. Das Orakel aber, das einem Menschen sein künftiges Schicksal voraussagt, mußte dem Dichter als dramatisches Agens hochwillkommen sein. Im Gegensatz zur epischen Dichtung nämlich, deren Wesen in der «Selbständigkeit der Teile»[33] besteht, und die schon in jedem Augenblick des Geschehens ihre Erfüllung findet, drängt die dramatische immer vorwärts und erfüllt sich erst am Schluß, auf den buchstäblich alles «ankommt»[34]. So antizipiert der Dramatiker in jedem Augenblick die Zukunft und muß er auch seine Zuhörerschaft stets auf das Künftige vorbereiten. Kein Dichter der Neuzeit findet bei diesem Geschäft eine so vorzügliche Hilfe wie ein antiker im Orakel. Träume und himmlische Einflüsterungen, Wahrsagungen von Hexen und Zauberern – und womit man sich sonst noch in der christlichen Welt behelfen mag – sie leisten bei weitem nicht denselben Dienst wie die Orakelstätten, zumal die Orakelstätte von Delphi, auf die, als auf den Mittelpunkt der Erde, die Blicke des ganzen hellenischen Volkes ausgerichtet waren. Gleichgültig, wie einzelne aufgeklärte Denker darüber urteilen mochten – den eingewurzelten Gefühlen der im Theater versammelten Menge und auch der Zweifler, solange eine Tragödie sie zu bannen vermochte, schien die von dem Orakel zu Delphi verheißene Zukunft unausweichlich. Und damit war denn schon zu Beginn das Ziel gesetzt, auf das es hinauslief. Die Antizipation, das Walten der wahrhaftig dramatischen Einbildungskraft, die spannt, nicht, wie die epische, fesselt, und um so heftiger spannt, je deutlicher sich im voraus das Künftige meldet, das Künftige, das der befangene Mensch doch wieder für ungewiß halten muß, der Antagonismus von simultaner und sukzessiver Erkenntnis also, das Urereignis aller streng gefügten Tragödien großen Stils, erregt uns, dank dem Orakel, im sophokleischen «König Ödipus» mit nie übertroffener Präzision.

Und dieses Motiv verbindet sich nun mit einem andern, das für das Drama nicht minder bedeutsam ist: dem Gericht. Wieder muß an den Unterschied zur epischen Dichtung erinnert werden. Der Epiker *schaut* und findet im Schauen sein Genügen; er urteilt nicht. Er läßt die Gestalten und Dinge vor seinem Auge vorüberziehen, ohne sich allzu viel Gedanken zu machen. Deshalb verschlägt es ihm auch nichts, den Stoff allmählich zu einer unübersehbaren Fülle anschwellen zu lassen. Er braucht nicht alles im Kopf zu behalten, was er erzählt hat, und findet sich nicht durch eine genaue Planung beengt. Der dramatische Dichter dagegen bezieht die einzelnen Teile streng aufeinander. Er gibt sich nicht mit dem Schauen zufrieden. Er urteilt. Um urteilen zu können, muß er das Ganze übersehen. Die Konzentration, die zunächst allein im Hinblick auf die Aufführung im Theater zweckmäßig scheint, erweist sich damit zugleich als Gebot der Sache, um die es eigentlich geht. Die Einheit von Ort und Zeit und Handlung erleichtert gleichsam die Sichtung der Akten. Und Aktenstücke werden für den Dramatiker alle Gegenstände und Taten, mit denen er es zu tun hat. Das Drama selber – wir haben hier immer den Typus des streng gefügten im Auge, dessen größte Meister die Griechen, Racine, Kleist und Ibsen sind – ist insgeheim ein Gerichtsprozeß und spielt sich darum nicht selten auch äußerlich in forensischen Formen ab. Man denke an die «Orestie», die in dem Gerichtstag gipfelt, der über das Schicksal des Muttermörders entscheidet, den Prinzen von Homburg, den der Kurfürst vor sein Gericht zieht und begnadigt, die Art, wie Ibsen in seinen Dramen Gerichtstag über sich selber hält. Im «König Ödipus» beherrscht ein Richter das ganze Bühnengeschehen. In seinem Bewußtsein versammelt sich alles, was sich vor Zeiten und jüngst ereignet und die Pest in Theben bewirkt hat; und was verborgen ist, bringt er ans Licht. Der «König Ödipus» wird zum Musterbeispiel der analytischen Technik. Schiller würdigt sie mit den Worten: «Der Oedipus ist gleichsam nur eine tragische Analysis. Alles ist schon da, und es wird nur herausgewickelt. Das kann in der einfachsten Handlung und in einem sehr kleinen Zeitmoment geschehen, wenn die Begebenheiten auch noch so kompliziert und von Umständen abhängig waren. Wie begünstigt das nicht den Poeten!»[35]

Das Gerichtsverfahren erlaubt es, die Vorgeschichte mühelos im Gang der Handlung zur Sprache zu bringen. Die Exposition, in der sie hätte erzählt werden müssen, fällt weg.

Sophokles weiß überdies den Stoff noch mehr zusammenzudrängen. Der Sklave, der einst das Knäblein ins Gebirge getragen hat, ist zugleich der einzige überlebende Zeuge der Ermordung des Königs Laios, der Bote aus Korinth identisch mit dem Hirten, dem der Kleine vor Zeiten anvertraut worden ist. So tritt im zweiten Teil der Tragödie keine Gestalt auf, die wir nicht schon aus der Vorgeschichte kennen, und kommt das Wunder zustande, daß die ganze lange Geschichte in 1530 Versen bewältigt wird.

Dazu trägt nun freilich nicht zuletzt die lakonische Sprache bei, die in der Geschichte der attischen Tragödie eine Neuerung darstellt. Sophokles war sich dessen bewußt. In einer von Plutarch überlieferten Äußerung nimmt er für sich in Anspruch, den Pomp des Aischylos preisgegeben, dann seine eigene schmerzvolle Erfindungskraft und schließlich die Art von Stil gefunden zu haben, die dem Charakter am stärksten Ausdruck verleihe und die beste sei[36]. Der Satz ist schwer zu verstehen und sein Sinn bis heute nicht ganz geklärt. Der «König Ödipus» würde bereits auf die dritte Stufe zu stehen kommen. Die Charaktere werden von der Sprache so scharf und knapp gezeichnet wie später einzig noch die Gestalten in Dantes «Divina commedia». Vor allem fällt die Abkehr vom äschyleischen Redeprunk auf. Verglichen mit der «Orestie», den «Sieben gegen Theben», den «Persern» ist der «König Ödipus» nüchtern. Machtwörter finden sich selten. Auf rätselhaft-geistreiche Verschlüsselungen einfacher Dinge wird meist verzichtet. Zu großem rhetorischen Aufwand fehlt im beschleunigten Gang des Geschehens die Zeit. Auch jene «Art der Spielerei» in den ernstesten Dialogen, die Schiller bei den antiken Tragikern als – immerhin kleidsame – Unart vermerkt[37], das Klügeln, die übertriebene Logik, die uns so oft befremdet, fällt im «König Ödipus» kaum mehr auf. Allenfalls Kreons Verteidigungsrede zeigt noch Spuren dieser Manier. Sonst sprechen alle nur klar, prägnant und ungezwungen das Nötige aus. Vereint mit der analytischen Technik ergibt sich daraus das unerschöpfliche, schlanke und monumentale Gebilde, mit dem sich nichts im dramatischen Schrifttum aller Zeiten vergleichen läßt.

Unter den Dichtern der Neuzeit hat Ibsen die analytische Technik mit der größten Meisterschaft ausgebildet. Meist werden bei ihm mit diesem Verfahren aber die Hauptgestalten zu einer gewissen Passivität verurteilt. Sie bilden den Gegenstand der Untersuchung. Der Richter kommt von außen, so Gregers Werle in der «Wildente», Ella Rentheim in «John Gabriel Borkmann». Im «König Ödipus» übernimmt der Protagonist das Richteramt. Das Gericht wird nicht herbeigenötigt. Es ist die Tat des Königs und bringt in das Geschehen die atemberaubende Präzipitation, eine Beschleunigung, die nicht nur ein dramatischer Kunstgriff, sondern zugleich sein richterliches Verdienst ist. Um das Elend abzuwehren, kann er nicht rasch genug wissen wollen und verpönt als Richter, wie der Dichter als Dramatiker, alles unentschlossene Verweilen.

Nun findet er den Schuldigen aber zu seinem Entsetzen in sich selbst. In diesem Ereignis vollendet sich die klassische Architektur des Werks. Wir machen uns dies mit einer scheinbar harmlosen Nebenbetrachtung klar. In einer Studie über «Myrons Kuh» hebt Goethe hervor, daß die Kuh den Kopf nach innen wendet, dem zwischen den Beinen saugenden Kälblein zu:
«Die Gruppe schließt sich auf die vollkommenste Weise selbst ab. Sie konzentriert den Blick, die Betrachtung, die Teilnahme des Beschauenden, und er mag, er kann sich nichts draußen, nichts daneben, nichts anders denken, wie eigentlich ein vortreffliches Kunstwerk alles Übrige ausschließen und für den Augenblick vernichten soll»[38].

Was Goethe hier bewundert, kann der Dichter durch die Rückkehr zum Zustand des Anfangs erreichen, wie Schiller im «Demetrius», Kleist im «Prinz Friedrich von Homburg». Ringkompositionen in der Lyrik leisten denselben Dienst. Die Wiederkehr des Gleichen, die Rückkehr zum Ausgangspunkt der Bewegung erzeugt in der Einbildungskraft das Bild des Kreises, der alles zum Kunstwerk Gehörige einschließt, schützt und festigt, alles, was ihm fremd ist, ausschließt.

Im «König Ödipus» kommt die Kreisbewegung zustande, indem der Richter den Schuldigen in sich selbst entdeckt. Wir wissen das längst, und auch die Athener wußten im voraus, worauf es hinauslief, sobald sie den König Ödipus als Richter die Bühne betreten sahen. Das mindert die Wirkung bekanntlich nicht. Im Gegenteil, sie wird gesteigert, wenn wir das Künftige kommen sehen. Vielleicht aber haben wir uns an die entscheidende Wendung im langen Umgang mit der Tragödie schon so gewöhnt, daß ihre Gewalt uns so wenig bewußt wird wie dem Fischer, der von Kind auf am Ufer wohnt, das

Tosen des Meeres. Versuchen wir, womöglich, den Zustand des ersten Erfassens zurückzugewinnen.

Ödipus wird von den Thebanern hochgeehrt, weil er die Stadt vor Zeiten von der Sphinx befreit hat und offenbar seit Jahren als gerechter und weiser Fürst regiert. Auch in der Not der Pest erflehen sie mit Vertrauen Hilfe von ihm. Er hat nach Delphi geschickt, um von dem Gott zu hören, was zu tun sei. Der Spruch, den Kreon heimbringt, bürdet dem König das Amt des Richters auf. Er übernimmt es mit demselben ehrlichen, leidenschaftlichen Eifer, mit dem er sich allen seinen fürstlichen Pflichten zu unterziehen gewohnt ist. Der Gott hat von einer Blutschuld gesprochen. Kreon vermutet, daß damit die Ermordung des Königs Laios gemeint sei. Doch Laios ist vor vielen Jahren ermordet worden, und alle Spuren des Frevels sind wohl längst verwischt. König Ödipus fragt nach den Mördern:

> Wo aber sind die nun? Wo findet sich
> Die zeichenlose Spur der alten Schuld? (108f.)

Der alten Schuld! Es ist lange her. Der Staub der Vergangenheit liegt darüber. Man hat es als unwahrscheinlich bezeichnet, daß Ödipus nicht weiß, wie Laios umgekommen ist, und seither mehrere Jahre verstrichen sind. Schon Aristoteles merkt dies an, entschuldigt den Umstand aber damit, daß er außerhalb der eigentlichen dramatischen Handlung liege. Voltaire drückt sich, mit verblüffender Überheblichkeit, schärfer aus:
«Il est déjà contre la vraisemblance qu'Œdipe, qui règne depuis si longtemps, ignore comment son prédécesseur est mort; mais qu'il ne sache pas même si c'est aux champs ou à la ville que ce meurtre a été commis, et qu'il ne donne pas la moindre raison ni la moindre excuse de son ignorance, j'avoue que je ne connais point de terme pour exprimer une pareille absurdité»[39].

Damit hat es noch nicht sein Bewenden. Voltaire bemängelt auch, daß Ödipus vermutet, man habe die Mörder des Laios in Theben bestochen und Kreon sei an dem Komplott beteiligt.

Ein lächerlicher, grundloser Verdacht! Er findet, nach dem Zornausbruch des Sehers sei der Fall geklärt und brauche unter vernünftigen Leuten weiter nicht geprüft zu werden. Wiederum liege nach Iokastes Erzählung alles offen am Tag. Er aber, der kluge Rätseldeuter, sehe und begreife nichts und klammere sich daran, daß der einzige Zeuge von vielen Mördern spreche, während er damals doch, am Dreiweg, als einsamer Wanderer dem alten Mann und seiner Gefolgschaft begegnet sei.

Voltaires Kritik, die zum Teil von neueren Kritikern wiederholt worden ist, beweist nur, wie wenig, in gewissen Grenzen, an der Wahrscheinlichkeit liegt. Wenn der Zuschauer im Theater gar nicht dazu kommt, nach Wahrscheinlichkeit im Gang der Handlung zu fragen, darf sich der Dichter alles gestatten. Ja, er soll sich alles gestatten. Denn sein Werk ist nicht für nüchterne Geister wie Voltaire bestimmt, die niemals den Verstand verlieren, sondern für Menschen, die sich gern ergreifen und erschüttern lassen und in der Ergriffenheit nicht auf spielverderberische Gedanken kommen. Auch die Gestalten auf der Bühne sind nicht, wie Voltaire offenbar fordert, kühlüberlegene Standespersonen, sondern, je mehr die Lage sich zuspitzt, Besorgte, Aufgescheuchte, Verstörte, bei denen gerade der scharfe Verstand, der immer voreilt, Unheil stiftet. Dies einmal zugegeben, stellen die Dinge sich ganz anders dar, als der Franzose sie sich zurechtlegt.

Die Schuld muß fast vergessen und vom Staub der Vergangenheit überdeckt sein, damit der Blick am Anfang so weit wie möglich abgelenkt wird und bei der Rückkehr auf den Schuldigen einen möglichst großen Bogen beschreibt. Der Spruch des Sehers lenkt ihn zurück. Doch dieser Spruch ist unfaßbar. Ödipus verwirft ihn im vollen Bewußtsein seiner Rechtschaffenheit und mit der Verantwortung des Richters, der doch den *Schuldigen* suchen muß. Er ist nun aber verstört und scheint in einen Taumel zu geraten. Wer hielte gelassen eine so ungeheuerliche Beschuldigung aus? Der Zuschauer hat den Eindruck, daß sie ihn tiefer trifft, als er zugeben will, und daß er eben deshalb nun übereifrig nach Indizien tappt und sich ans Nächste Beste hält. Die Torheit, die Voltaire ihm vorwirft, ist ein Zeichen seiner Erregung. Sie wächst mit dem Verdacht, der immer konkreter und unerträglicher wird. Wir dürfen nicht fragen, in welchem Augenblick er sich selbst als Mörder des Vaters und als Gatten der Mutter erkenne. Im Bewußtsein der eigenen Unschuld nicht glauben können, in erwachendem Zweifel nicht wissen wollen und wirklich nicht wissen: das läßt sich schwer unterscheiden. Um psychologische Delikatessen kümmert sich Sophokles ohnehin kaum. Nur einmal deutet er an, daß Ödipus sich selbst zu betrügen versucht. Nachdem er Iokaste erzählt hat, was am Dreiweg geschehen ist, fährt er fort:

> Wenn der Fremde
> Nun irgendwie vom Haus des Laios war,
> Wer ist dann unglückseliger, wer ist
> Den Göttern dann verhaßter noch als ich? (813 ff.)

Er wagt es noch nicht, sich vorzustellen, er habe Laios selbst erschlagen, und lenkt auf «irgendeinen» aus dem Hause des Ermordeten ab. Merkwürdig ist dann auch, wie sich die Frage nach dem Mörder des Laios mit der Geburt des Königs Ödipus verbindet und beide Fragen sich so durchdringen, als wüßte er insgeheim bereits, daß, wenn er den einen entdeckt hat, auch der andere alsbald greifbar sein wird. Der Spruch des Gottes – nicht das Orakel, das Kreon heimgebracht, sondern das ältere, das er selbst vor vielen Jahren in Delphi empfangen hat – leitet ihn mehr, als er sich einzugestehen wagt. Daß es erfüllt sei, drängt sich auf. Je mehr es sich aber aufdrängt, desto ungestümer stößt er es weg.

Sophokles ordnet dabei die Folge der Zeugen gerade umgekehrt, als man zunächst, mit einem plumperen Kunstverstand, erwarten sollte. Der erste, mit dem sich Ödipus auseinandersetzt, ist der blinde, aber mit göttlichem Wissen begabte Seher. Ihm begegnet er mit dem ehrlichsten, noch ganz ungebrochenen Zorn. Der zweite ist Kreon, nach Ödipus der Höchste im Staat, doch immerhin nur ein weltlicher Mann. Von Kreon läßt er sich wenigstens bewegen, ruhiger zuzuhören. Er prüft seine Gründe und gibt ihm, widerwillig zwar, nach, auf Bitten

Iokastes, die Königin ist, als Frau jedoch auf einer tieferen Stufe steht. Der korinthische Bote folgt, ein Sklave, der aufgeweckt und klug ist und es weiter gebracht hat als der dumpfe Hirt, der die Reihe beschließt. Je niederer also der Rang der Zeugen, desto gewichtiger ist ihr Zeugnis, eine Gegenläufigkeit, die dazu führt, daß der Geist des gewaltigen Königs, wie Hölderlin sagt, «am Ende der rohen und einfältigen Sprache seiner Diener unterliegt»[40].

Damit ist die Bewegung zu ihrem Ausgangspunkt zurückgekehrt. Genauer und entsetzlicher hat sich ein klassisches Kunstgesetz nie erfüllt. Der Kreis, an dem wir ein so großes ästhetisches Wohlgefallen finden, wird gleichsam zur Schlinge, die sich um den Hals des Helden zusammenzieht.

Wir nennen dies tragische Ironie. Von tragischer Ironie ist bereits die Sage selbst und erst recht ihre dichterische Gestalt in allen Phasen bestimmt. «Tragische Ironie» – das sei zunächst in dem einfachen Sinn gemeint, in dem wir sie etwa in Wallensteins letzten Worten vor seiner Ermordung finden:

> Ich denke einen langen Schlaf zu tun,
> Denn dieser letzten Tage Qual war groß.

Er meint nur, daß er müde sei und nicht zu früh geweckt werden möchte. Derselbe Wortlaut eignet sich aber auch als Ausdruck der Todeserwartung. Und so verstehen wir ihn, und verstehen damit zugleich, daß es Schiller gelingt, den Eindruck, den wir von Wallensteins Verblendung haben, noch zu vertiefen, wenn er ihn so harmlos die ominösesten Worte sprechen läßt.

Ähnlich entnehmen wir manchen Worten des Ödipus einen doppelten Sinn. Auf die Rede des Priesters antwortet er:

> Ihr Armen! Allzugut ist mir bekannt,
> Was euch zu mir geführt; ich weiß es wohl:
> Ihr alle krankt. Und doch, wie sehr ihr krankt,
> So krank wie ich ist keiner unter euch. (58ff.)

Wie das gemeint ist, erklärt der König selbst sogleich in den folgenden Versen:

> Denn *euer* Leiden geht auf einen nur,
> Das eigne Ich, sonst niemand; *meine* Seele
> Klagt um die Stadt, um mich und dich zugleich.

Wohl! das ist das Wort eines Fürsten! Wir wissen aber, daß dieser Fürst zugleich auf eine Art, von der er selber noch keine Ahnung hat, der Kränkste unter allen ist.

Seiner Rätseldeutung rühmt er sich Teiresias gegenüber:

> Es schwiegen dir
> Die Götter all. Da kam ich, Ödipus,
> Unwissend ganz, und trafs und macht' ein Ende.
> (395 ff.)

In der Tat, «unwissend ganz», beraten nicht von Menschen oder Vögeln, ausgerüstet nur mit seinem besonders scharfen Verstand, «unwissend ganz» aber auch im Hinblick auf seine Vergangenheit und Zukunft.

Das Gerichtsverfahren hat er vor Kreon und dem versammelten thebanischen Volk mit den Worten eröffnet:

> Wohlan! Von Anfang wieder hell' ich's auf!
> Denn heilig-schicklich ists, wie sich Apoll,
> Und schicklich, wie des Toten du dich annimmst.
> Da will auch ich an eurer Seite streiten
> Zur Sühne dieses Landes und des Gottes.
> Und nicht für Fremde nur, die außen stehen,
> Nein, für mich selber tilg ich diesen Greuel.
> Wer nämlich jenen mordete, kann leicht
> Auch gegen mich die Hand erheben wollen. (132 ff.)

«Nicht für Fremde... für mich selbst!» Die Kreisbewegung, die von König Ödipus ausgeht und auf ihn zurückschlägt, wird hier vorgezeichnet, während er selber mit seinen Worten nur das Vertrauen auf seine richterliche Energie zu steigern hofft. Sopokles drückt sich sogar genauer aus, als wir beim ersten Lesen bemerken. Die Übersetzung ist genau. Ödipus hat getötet; sich selber töten wird er nicht, den Mord mit eigener Hand aber rächen, χειρὶ τιμωρεῖν, indem er sich selber die Augen aussticht.

Manchmal sendet auch nur die Wortstellung einen Wetterschein über die Szene. Der Bote hat nach König Ödipus gefragt; der Chor antwortet:

> Hier ist sein Haus und er darin, o Fremdling,
> Und jene Frau die Mutter – seiner Kinder. (927f.)

In allen diesen Beispielen liegt die tragische Ironie im Wortlaut. Sie liegt aber auch in jedem entscheidenden Vorgang vom Beginn der Sage bis zu der letzten Szene des Dramas. Laios hat Ödipus aussetzen lassen, um dem Verhängnis zu entrinnen, und es eben damit ermöglicht. Der Hirt hat sich des Kleinen erbarmt und ihn mit diesem Erbarmen seiner schrecklichen Zukunft überliefert. Ödipus meidet nach dem Spruch des delphischen Orakels Korinth, begegnet deshalb seinem wirklichen Vater an dem fatalen Dreiweg, erschlägt ihn, löst das Rätsel der Sphinx und wird dadurch Gemahl der Mutter. Keine großen Veranstaltungen von außen sind nötig, um das prophezeite Verderben herbeizuführen. Der Mensch bewirkt es selbst, gerade indem er ihm mit aller Kraft und Klugheit zu entrinnen versucht. Phoibos Apollon regt sich nicht. Er braucht keine tödlichen Pfeile zu senden und braucht die Sterblichen nicht zu täuschen. Sie täuschen sich selbst, und wiederum nicht durch ein Erlahmen ihres Verstandes, sondern umgekehrt, indem sie sich seiner mit größtem Eifer bedienen.

Ob auch die Blendung noch im Zwielicht der tragischen Ironie geschehe, ist schwer zu sagen: Der Blinde sieht; der Sehende ist blind gewesen. Der Widerspruch scheint in dieser Paradoxie auf die Spitze getrieben zu sein. Wenn Ödipus die Blendung aber selbst als eine mit vollem Bewußtsein begangene freie Tat bezeichnet, so könnte sie Sophokles auch als Entschluß zum wahren, vor Göttern und Menschen allein noch geziemenden Leben aufgefaßt haben[41], als Handlung demnach, die gerade die tragische Ironie aufhebt.

Ebenso schwer zu deuten sind die Worte, die den Söhnen gelten:

> Für meine Knaben, Kreon, sorge nicht.
> Zu Männern reifen beide, um im Leben,
> Wo es auch sei, nicht Mangel zu erdulden. (1459 ff.)

Das könnte besagen, daß Sophokles vom Erbfluch wie für die Vergangenheit auch für die Zukunft keine Notiz nimmt und keinen Gedanken an das Ende des Brüderpaares Polyneikes und Eteokles aufkommen lassen will. Es wäre aber auch möglich, daß sich König Ödipus wiederum täuscht, und daß dies jeder Athener in Erinnerung an die «Sieben gegen Theben» nicht anders verstehen konnte.

Das bleibe offen. Es handelt sich bei alledem ohnehin nur um fahle Lichter, die am Rand aufflackern. Anfang und Mitte des Stücks dagegen beherrscht die tragische Ironie in der Gestalt des schuldigen Richters, des Mannes, der vor die Bürgerschaft tritt und hochgemut zu reden anhebt:

> Du flehst; worum du flehst, wenn du mich hören,
> Wenn du mir beistehn willst, wirst du's erlangen,
> Erleichterung und Hilfe aus der Not.
> Denn fremd dem Spruch des Gottes muß ich forschen,
> Fremd der begangnen Tat – erst später ward
> Ich Bürger unter euch – und kann die Spur
> Nicht finden, wenn mir jedes Zeichen fehlt.
> Drum wend ich mich an euch Kadmeer alle:
> Wem irgend Kenntnis ward, durch wessen Hand
> Der Labdakide Laios unterging,
> Den heiße ich, mir alles klar zu sagen.
> Und wenn ihm bangt, aus eigner Brust die Schuld
> Emporzuheben, wißt: Ihn trifft Verbannung,
> Nichts weiter sonst. Er wandert heil von hinnen.
> Weiß einer unter euch, daß andre drein
> Verflochten sind, so schweig' er gleichfalls nicht.
> Ich will's ihm reichlich lohnen und verdanken.
> Doch wenn ihr stumm bleibt, wenn dem Freunde ihr,
> Euch selbst zuliebe dies mein Wort verachtet,
> Wie dann ich handeln will, vernehmt's genau.
> Sei's wer es sei, er soll geächtet sein

Im Land, des Thron und Macht ich innehabe.
Nicht Gruß noch Gastlichkeit sei ihm gewährt,
Versagt sein Teil an heiliger Gemeinschaft,
Gebet und Opfer und des Wassers Spende.
Ein jeder stoß ihn von des Hauses Schwelle.
Denn unrein ist er unter uns. So ging
An mich des Pythischen Gottes Offenbarung.
Dem Geist von Delphi und dem toten Mann
Zur Seite führ ich dergestalt den Streit
Und bete drum, daß, wer die Tat begangen,
Sei's einer nur, sei's auch ein Bund von Vielen,
Der Böse sich in bösem Sein verzehre.
Ja, darum bete ich, wenn ich ihn selbst
Als Gast im Hause weiß, daß sich an mir
Erfüllen möge, was ich jenen fluchte.
Dies alles leg ich dringend euch ans Herz,
Mein selbst, des Gottes und des Landes wegen,
Das also kahl und gottverhaßt dahinsiecht.
Auch wenn euch nicht des Gottes Stimme riefe,
So ohne Sühne dürft es nicht dahingehn,
Daß euer bester Mann und König fiel.
Ihr müßtet auf und spüren. Nun, da mein
Die Herrschaft ist, die er zuvor besaß,
Sein Lager und das Weib, das ihm gehörte,
Auch seine Kinder jetzt die meinen hießen,
Wär ungesegnet nicht sein Stamm geblieben,
Solch Schicksal aber auf sein Haupt hereinbrach:
Nun will ich auch, als wär's mein eigner Vater,
Sein Recht verfechten und aufs äußerste
Es treiben, bis den Mörder ich gefaßt
Dem Sohn des Labdakos und Polydors,
Des alten Kadmos und des Ahns Agenor.
Und wer sich dem entzieht, Fluch über ihn!
Ihm werde keine Frucht aus seiner Scholle,
Kein Kind aus seinem Weibe, und Verderben
Schlag ihn, noch grimmiger als uns getroffen.
Doch euch, die ihr mir zustimmt, Kadmeionen,

Steh Dike bei und seien alle Götter
Voll Güte nahe jetzt und immerdar. (216 ff.)

In dieser Rede klaffen Schein und Sein am weitesten auseinander[42]. König Ödipus spricht noch mit völlig unangefochtenem Selbstbewußtsein. Er nennt sich selber «fremd dem Spruch des Gottes, fremd der begangenen Tat». Er hätte, meint er, mit allem nichts zu schaffen, wenn er nicht König und der Nachfolger des Ermordeten wäre. Das Recht des Ermordeten will er verfechten, als ginge es um den eigenen Vater. Eine Entschlossenheit, die den Sprecher als Fürsten ausweist, der es an keinen fürstlichen Tugenden fehlen läßt. Es ist aber wirklich sein eigener Vater, und er, der König, ist sein Mörder: eine Ahnungslosigkeit, die zur Verblendung wird, sowie der Verdacht sich gegen ihn selber richtet, also nach der Rede des Sehers.

Hier möge Voltaire noch einmal mäkeln. Er hält sich nicht nur darüber auf, daß der einzige Zeuge von «Räubern» spricht und dieser Plural als scheinbare Ausflucht das Drama auszudehnen erlaubt. Er rügt auch, daß die Orakel den üblichen Doppelsinn vermissen lassen, daß Ödipus keine Schlüsse aus den Wunden an seinen Füßen zieht und selbst Iokaste sich nie etwas bei diesen bedenklichen Zeichen gedacht hat, also alles von Anfang an so deutlich am Tag liegt und die Entlastungsgründe so fadenscheinig sind, daß nicht nur an dem Verstand des Helden, sondern auch an dem Verstand des bewunderten Dichters gezweifelt werden müsse[43].

Sehr klug! Man versuche aber einmal, das Stück im Sinn Voltaires zu ändern – er selber hat dies in seinem «Œdipe», der 1718 erschien, getan – und stelle dann fest, daß die Wirkung nachläßt, je dunkler die Tatbestände sind, je mehr demnach der Intelligenz des Richters zugemutet wird. Er zeigt sich nicht mehr so verblendet; und eben diese Verblendung ist es, die uns bei Sophokles erschreckt und den plötzlichen Sturz des Helden von einer wild behaupteten Höhe herbeiführt.

Die Ankündigung des Gerichtsverfahrens verbindet der König mit einem Fluch. Es ist behauptet worden, daß auch dieser Fluch ihn selber treffe und den entsetzlichen Ausgang erzwinge[44]. Hätte ihn Ödipus nicht gesprochen, so wäre dem Gebot des Gottes mit seiner Verbannung Genüge geschehen. Er selber sieht es so, nachdem er das Ereignis am Dreiweg erzählt hat:

> Wenn der Fremde
> Nun irgendwie vom Haus des Laios war,
> Wer ist dann unglückseliger, wer ist
> Den Göttern dann verhaßter noch als ich?
> Den keiner hier und in der Fremde keiner
> Empfangen, keiner grüßen darf, den jeder
> Von seiner Schwelle stößt? und diesen Fluch
> Hat niemand als ich selbst mir angetan. (813 ff.)

Bei genauem Lesen wird man aber finden, daß sich Ödipus nicht genau an den Fluch erinnert, oder daß Sophokles, um die Wirkung des Gesprächs mit Iokaste zu steigern, eine ungenaue Erinnerung an dieser Stelle für vorteilhaft hielt, daß also hier wirklich einer jener Fälle vorläge, in denen dem Dichter der augenblickliche Eindruck wichtiger ist als das Gefüge des Ganzen[45]. In der das Gericht eröffnenden Rede wird dem Mörder das Geständnis dadurch erleichtert, daß er nichts als Verbannung zu gewärtigen hat. Vers 248, wo dem Bösen angewünscht wird, daß er sich «in bösem Sein verzehre», betrifft nur den Verstockten, der seine Tat nicht zu gestehen wagt. Die schwersten Drohungen gelten jenen, die dem Mörder behilflich sind, sich der Gerechtigkeit zu entziehen[46]. Sie sollen geächtet sein. Nicht Gruß noch Gastlichkeit sei ihnen gewährt. Sie sollen an keinem Gebet und Opfer, an keiner Gemeinschaft mehr teilnehmen dürfen. Und wenn sich Ödipus dessen selber schuldig macht, wenn er den Mörder als Gast in seinem Hause duldet, dann soll sich auch an ihm erfüllen, was er den Hehlern zugedacht hat. Alles ist darauf angelegt, die Entdeckung der Blutschuld zu erleichtern. Ödipus zögert aber nicht, sich offen zu seiner Tat zu bekennen, sobald ihm das Geschehene klar ist. Er duldet auch den Mörder, der er selber ist, nicht in seinem Haus. Er würde also seinem Richterspruch voll genügen, indem er sich selbst für immer aus der Stadt verbannte. Man kann darum nicht sagen, es sei sein eigener Fluch, mit dem er sich sein Geschick so unerträglich erschwere. Alles, was er sich am Ende außer der Verbannung aus Theben an Elend über sein Haupt herabwünscht, sind opera supererogationis. Allerdings weiß er bei der Eröffnung des Gerichtsverfahrens noch nicht, daß der Mörder des Laios zugleich der Mörder seines eigenen Vaters und dazu der Gatte der Mutter ist. Das erklärt, nachdem auch dies am Tag liegt, seine Bußbereitschaft. Sie ist aber frei. Kein vor den Göttern gesprochenes Wort verpflichtet ihn, als blinder Mann im Gebirge zu wandern und alle menschliche Nähe zu meiden. Iokaste wählt den Tod und entzieht sich damit dem Bewußtsein ihres Verbrechens. Er aber steht zu seinen Taten und entschließt sich, in der spät erkannten Wahrheit auszuharren.

Wir nähern uns damit der Deutung des Ausgangs, die nicht minder umstritten ist als die Frage nach Schuld und Schicksal. Schelling hat in seinen «Philosophischen Briefen über Dogmatismus und Kritizismus» als erster das Tragische im Rahmen des Idealismus zu erklären versucht. Da lesen wir im zehnten Brief:

«Man hat oft gefragt, wie die griechische Vernunft die Widersprüche ihrer Tragödie ertragen konnte. Ein Sterblicher – vom Verhängnis zum Verbrecher bestimmt, selbst *gegen* das Verhängnis kämpfend, und doch fürchterlich bestraft für das Verbrechen, das ein Werk des Schicksals war! Der *Grund* dieses Widerspruchs, das, was ihn erträglich machte, lag tiefer, als man ihn suchte, lag im Streit menschlicher Freiheit mit der Macht der objektiven Welt, in welchem der Sterbliche, wenn jene Macht eine Übermacht – (ein Fatum) – ist, *notwendig* unterliegen, und doch, weil er nicht *ohne Kampf* unterlag, für sein Unterliegen selbst *bestraft* werden mußte. Daß der Verbrecher, der nur der Übermacht des Schicksals unterlag, doch *bestraft* wurde, war Anerkennung menschlicher Freiheit, *Ehre,* die der Freiheit gebührte. Die griechische Tragödie ehrte menschliche Freiheit dadurch, daß sie ihren Helden gegen die Übermacht des Schicksals *kämpfen* ließ: um nicht über die

Schranken der Kunst zu springen, mußte sie ihn *unterliegen*, aber um auch diese, durch die Kunst abgerungene, Demütigung menschlicher Freiheit wieder gut zu machen, mußte sie ihn – auch für das durchs *Schicksal* begangene Verbrechen – *büßen* lassen. Solange er noch *frei* ist, hält er sich gegen die Macht des Verhängnisses aufrecht. Sowie er unterliegt, hört er auch auf, frei zu sein... Freiheit und Untergang konnte auch die griechische Tragödie nicht zusammenreimen. Nur ein Wesen, das der Freiheit *beraubt* war, konnte dem Schicksal unterliegen. – Es war ein *großer* Gedanke, willig auch die Strafe für ein *unvermeidliches* Verbrechen zu tragen, um so durch den Verlust seiner Freiheit selbst eben diese Freiheit zu beweisen und noch mit einer Erklärung des freien Willens unterzugehen»[47].

Schelling schwebt hier offenbar vor allem der «König Ödipus» vor. Daß Freiheit und Notwendigkeit im Grunde Eines seien, wie der Geist die unsichtbare Natur und die Natur der sichtbare Geist ist, wird im «System des transzendentalen Idealismus» ausgeführt. Diese Identität nun scheint in Frage gestellt durch ein Geschick wie das des Königs Ödipus, das zwar dem Mythos angehört, doch im Bereich des Möglichen liegt. Schelling überbürdet die Lösung des Problems dem Helden selbst. Indem er gegen die Macht des Schicksals kämpft, bewährt er seine Freiheit. Indem er dem Schicksal unterliegt, behauptet sich die Notwendigkeit. Daß er büßen muß, obwohl er wider Willen gefrevelt hat, geschieht, um seiner Freiheit auch die Ehre zu geben, nachdem sie besiegt ist. Wenn der Held dann gar freiwillig die Buße für den unfreiwillig begangenen Frevel auf sich nimmt, sind Freiheit und Notwendigkeit in seinem Bewußtsein wieder versöhnt – ein philosophischer Kunstgriff, gegen den das Leben protestiert. Schelling fügt denn auch hinzu:

«Aber ein solcher Kampf ist auch nur zum Behuf der tragischen Kunst denkbar: zum System des Handelns könnte er schon deswegen nicht werden, weil ein solches System ein Titanengeschlecht voraussetzte, ohne diese Voraussetzung aber ohne Zweifel zum größten Verderben der Menschheit ausschlüge.

Wenn einmal unser Geschlecht bestimmt wäre, durch die Schrecken einer unsichtbaren Welt gepeinigt zu werden, wär' es dann nicht leichter, feig gegen die Übermacht jener Welt, vor dem leisesten Gedanken an Freiheit zu zittern, als kämpfend unterzugehen»?[48]

Von Freiheit und Notwendigkeit darf bei Sophokles nicht die Rede sein. Er kennt nur den Gegensatz Mensch und Gott. Doch davon abgesehen, treffen die Ausführungen Schellings entscheidende Züge im Bilde des Schmerzensmanns. Ödipus steht als «plastischer Grieche» zu dem, was er getan hat, und flüchtet sich nicht in seine Gesinnung. Nachdem er sich schon beim ersten Verdacht gefragt hat, ob er «böse» sei, nennt er sich nach der Entdeckung ohne Vorbehalt «böse» und «der Bösen Sohn» (1397). Mit den «Bösen», von denen er abstammt, könnte die aus Aischylos und Euripides bekannte Schuld des Königs Laios angedeutet, ebenso auch nur gemeint sein, daß Laios Vater eines Mörders, Iokaste die Gattin des Sohnes ist.

Als «schön Gebilde, innerlich voll Schwären» (1396) stellt sich Ödipus dar. Die Übersetzung ist wortgetreu: ὕπουλος wird für Wunden gebraucht, die äußerlich verharscht sind, doch unter der Oberfläche weiter eitern, dann allgemein für etwas, das dem Schein nach gut, im Innern verderbt ist. *Wir* würden das Bild für «stolze Menschenkinder» brauchen, die «Sünder» sind. Ödipus dagegen wäre nach unsrer Auffassung in der letzten Szene eher innerlich gut, von außen, als Täter betrachtet, furchtbar. Er aber meint, daß er den Anblick eines klugen Helfers und gerechten Fürsten geboten habe, unter diesem Anblick aber, ihm selber unbewußt, das größte Scheusal verborgen gewesen sei. Zu diesem Geschick bekennt er sich nicht mit dem rohen Empfinden eines Verbrechers, der willentlich seinen Vater erschlagen und seiner Mutter beigewohnt hätte, sondern als edel beschaffener Mann, dem jeder Makel eine Qual ist. Zugleich erklärt er aber mit unerschüttertem Selbstbewußtsein, gerade ihm sei das Schrecklichste zugedacht worden, weil er allein es klar zu erkennen und dennoch weiterzuleben vermöge:

> Mein Leid ist so, daß keiner
> Auf Erden, außer mir, es tragen kann. (1414f.)

Die Worte zeigen, daß er wirklich zu jenem «Titanengeschlecht» gehört, das Schelling mit seiner Deutung voraussetzt. Doch eine Versöhnung im Sinne der klassischen Schulästhetik ist dies nicht. Daß Ödipus sein Geschick übernimmt und sich die schwerste Buße auferlegt, ist eine gewaltige Leistung, die den von Aristoteles erwähnten tragischen Affekten (Furcht und Mitleid, Entsetzen und Jammer) die admiratio zugesellt, auf die man in der Tragödie des Barockzeitalters so großen Wert legt. Doch die Bewunderung eines Helden mildert die Empörung über sein ungerechtes Schicksal nicht.

Sind wir aber wirklich empört? Sind wir nicht eher niedergeschmettert? Oder empfinden wir doch so etwas wie eine gewisse Genugtuung? Die Meinungen gehen weit auseinander. Offenbar ist es gar nicht leicht, einem Eindruck wirklich gerecht zu werden.

Auf den ersten Blick bleibt nichts als bares Entsetzen und Grauen übrig. Die Kunde des Boten vom Tod Iokastes, die Schilderung, wie sich Ödipus mit den Spangen der Gattin und Mutter blendet, der Anblick des Geblendeten, der tastend auf der Schwelle erscheint und sich dem Licht der Sonne darstellt, der Sonne, die er nicht mehr sieht, die lange Rede, in der er seine Angst und Qual ausströmen läßt, und schließlich seine letzten Worte (sofern sie nicht dem Chor gehören[49]), Worte, die die übliche, in dieser Tragödie aber gegenstandslose Warnung vor Hybris enthalten – gegenstandslose, denn Ödipus geht ja nicht an seiner Hybris zugrunde; er stünde ebenso elend da, wenn er immer bescheiden gewesen wäre: dies alles verstört uns auch heute noch so, daß jeder Versuch, zum Guten zu reden, von vornherein scheitern zu müssen scheint.

Bekannt sind aber die Xenien Schillers:

> *Entgegengesetzte Wirkung*
> Wir Modernen, wir gehn erschüttert, gerührt aus dem
>   Schauspiel;
>   Mit erleichterter Brust hüpfte der Grieche heraus.

Die höchste Harmonie
Ödipus reißt die Augen sich aus, Iokaste erhenkt sich,
Beide schuldlos; das Stück hat sich harmonisch
gelöst[50].

Auf diese Verse haben sich viele Deuter geradezu gierig gestürzt. Der Wunsch, nur wieder zur Ruhe zu kommen, hier wurde ihm offenbar zugestimmt. Das alte Postulat der Versöhnung, hier schien es, wo nicht schon erfüllt, so doch als erfüllbar angekündigt zu sein. Es wundert uns nicht, daß auch Hegel sich einmal in diesem Sinn auf Schiller beruft. Den Aufsatz über Schillers «Wallenstein» beschließt er mit den Worten: «Der Tod siegt über das Leben! Dies ist nicht tragisch, sondern entsetzlich! Dies zerreißt das Gemüt, daraus kann man nicht mit erleichterter Brust springen»![51]

Hegel meint offenbar, Schiller mit Schillers eigenen Waffen zu schlagen, und nimmt stillschweigend an, der Grieche sei mit erleichterter Brust aus dem Schauspiel gehüpft. Das wäre nur denkbar, wenn der Grieche als kühler Dialektiker Hegels Auffassung des Tragischen teilte und etwa am Schluß der «Antigone» meinte, daß in dem Untergang Kreons und Antigones die «sittliche Gestalt des Geistes verschwunden sei und eine andere an ihre Stelle trete»[52], der Weltgeist also wieder eine höhere Stufe erklommen habe. Dergleichen legt sich aber nur ein Denker in seiner Klause zurecht. Derselbe Denker – angenommen, er sei noch ein lebendiger Mensch – verließe das Theater nach einer Aufführung der «Antigone» nicht mit erleichterter Brust. Er wäre erschüttert. Und bei dem «König Ödipus» käme er auch nachträglich mit allen dialektischen Künsten nicht zurecht.

Nun ist die Berufung auf Schiller obendrein ein groteskes Mißverständnis. Die beiden Xenien stehen nämlich in einem Zusammenhang, aus dem hervorgeht, daß sie nicht ernst gemeint sind. Schiller parodiert Friedrich Schlegel. Er greift Gedanken aus Schlegels Aufsatz «Die Griechen und Römer» heraus, übertreibt sie und gibt sie damit dem Gelächter preis[53]. Daß manche, ja die meisten Leser sie auch in dieser Fassung noch ernst nehmen würden, erwartete er wohl nicht, obwohl er seine lieben Deutschen kannte und wußte, wie selten sie Humor vorauszusetzen bereit sind.

Schiller also scheidet als Zeuge für ein versöhnliches Ende aus. Aber auch wenn man alle philosophischen Vorurteile preisgibt und keine Versöhnung erwartet, empört man sich gegen den schrecklichen Ausgang nicht. Im Gegenteil! Wir sind bei allem Entsetzen irgendwie beruhigt und scheiden mit der zunächst noch dunklen Empfindung: Es ist richtig so[54]!

Das wäre nicht möglich, wenn uns die Hauptgestalten menschlich nahe stünden. Wir sehen sie aber nur aus der Ferne. Sophokles selber läßt sich nicht auf ihre seelischen Rätsel ein. Innere Kämpfe wie den der euripideischen Phaedra oder Medea darzustellen, versagt er sich, oder es liegt noch außerhalb seines Vermögens. Die Zeichnung der Charaktere bleibt auf große Umrißlinien beschränkt. Schon Schiller hat erkannt, wie vorteilhaft dies für den Dramatiker ist:
«Es ist mir aufgefallen, daß die Charaktere des griechischen Trauerspiels, mehr oder weniger, idealische Masken und keine eigentlichen Individuen sind, wie ich sie in Shakespeare und auch in Ihren Stücken finde. So ist z. B. Ulysses im Ajax und im Philoktet offenbar nur das Ideal der listigen, über ihre Mittel nie verlegenen, engherzigen Klugheit; so ist Kreon im Oedip und in der Antigone bloß die kalte Königswürde. Man kommt mit solchen Charakteren in der Tragödie offenbar viel besser aus, sie exponieren sich geschwinder, und ihre Züge sind permanenter und fester. Die Wahrheit leidet dadurch nichts, weil sie bloßen logischen Wesen ebenso entgegengesetzt sind als bloßen Individuen»[55].

So ließen sich auch Ödipus und Iokaste summarisch charakterisieren. Und solche Masken sind nicht nur bequem für die schaltende Hand des dramatischen Dichters. Sie lenken uns auch nicht ab von dem Zusammenhang, in den sie gehören. Wie wenig gibt das Verhältnis des Königs zu seiner Gattin und Mutter zu denken! Ödipus begegnet Iokaste mit unauffälliger Hochachtung:

> Dich acht' ich mehr als diesen ganzen Kreis (701),

zugleich aber auch mit Herzlichkeit:

> Ich möchte niemals tun, was dir nicht lieb ist (862).

So kann der Sohn der Mutter und so kann der Gatte der Gattin begegnen. Sophokles nützt den Inzest nicht aus. Er meidet alle die Peinlichkeiten, zu denen das Erscheinen des Paars einen jüngeren Dichter verleitet hätte, zu denen sich dann insbesondere Dichter der Neuzeit wie Cocteau und Hofmannsthal haben verleiten lassen.

So werden wir denn auch kaum genötigt, uns in das Innere des so fürchterlich Heimgesuchten einzufühlen. Seine letzten Reden scheinen uns freilich dazu aufzufordern. Da stehen wir aber alsbald einer neuen Schranke gegenüber. Es schaudert uns, doch wir leiden nicht mit. Mitleid wäre einem solchen Mann gegenüber Anmaßung. Sowohl die Zuschauer wie die thebanischen Alten müssen sich sagen lassen:

> Mein Leid ist so, daß keiner
> Auf Erden, außer mir, es tragen kann. (1414f.)

Eben deshalb aber, weil wir Ödipus nur im Umriß sehen, und weil wir ihn in seinem Leiden nicht mehr als unsresgleichen betrachten, gewinnen wir die Freiheit, den Sinn des ganzen Geschehens ins Auge zu fassen:

Wir sehen Ödipus vor uns, der für Apoll geopfert wird. Behielte Iokaste Recht, so wäre die Heiligkeit der Orakel dahin. Gelänge es Ödipus, das prophezeite Unheil zu vermeiden, so würde Apollon Lügen gestraft. Damit bräche nicht nur ein einzelner Mensch, die Ordnung des gesamten griechischen Lebens bräche zusammen. Der Mensch muss fallen, damit der Gott in seiner Ehre offenbar sei – $\tau\iota\mu\alpha\tilde{\iota}\varsigma\ \dot{\epsilon}\mu\varphi\alpha\nu\dot{\eta}\varsigma$, wie die thebanischen Alten in ihrem Chorlied fordern (909).

Wir finden die «Ehre Gottes» längst nicht mehr in Wundern und Weissagungen, auch nicht mehr im Gang der Geschichte oder, wie Gellert und Haydn, in der Natur. Die «Ehre Gottes» ist zu einer altertümlichen Vorstellung geworden, die sogar das Denken und Fühlen der Gläubigen nicht mehr bestimmt. Dennoch gelingt es Sophokles, die Ehre des delphischen Gottes auch uns so einzuprägen, dass wir das Menschenopfer hinzunehmen bereit sind.

Um dies zu erreichen – so sehen wir jetzt – vermeidet der Dichter alles, was uns bewegen könnte, im Geiste des Xenophanes oder Euripides an dem höheren Wesen des Gottes zu zweifeln. Laios hat keinen Frevel begangen. Apollon braucht sich nicht zu rächen. Er hat das Unglück nicht gesandt; er hat es nur vorausgesagt. Und seine Orakelsprüche sind eindeutig und unmissverständlich gewesen. Er tritt nicht drohend auf wie Aphrodite im «Hippolytos», auch nicht als Sieger, der den Sterblichen seine Macht in einer glänzenden Rede zu Gemüte führt. Wir sehen und hören ihn überhaupt nicht. Allein schon sein Erscheinen würde uns ernüchtern und beirren. Nur als stumme, unsichtbare Gottheit kann Apollon in dieser Tragödie allgegenwärtig sein und das ungeheuerste Leid aufwiegen, das je einem Menschen beschieden war.

Die letzten Worte sind gesprochen. Ödipus wird ins Haus geführt. Die Bühne ist leer. Schweigen breitet sich über der Stätte des Unheils aus. In diesem Schweigen scheint die Gottheit noch näher an uns heranzurücken, übermächtig und unfaßbar. Im Banne des Dichters beugen wir uns auch heute vor ihrer Majestät. Das ist noch immer keine «Versöhnung». Aber der «ungeheure Aufruhr» (1527) verhallt in einer tiefen Stille, in der es keine Fragen mehr gibt.

So überlegen wie die Gottheit scheint der Dichter selbst zu sein. Er hat es mit einem Stoff zu tun, der alle Tragödien des Barock an Grauen und Fürchterlichkeit übertrifft. Das scheint ihn aber nicht anzufechten. Mit ungerührter Meisterschaft bringt er jene Rhythmik der Szenen zustande, die einem Sprachkunstwerk die unmittelbare, durch keinen Gedanken vermittelte seelische Macht der Musik verleiht[56]. Er bereitet mit größter Gelassenheit vor, beschleunigt das Tempo und mäßigt es wieder, erweckt eine Hoffnung, die nur zu bald in eine bange Erwartung umschlägt, und läßt den symphonischen Satz in einen breiten Strom der Klage münden. Es ist für den

Interpreten schwierig, darüber Rechenschaft abzulegen, so schwierig es ist, in Worte zu fassen, worin der Wert und die Eigenart einer musikalischen Schöpfung besteht. Und doch: die ganze Auseinandersetzung zwischen dem Gott und dem Menschen und alles, was wir uns über Freiheit, Schicksal und Schuld und göttliches und menschliches Walten zurechtgelegt haben, es würde uns nicht beruhigen, wir würden das Schauspiel niedergeschmettert verlassen, hätte der Dichter nicht alles mit unheimlich leichter Hand gefügt und aus dem Geschick des thebanischen Königs ein schwereloses Spiel gemacht. Sophokles selber ist dem Geschehen gewachsen, das er heraufbeschwört. Damit gibt er uns das Bewußtsein der Kraft des von dem göttlichen Wissen Apollons eingeschüchterten Geistes zurück. Ja mehr: wir sind, aufs tiefste erschüttert, glücklich im Anblick der höchsten Vollendung.

Horaz

Zum künstlerischen Problem der Oden

Seit zweitausend Jahren wird Horaz bewundert und geschmäht, als Lehrer der Lebensweisheit gepriesen, als Künder von Banalitäten verachtet, als subtiler Künstler gefeiert und als prosaischer Kopf verurteilt. Es genügt, auf wenige bedeutende Zeugnisse hinzuweisen. Wir hören es von ihm selbst, und wir dürfen es glauben, daß Vergil, Tibull, Augustus, Maecenas ihn hochgeschätzt haben. Doch in der breiteren Öffentlichkeit entsprach der Erfolg der ersten drei Bücher der Oden seiner Erwartung nicht; er spricht darüber mit einer bei ihm seltenen Bitterkeit im neunzehnten Stück des ersten Buchs der Briefe. Im Mittelalter erhielt er um seiner Sentenzen willen, die Schüler auswendig lernten, den Beinamen «ethicus»[1]. Petrarca erklärt, kein lateinischer Schriftsteller habe ihn mehr gebessert als Horaz. Montaigne beruft sich gern auf ihn. Das wundert uns nicht bei einem Autor, den Sainte-Beuve gelegentlich als «notre Horace» bezeichnet hat: das Maß, die überlegene Heiterkeit, der bescheidene Gleichmut ist es, was dem Geist der «Essais» entspricht. Horazische Verse haben aber auch Menschen in schwerster Bedrängnis gestärkt. Cornelis de Witt, zu Unrecht beschuldigt, einen Mordanschlag auf den Prinzen von Oranien geplant zu haben, ließ sich auch auf der Folter kein Geständnis erpressen; man hörte nur immer wieder den Gemarterten lispeln:

> Iustum et tenacem propositi virum
> non civium ardor prava iubentium,
>   non voltus instantis tyranni
>   mente quatit solida, neque Auster...
>   (Carm. III, 3,1–4)

Den Rechtlichen, der hält an dem Vorsatz fest,
Erschüttert nicht der Bürger verkehrte Wut,
Nicht des Despoten grimmes Antlitz
In seinem festen Gemüt, kein Südsturm...

Das zeugt von einer Macht über die Gemüter, wie sogar Schiller sie sich nicht größer hätte träumen können.

Für andere war derselbe Dichter frivol, unsittlich, lasterhaft. Schulausgaben wurden purgiert, sofern man die Knaben nicht ganz vor seinen Versen glaubte bewahren zu müssen. Er soll ein Schlemmer und Wollüstling gewesen sein und sich mit seiner Gottlosigkeit gebrüstet haben. Noch Lessing hielt es in seinen «Rettungen des Horaz» für nötig, das Gerücht von dem üppigen Spiegelzimmer, das in die «Vita» des Sueton geraten ist, zu widerlegen. Heute dürfte sich, wenn der Rang des Dichters in Frage steht, niemand mehr um solche moralische Fragen kümmern.

Dafür werden andere Zweifel laut. Horaz entspricht der Vorstellung nicht, die sich die Goethezeit, zumal in Deutschland, vom Dichter gebildet hat. Man vermißt das Geheimnis, den unmittelbaren Ausdruck subjektiven Empfindens, die Originalität des Genies. Riemer überliefert einen Ausspruch Goethes:

«Horaz. Sein poetisches Talent anerkannt nur in Absicht auf technische und Sprachvollkommenheit, d. h. Nachbildung der griechischen Metra und der poetischen Sprache, nebst einer furchtbaren Realität, ohne alle eigentliche Poesie, besonders in den Oden»[2].

Vielleicht ist statt «furchtbaren» «fruchtbaren» zu lesen, was aber höchstens den Satiren und den Episteln zugutekäme.

In Hegels «Ästhetik» steht der Satz:

«Horaz... ist besonders da, wo er sich am meisten erheben will, sehr kühl und nüchtern, und von einer nachahmenden Künstlichkeit, welche die mehr nur verständige Feinheit der Komposition vergebens zu verdecken sucht»[3].

Im Sinne dieses Urteils wird Catull weit über Horaz gestellt, eine Wertschätzung, an der man umso unbedenklicher festhält, als sie durch das Ansehen eines der grössten Kenner des lateinischen Schrifttums, Theodor Mommsens, gestützt wird. Aber schon in der «Götzendämmerung» Nietzsches, in dem Abschnitt «Was ich den Alten verdanke», lesen wir:

«Bis heute habe ich an keinem Dichter dasselbe artistische Entzücken gehabt, das mir von Anfang an eine Horazische Ode gab. In gewissen Sprachen ist das, was hier erreicht ist, nicht einmal zu *wollen*. Dies Mosaik von Worten, wo jedes Wort als Klang, als Ort, als Begriff, nach rechts und links und über das Ganze hin seine Kraft ausströmt, dies minimum in Umfang und Zahl der Zeichen, dies damit erzielte maximum in der Energie der Zeichen – das alles ist römisch und, wenn man mir glauben will, *vornehm* par excellence. Der ganze Rest der Poesie wird dagegen etwas zu Populäres, – eine bloße Gefühls-Geschwätzigkeit...» [4]

Damit sind einige der extremsten Positionen angedeutet. Heute, sofern man sich überhaupt noch auf solche Diskussionen einläßt, scheint es eher üblich zu sein, die Kunst des Horaz zu bewundern. Doch dieses Urteil verliert an Glaubwürdigkeit, wenn man feststellt, wie verschieden, ja geradezu widersprüchlich es auch die besten Kenner begründen.

Ein bekanntes Beispiel ist die Deutung der Ode I, 34. Kiessling-Heinzes Kommentar wird mit den Worten eingeleitet:

«Horaz war in jungen Jahren Epikureer und hatte sich noch im J. 35 auch zur Theologie Epikurs bekannt.... Jetzt aber hat ein Donnerschlag bei heiterem Himmel diese Weisheit als Torheit erwiesen: daß ein solcher, als mit den Gesetzen der Natur unvereinbar, niemals erfolge, hatte ja gerade den Epikureern dazu gedient, die Ohnmacht Jupiters zu beweisen... So muß denn der Dichter umkehren: in bewußtem Widerspruch zu jener früheren Äusserung bekennt er sich jetzt zum Glauben an das Walten der Gottheit in Natur und Menschenschicksal.

Das Gedicht will durchaus ernsthaft gefaßt sein als Bekenntnis einer religiösen Bekehrung...»

Ein Zweifel an der Ernsthaftigkeit des Gedichts wird zwar zurückgewiesen, aber gerade insofern doch wenigstens noch als möglich betrachtet. Pasquali dagegen scheint nicht mehr zu schwanken, wenn er den Inhalt so wiedergibt:

«Die Betrachtung des Wunders veranlaßt ihn, über das Geheimnis der menschlichen Dinge nachzudenken. Sie legt ihm nahe, daß über alles etwas herrscht, das, den Berechnungen des Verstandes entrückt, feindlich aussieht und unser zu spotten scheint»[5].

Am weitesten geht Walter Wili. Er spricht von der «erschütternden Wirkung eines geheimnisreichen Naturereignisses», von einem «nicht zu übersehenden Bekenntnis zum numen...» «Damit ist in Horaz ein wahrhaft Neues Wort geworden» [6].

Fraenkel bemerkt dagegen nüchtern:

«Wenn überhaupt eine Bekehrung stattgefunden hat, wenn ‹Horaz in dieser Ode ein entscheidendes Ereignis aus seinem Leben aufbewahrt hat› (Altheim), so sollte man wenigstens zugeben, daß dieses Ereignis alles andere als nachhaltig war»[7].

Ausserdem zitiert er, ohne ihnen vorbehaltlos zuzustimmen, ältere Interpreten, Dacier, der die ganze Ode nur als Spott auf die Stoiker nahm, Lessing, der den Spott nicht zugab, aber gleichfalls nichts von einer religiösen Bekehrung wissen wollte, Boswell, der Dr. Johnsons Ansicht mit den Worten wiedergibt: «Sir, he was not in earnest: this was merely poetical».

Ähnlich steht es mit dem stürzenden Baum, der den Dichter beinahe erschlagen hätte. Horaz erwähnt ihn in vier Gedichten. Darin sehen manche Erklärer einen Beweis für die tiefe Erschütterung durch das Gefühl des drohenden Todes. Der hochpathetische Fluch auf den Mann, der den Baum gepflanzt hat – zu Beginn der Ode II, 13 – ist aber offensichtlich scherzhaft. So scheint doch wieder Fraenkel Recht zu haben, der erklärt:

«Im äußeren Leben des Horaz gibt es nach den wirren Jahren am Anfang seiner Laufbahn sehr wenige aufregende Ereignisse; die wenigen, die sich zutrugen, mußte der Dichter nutzen» [8].

Läßt sich nun aber eine so trockene Feststellung mit dem

Begriff des von den Musen inspirierten Dichters, den Horaz ja oft auch für sich in Anspruch nimmt, vereinen?

Endlich «Integer vitae scelerisque purus...» Man kennt die würdige Melodie, zu der diese Verse noch in unserem Jahrhundert hin und wieder bei Trauerfeierlichkeiten gesungen wurden. Sie passt aber offenbar nur zu den beiden ersten Strophen, und nicht einmal ganz zu diesen. Die Anrede «Fusce» fällt für unser Empfinden aus dem vorausgesetzten feierlichen Rahmen. Wie ist dann gar die Begegnung mit dem Wolf zu verstehen, dem greulichen Untier, das dem Dichter nichts anhaben kann, weil ihn die Liebe zu Lalage und das Lied auf seine Geliebte beschützen? Parodiert Horaz mit seinem Wolf die mythischen Exempel der paränetischen griechischen Lyrik? Ist das Ganze eine Feier des «dreifältigen Ineinanders von integritas, amor und cantus»[9]? Hat der Dichter bei dem heiteren Schluß den ernsten Anfang vergessen, oder war dieser Anfang nicht ernst gemeint, sondern nur eine lächelnde Abwehr der übertriebenen Sorge des Freundes? In solche Verlegenheiten können Gelehrte und Laien bei der Lektüre Horazischer Oden geraten.

Einstweilen geht es nur darum, ob der Dichter im Ernst oder scherzhaft spreche, eine Frage, die sich auch in neuerer Dichtung gelegentlich stellt und die von den Gelehrten, wenn der Fall nicht sonnenklar ist, meistens zugunsten des Ernstes entschieden wird. Man denke nur an einige Episoden im zweiten Teil des «Faust» oder an offenbar parodistische Epigramme Schillers, denen man tiefsinnige ästhetische Lehren glaubte entnehmen zu dürfen. Doch bei Horaz begegnen wir noch viel erstaunlicheren Problemen. Zu den am meisten umstrittenen Gedichten gehören seltsamerweise gerade die berühmtesten, die Römeroden (III, 1–6). Theodor Mommsen hatte 1889 in einer Rede vor der Preußischen Akademie die sechs Gedichte als Feier des Namens «Augustus» erklärt. Die erste Ode sei der allbeherrschenden Necessitas gewidmet, die zweite der Virtus und Fides, womit das neue Heer des Kaisers und das kaiserliche Beamtentum gemeint sei. In der dritten komme die Gefahr aus dem Osten, in der vierten der Sieg über diese

Gefahr zur Sprache. In der fünften werde den Römern mitgeteilt, daß die Regierung nicht daran denke, einen Feldzug gegen die Parther vorzubereiten. Der Zyklus schließe mit einem Lob auf Frömmigkeit und gesittetes Leben [10]. Der unbefangene Leser stutzt. Er hat keine deutlichen Hinweise auf aktuelle politische Fragen bemerkt und erinnert sich nicht, von der Gefahr im Osten, für die Antonius verantwortlich wäre, etwas gehört zu haben. Sollte Mommsen ein Opfer seines gewaltigen Wissens geworden sein? In einer Fülle von Dokumenten, wie sie für Kaiser Augustus vorliegt, läßt sich bei jedem beliebigen dichterischen Text ein historischer Anlaß finden – eine schlichte methodische Überlegung, zu der sich nun freilich gerade die größten Gelehrten nur selten und noch seltener ihre Schüler durchringen. Während langer Jahre galt die Erklärung Mommsens fast allgemein. Sie wurde sogar noch überboten durch den Versuch, die auf dem clupeus aureus vermerkten Tugenden des Augustus – virtus, iustitia, clementia, pietas – auf den Zyklus der Römeroden zu verteilen [11]. Nun aber geschah das Peinliche, daß man sich nicht darüber einigen konnte, welche Tugend jeweils das Thema dieses oder jenes Gedichts sei. Der Laie wundert sich abermals. Was sollen den Knaben und Mädchen Roms zur Erbauung vorgetragene Lieder, aus denen nicht einmal klar hervorgeht, wozu der Dichter jeweils ermahnt? Was sollen Anspielungen, die sogar ein zeitgenössisches Publikum nur ungefähr hätte erraten können? Mommsens Erklärung ist in der Folge denn auch abgeschwächt und schließlich fast allgemein preisgegeben worden. Man beruft sich nun lieber auf eine Parallele bei Vergil (Aen. XII, 808–828), wo sich Junos Verbot, das zerstörte Troia wieder erstehen zu lassen, ohne Schwierigkeiten aus den Voraussetzungen der Handlung ergibt, oder man ist damit zufrieden, daß sich Horaz, ohne ängstlich um einen Anlaß besorgt zu sein, eine große Rede in einer mythologischen Szene nicht entgehen läßt. Es wird dabei kaum sein Bewenden haben. Die Römeroden, als Ganzes betrachtet, bleiben im Rahmen der bisher vermerkten Deutungen immer noch seltsam genug.

Aber auch innerhalb der einzelnen sechs Gedichte ist manches befremdlich. Ob die erste Strophe der ersten Ode sich auf den ganzen Zyklus oder nur auf das erste Stück beziehe, bleibe dahingestellt. Jedenfalls ist sie bestimmt, eine feierliche dichterische Aussage zu eröffnen.

> Odi profanum volgus et arceo.
> favete linguis: carmina non prius
> audita Musarum sacerdos
> virginibus puerisque canto.

> Gemeines Volk vedrießt mich, es bleibe fern.
> Wahrt heilges Schweigen. Lieder, noch nie zuvor
> Gehörte, als der Musen Priester,
> Will ich den Knaben und Jungfraun singen.

Dieser Präambel entspricht der Preis des höchsten Gottes, der sich anschließt, allenfalls auch die Warnung vor Habsucht, die uns in den folgenden Strophen begegnet und in den berühmten Versen gipfelt:

> Timor et Minae
> scandunt eodem quo dominus, neque
> decedit aerata triremi et
> post equitem sedet atra Cura.

> Drohnis und Angst jedoch
> Ziehn auf demselben Weg wie der Herr; nicht weicht
> Vom erzbeschlagnen Schiff, es setzt sich
> Hinter den Reiter die finstre Sorge.

Was geht die «Jungfraun und Knaben», denen Horaz die Ode vorträgt, aber sein Sabinergütchen an, das in den letzten Versen erwähnt wird?

> Cur invidendis postibus et novo
> sublime ritu moliar atrium?
> cur valle permutem Sabina
> divitias operosiores?

> Was soll ich neidenswerte Portale und
> Erhabnen Saal mir bauen nach neuer Art,
> Warum für das Sabinertal mir
> Mühebeladenern Reichtum tauschen?

Nach den üblichen Vorstellungen befremdet uns dieses private Bekenntnis. Noch verblüffender ist ein ähnlicher Umschlag in der vierten Ode. Horaz ruft die Muse Kalliope an. Hört er ihre Stimme oder täuscht ihn ein liebenswerter Wahnsinn, die ϑεία μανία des wahren Dichters? Wir sind auf die größten Dinge gefaßt. Zunächst erzählt Horaz aber nur, daß ihm, der einst als Kind unter freiem Himmel eingeschlafen war, Bären und Wölfe nichts anzuhaben vermochten. Wir hören die Namen kleiner Orte in der Heimatgegend des Dichters, die wenigen Römern auch nur vom Hörensagen bekannt gewesen sein dürften, und erfahren sogar, wie seine Amme hiess, nämlich Pullia. Die Musen haben ihn behütet, ebenso wie in der Schlacht von Philippi auf der Flucht und bei dem stürzenden Baum, der auch hier erwähnt wird. Es fehlt nur noch der Wolf aus «Integer vitae scelerisque purus». Nach diesen autobiographischen Andeutungen kommt das Gedicht mit künstlichem Übergang (v. 37–40) auf Augustus zu sprechen, dann, wieder ohne klare Vermittlung, auf den Kampf der Giganten mit Zeus, in dem das Recht und die sichere Ordnung siegen über die rohe Gewalt.

Über eine solche Inkonzinnität darf man, ja soll man sich wundern. Das ist noch immer besser, als die Unstimmigkeiten zu übersehen, bei einem großen Dichter von vornherein überhaupt nicht zuzugeben oder, was freilich die Regel ist, sie mit supplierten Gedankengängen, die nicht einmal andeutungsweise im Text erkennbar sind, wegzudisputieren. An solchen fehlt es gerade bei der vierten Römerode nicht. Es lohnt sich kaum, darauf einzugehen, da, aller Anstrengungen ungeachtet, die Philologen sich bis heute nicht haben einigen können. Der bemerkenswerteste Vorschlag findet sich wieder bei Eduard Fraenkel [12]. Er meint, daß Horaz die erste Pythische Ode Pindars vorgeschwebt habe, und glaubt, die Unterschiede, die jedem Leser sogleich in die Augen fallen, aus der veränderten Stellung des Dichters in der Gemeinschaft erklären zu können. Das leuchtet ein, hilft aber gerade in der entscheidenden Frage nicht weiter. Bei Pindar werden wir nirgends beirrt. Der Preis der Macht der goldenen Leier, Apolls und der dunkelgelockten Musen, der Wagensieg Hierons, die Gründung Aitnais, die Schlacht bei Himera, das Schicksal des hundertköpfigen Typhon – dies alles hält sich auf derselben Höhe beschwingter Feierlichkeit; und selbst wenn sich Pindar einfallen ließe, private Motive einzumengen, würden sie von dem gewaltigen Atem der Chorlyrik dahingeweht und ließen uns nicht zur Besinnung kommen. Bei Horaz dagegen – im lateinischen Original noch deutlicher als in jeder Übersetzung – tritt Einzelnes als solches hervor und fordert uns geradezu auf, seinen Platz im Zusammenhang zu bedenken. Bedenkt man ihn, so kann man freilich – wie das immer wieder bei Unstimmigkeiten in einem Kunstwerk geschieht – mit Phantasie, einigem Scharfsinn und Mangel an künstlerischem Verständnis alles und jedes zur Geltung bringen. In der vierten Römerode lassen sich die schwer vereinbaren Teile etwa so überbrücken: «Die Musen sind mächtig; sie haben mich in der Kindheit und später wieder behütet. Die Musen haben den Kaiser nach ermüdenden Kämpfen erfrischt. Augustus hat Ordnung gestiftet wie Jupiter, als er die trotzigen Giganten besiegte». Das sieht vernünftig aus. Es sind aber nur gedachte Übergänge, denen niemand künstlerische Überzeugungskraft zubilligen wird, der weiß, was in ästhetischer Hinsicht Einheit im Mannigfaltigen heißt. Gewohnte Kategorien versagen.

Künstlichen Übergängen, auch solchen, die nicht einmal tragfähig sind, begegnen wir aber immer wieder. Bei der fünften Römerode mochte man es eine Zeitlang, unter dem Einfluss Mommsens, glaubhaft finden, daß Horaz die Geschichte von Regulus vorträgt, um an das schmähliche Schicksal des bei Carrhae von den Parthern geschlagenen römischen Heeres zu erinnern – obwohl man sich alsbald sagen mußte, daß der Aufwand für eine politische Mahnung denn doch seltsam groß und vor allem nicht ganz zweckmäßig sei. Sollte Horaz nicht umgekehrt den Tag von Carrhae nur erwähnen, um die Geschichte von Regulus, wie Heinz Haffter sagt [13], als einen «Mythus aus der römischen Geschichte», also nach dem Vorbild Pindars erzählen zu können? Zu einer solchen Erklärung nötigen unausweichlich zwei andere Gedichte. Die elfte Ode des dritten Buchs beginnt damit, daß Horaz Merkur und die von ihm erfundene Leier aus einer Schildkrötenschale anruft: sie soll die für das Werben des Dichters noch unempfängliche Lyde bezaubern, wie sogar die in der Unterwelt büßenden Frevler bezaubert werden, so Ixion, Tityos, die Danaiden, die bei ihrem Klang eine Weile vergessen, Wasser zu schöpfen. Unter den fünfzig Danaiden hat sich nur Hypermestra geweigert, ihren jungen Gemahl zu töten. Die Strafe, die ihre Schwestern trifft, bleibt ihr darum erspart. Zu ihrer heroischen Liebe geht der zweite Teil der Ode über, und zwar, nachdem der Dichter die widerspenstige Lyde ausdrücklich ermahnt hat, seiner Erzählung zu lauschen. Wie gehören der erste und der zweite Teil der Ode zusammen? Gemeinsam ist beiden nur der Gedanke, daß eine geliebte Frau dem Mann, der sie liebt, mit Liebe begegnen soll. Hypermestra beweist ihre Liebe aber damit, daß sie, schon vermählt, in der Hochzeitsnacht ihrem grausamen Vater den Gehorsam verweigert und ihren Gatten entrinnen läßt. Lyde ist ein sprödes Mädchen, dem Liebe erst beigebracht werden muß. Gefühl und Anschauung bringen die beiden Frauen, die nur der Begriff der Gattenliebe verbindet, nicht zusammen.

Noch sonderbarer ist der Übergang in der Ode III, 27. Es handelt sich um ein eigentümlich abgewandeltes Geleitgedicht. Horaz verabschiedet sich von Galatea, einem geliebten Mädchen. Missetäter, so beginnt er, sollen böse Zeichen auf ihrer Fahrt begleiten, dich aber gute. Wo immer es auch sein mag, du mögest glücklich leben und meiner gedenken. Du siehst indes, wie unruhig das Meer ist.

> Hostium uxores puerique caecos
> sentiant motus orientis Austri et
> aequoris nigri fremitum et trementis
>   verbere ripas.

> sic et Europe niveum doloso
> credidit tauro latus et scatentem
> beluis pontum mediasque fraudes
>   palluit audax.

> Unsrer Feinde Frauen und Kinder mögen
> Unverseh'ne Stöße des Südwinds spüren
> Und des finstern Meeres Getös, die Ufer
>   Schütternd vom Aufprall.

> So hat einst dem listigen Stier Europa
> Ihre weiße Hüfte vertraut, inmitten
> Des von Tieren wimmelnden Meers, des Trugs, er-
>   Bleichend, die kühne.

In zwölf Strophen wird darauf die Geschichte Europas ausgeführt. Die Ode schließt damit, daß Venus das verzweifelte Mädchen ermahnt, nicht länger mit dem Geschick zu hadern; sie werde die Gattin Jupiters sein und einem Erdteil den Namen geben. Inzwischen haben wir Galatea vergessen, und Horaz denkt nicht daran, auf sie zurückzukommen. Aber selbst wenn es geschähe: Was hat der Mythus eigentlich mit der scheidenden Freundin des Dichters zu schaffen? Er warnt sie vor Stürmen, halb in der Hoffnung, ihr die Reise noch auszureden. Die Reise Europas auf dem Rücken des höchsten Gottes war aber zweifellos von dem schönsten Wetter gesegnet. Horaz begnügt sich denn auch damit zu sagen, die Entführte sei, von Meerungeheuern umzingelt, erbleicht. Und schließlich brachte ihr die Fahrt kein Unglück, sondern im Gegenteil: Glück der Liebe und unvergänglichen Ruhm. Der Mythus ist also unzweckmäßig. Was schon die Regulus-Ode vermuten ließ, hier ist es offenkundig: Horaz erzählt die Sage nicht, um die Geliebte zu warnen, sondern er braucht die Abschiedsszene als Vorwand, fadenscheinigen Vorwand, für die Sage von Europa. Die vorsichtig überleitenden Verse 21–28, die ich mitgeteilt habe, lassen darauf schließen, daß er merkte, wie ungeeignet sie sei. Sobald er aber mit dem «Sic et Europe...» mythischen Boden betritt, scheint ihn das weiter nicht zu bekümmern, abermals wohl im Gedanken an Pindar, der, freilich unter ganz anderen stilistischen Voraussetzungen, Mythen hin und wieder ähnlich lose einflicht.

Nachdem wir einmal so weit gelangt sind, werden wir auch nicht länger zögern, die Ode II, 13, die mit dem stürzenden Baum beginnt und, nach einigen Interpreten, eine religiöse Erschütterung durch ein Todeserlebnis aussprechen soll, mit anderen Augen zu lesen. Es geht nicht so sehr um die Frage, ob Horaz im Ernst oder scherzhaft spreche, als darum, einzusehen, daß die erste und die zweite Hälfte der Ode nur äußerlich, durch den Gedanken «in die Unterwelt fahren» verbunden sind.

Freilich gibt es von Horaz auch einige Gedichte, die unsern modernen Vorstellungen von Einheit entsprechen, nicht nur die bekannten kurzen, bei denen die Frage sich gar nicht stellt, sondern auch etwa die neun Strophen umfassende zweite Römerode, die immerhin bei einem Thema verharrt, das etwa als «männliche Standhaftigkeit» zu bezeichnen wäre, oder die Ode, die Augustus bittet, endlich heimzukehren (IV, 5) und in ihren zehn Strophen sogar die Stimmung ehrfurchtsvoller Dankbarkeit und herzlicher Sehnsucht festhält. Es ist auch nicht ausgeschlossen, daß ein Gedicht, wie bei Goethe so oft, mit einer besonders gewichtigen Zeile schließt, wie IV, 6, wo der Dichter im letzten Adoneus sich selbst als Schöpfer des carmen saeculare nennt. Die Regel ist dies aber keineswegs. Die für unsere Begriffe inkohärenten Gedichte wiegen vor. Und diese sind es, die Ernst Howald bewogen haben, den Augusteern überhaupt den Willen zur einheitlichen Komposition abzusprechen, ihre Gedichte in einzelne selbständige «Blöcke» aufzuteilen und bei den Oden und Elegien eine ganz andere Ästhetik als die uns geläufige vorauszusetzen [14]. Seine These hat die Forschung zwar hin und wieder beunruhigt, aber sich nie recht durchzusetzen vermocht, offenbar deshalb, weil Howald einen Vergleich mit der «absoluten Poesie» der Franzosen für angezeigt hielt und seine Ausführungen mit jenen unabgeklärten Problemen belastete, die sich aus den Diskussionen um Henri Bremonds und Paul Valérys Poetik, ja schon aus dem bedenklichen Schlagwort «poésie pure» ergaben. Diesem Vergleich gegenüber hatte man wohl ein Recht, mißtrauisch zu sein. Doch damit ist die Frage, die Howald formuliert hat, nicht erledigt. Es ist nach wie vor unbefriedigend, wenn die Interpreten glauben, den größten philologischen und ästhetischen Scharfsinn – oder was sie dafür halten – aufbieten zu müssen, um einen Dichter zu erklären, der mindestens seit fünf Jahrhunderten Gemeinbesitz der gebildeten Menschheit ist. Unbefriedigend ist es, wenn auch kluge Philologen sich auf die Dauer nur selten einigen können, wenn jeder Vorschlag nur wieder von neueren und neuesten Vorschlägen abgelöst wird.

In anderer Hinsicht dagegen kann man den Philologen nicht dankbar genug sein. Sie haben in unermüdlicher Arbeit das Verhältnis der römischen zur griechischen Lyrik untersucht und damit Entscheidendes zum Verständnis Horazischer Gedichte beigetragen. Wir fassen das Problem der Imitatio heute anders auf als die Philologie des letzten Jahrhunderts. Es geht uns nicht mehr darum, den Rang des Römers herabzusetzen durch den Nachweis, daß er nicht originell sei; wir finden in der Art, wie er Theokrit, Alkaios, Pindar aufnimmt und im Geist der lateinischen Sprache und seiner verwandelten Welt umbildet, eine Leistung eigener Art und können nur bedauern, daß uns die großen Lücken der Überlieferung, aller Sorgfalt ungeachtet, ihr Ausmaß nicht deutlich erkennen lassen. Nicht minder dankenswert sind die Bemühungen um die politischen, aktuellen, persönlichen Verhältnisse, die Horaz in vielen Gedichten berührt. Beinah jede Ode enthält den Namen eines Adressaten, dessen Lebensumstände man mehr oder weniger kennen zu müssen glaubt, wenn man den Ton des Ganzen und alle Einzelheiten würdigen will. Kriegerische Ereignisse werden erwähnt, auch solche, die uns belanglos scheinen und, als die Oden veröffentlicht wurden, sogar für die römischen Bürger nicht mehr von großem Interesse gewesen sein dürften. Und welche allerprivatesten Dinge mutet Horaz uns gelegentlich zu! Was irgendwie erreichbar war, haben die Kommentatoren herbeigeschafft. Nicht alle «dunklen Örter», aber erstaunlich viele sind aufgehellt worden.

Gerade angesichts dieser Errungenschaften muß man sich nun aber doch fragen: Für wen sind eigentlich oder waren einst die Gedichte Horazens bestimmt? Wer hat die Anspielungen auf griechische Lyrik verstanden und würdigen können? Wer wußte Bescheid über all die Namen von Menschen und unbedeutenden, nur gerade dem Dichter wichtigen Gegenden, denen man in den Oden begegnet? Wie lange hielt etwa die Erinnerung an das Erscheinen des genesenen Maecenas im Theater oder andere, von Horaz nur leicht gestreifte Tagesereignisse vor? Reichte der Kreis zuständiger Leser über die engste Umgebung des Kaisers und einige Dichterfreunde, unter ihnen Vergil und Tibull, hinaus? Horaz scheint es vorauszusetzen, wenn er auf seine drei ersten Odenbücher zurückblickt und erklärt:

> Dicar, qua violens obstrepit Aufidus
> et qua pauper aquae Daunus agrestium
> regnavit populorum... (III, 30)

> Nennen wird man mich, wo heftig der Aufidus
> Rauscht, wo, wasserarm, einst über ein Bauernvolk
> König Daunus regiert...

Er zweifelt auch nicht daran, daß sein Werk Jahrhunderte überleben wird:

> multaque pars mei
> vitabit Libitinam: usque ego postera
> crescam laude recens, dum Capitolium
> scandet cum tacita virgine pontifex.

> Gänzlich sterbe ich nicht; vieles, was an mir ist,
> Wird dem Tode entgehen. Wachsen noch wird mein
> Ruhm
> Bei der Nachwelt, solang neben der schweigenden
> Jungfrau zum Kapitol aufsteigt der Pontifex.

Und damit hat er die Dauer seines Namens sogar noch weit unterschätzt. Bedenken wir dagegen, wie Schiller, der gleichfalls zu der Menschheit seiner und künftiger Tage sprechen wollte, in den Gedichten der Reifejahre alles Besondere, Private vermied, so werden wir uns erst ganz bewußt, wie rätselhaft der unanfechtbare Ruhm des Horaz doch eigentlich ist. Worauf beruht er, wenn seine Lebensweisheit eher banal ist, viele Motive ihm gar nicht angehören, wenn man sich über die Deutung mancher Gedichte, obwohl sie keineswegs tiefsinnig sind, bis heute nicht einigen kann, wenn nur geschulte Philologen seine Anspielungen erfassen und über die künstlerischen Qualitäten die Meinungen weit auseinandergehen? Es wäre vermessen, wenn man sich eine nur einigermaßen endgültige Antwort auf diese Fragen zutrauen wollte. Wohl aber kann jeder Leser zu erklären und zu begründen versuchen, worin er selbst die unvergängliche Schönheit Horazischer Dichtung erblickt, was ihn bewegt, das Lob, das die Jahrhunderte spenden, zu unterschreiben und einen der größten Künstler aller Zeiten in Horaz zu verehren.

*

Ein kleines Gedicht, das kaum zu Fragen nötigt, bilde den Anfang, die zweiundzwanzigste Ode des dritten Buchs:

> Montium custos nemorumque virgo,
> quae laborantis utero puellas
> ter vocata audis adimisque leto,
>   diva triformis,
>
> inminens villae tua pinus esto,
> quam per exactos ego laetus annos
> verris obliquum meditantis ictum
>   sanguine donem.

> Hüterin der Höhen und Haine, Jungfrau,
> Die du hörst in Wehen bemühte Frauen,
> Göttin, dreigestaltet, und löst vom Tode,
>   Dreimal gerufen:
>
> Dein sei, die das Haus überragt, die Föhre,
> Der ich froh, wann immer das Jahr sich wendet,
> Des auf schräge Stöße bedachten Frischlings
>   Opferblut spende.

Es ist wohl angezeigt, ein Wort zur Übersetzung zu sagen. Die Alliterationen der ersten Zeile finden sich nicht im Urtext. Da wir solchen aber in vielen anderen Gedichten begegnen, scheint es rätlich, sie dort einzusetzen, wo sich im Deutschen Gelegenheit bietet. Die Verse 2–4 bereiten dem Leser zunächst vielleicht etwas Mühe: «Die du hörst in Wehen bemühte Frauen» schiebt sich zwischen die beiden Apostrophen «Göttin» und «Jungfrau», «Göttin dreigestaltet» zwischen «die du hörst» und «löst vom Tode». Mehr oder minder ist diese Anordnung vorgebildet im Original. Nur in seltenen Fällen gelingt es, dergleichen im Deutschen nachzuahmen. Doch wo sich eine ähnliche oder doch äquivalente Wortstellung erzielen läßt, soll sich der Übersetzer bis an die Grenze des Möglichen wagen und nicht bedauern, daß er damit den Fluß der Verse hemmt. Denn auch Horazische Verse «fließen» nicht. Bis zu einem gewissen Grad entspricht dies überhaupt dem Geist des Lateins, wo das einzelne Wort weit selbständiger ist als im Griechischen oder im Deutschen. Die augusteischen Dichter gehen in dieser Hinsicht aber besonders weit [15], am weitesten Horaz. Die zahlreichen «Sperrungen» – Trennung des Adjektivs vom zugehörigen Substantiv – machen bekanntlich den Schülern zu schaffen; und doch sind gerade die kühnen Wortverschränkungen oft besonders reizvoll, etwa in der Soracte-Ode (I, 9):

> Nunc et latentis proditor intimo
> gratus puellae risus ab angulo....

«Latentis» gehört zu «puellae», «proditor» zu «risus», «intimo» zu «angulo»: «aus dem innersten Winkel das verräterische Gelächter des verborgenen Mädchens». Die eigentümlichen Spannungen, die sich in den beiden lateinischen Versen nur aus der Wortstellung ergeben, lassen sich in keiner anderen Sprache auch nur annähernd erreichen. Eben deshalb sind so viele Gedichte des Horaz in einem höheren Sinn unübersetzbar. Die Zeitgenossen des Dichters dürften sich freilich ungleich müheloser zurechtgefunden haben als die meisten Leser unserer Tage, sofern sie nicht aus beruflichen Gründen mit dem Latein besonders vertraut sind. Es ist aber doch wohl anzunehmen, dass auch die Römer genötigt waren, beim Hören oder Lesen vorauszuspähen und zurückzugreifen, das heißt, Distanz zu nehmen und das Nacheinander mehr, als wir es gewohnt sind, simultan zu erfassen.

Auf ein simultanes Erfassen ist nun aber auch das Thema unserer Ode angewiesen. Sie nähert sich der Gattung des hellenistischen Weiheepigramms, weicht aber insofern davon ab, als nicht ein schon geweihter Gegenstand, sondern der Dichter selber spricht, der erst die Weihe vollziehen will. Der hymnische Anruf der Göttin Diana erinnert uns an ein Gedicht Catulls (34) und bleibt, als rituelles Gebet, bewußt im Rahmen der Konvention. Nur umso mehr beglückt uns darauf das Bild der Föhre, die das ländliche Haus des Dichters überragt und durch ein Opfer geehrt werden soll. Horaz spricht gern davon, daß er nur bescheidene Opfer spenden könne. Doch die bescheidene Gabe pflegt er dann selber liebevoll zu betrachten. Auch der Frischling ist nicht wertvoll. Der Dichter gewinnt uns aber für das Tier, indem er sagt, es denke bereits daran, mit den Hauern zu stoßen, und zwar schräg – das ist so präzis, daß wir, da es uns in einem Gebet an Diana begegnet, leicht überrascht, dann freilich auch wieder entzückt sind.

Ähnliche Erfahrungen machen wir mit «O fons Bandusiae...» (III, 13):

> O fons Bandusiae, splendidior vitro,
> dulci digne mero non sine floribus,
>   cras donaberis haedo,
>   cui frons turgida cornibus
>
> primis et Venerem et proelia destinat,
> frustra, nam gelidos inficiet tibi
>   rubro sanguine rivos
>   lascivi suboles gregis.
>
> te flagrantis atrox hora caniculae
> nescit tangere, tu frigus amabile
>   fessis vomere tauris
>   praebes et pecori vago;

fies nobilium tu quoque fontium
me dicente cavis inpositam ilicem
   saxis, unde loquaces
      lymphae desiliunt tuae.

O Bandusias Quell, schimmernder als Kristall,
Würdig köstlichen Weins, Blumengewindes auch –
   Morgen fällt dir ein Böcklein,
      Das, von Hörnern geschwellt, die Stirn

Schon für Kämpfe bestimmt und für der Lust
                          Geschäft,
Doch vergeblich. Denn bald färbt es mit rotem Blut
   Dir das eisige Rinnsal,
      Ausgelassener Herde Sproß.

Unerquickliche Zeit glühenden Hundsterns rührt
Nicht an deinen Bereich. Liebliche Kühle gönnst,
   Wenn sie müde des Pfluges,
      Du den Stieren, dem Weidevieh.

Adlig wirst nun auch du unter den Quellen sein,
   Wenn ich singe die Steineiche, die krönt die Schluft
      Deiner Felsen, von denen
         Der geschwätzige Strahl dir springt.

    Der rituelle Anruf fällt weg; keine olympische Göttin wird gefeiert, sondern eine Quelle; und diese Quelle soll erst durch das Gedicht, das wir lesen, geadelt werden, angereiht den berühmten Quellen Kastalia, Hippokrene, Peirene. Dies geschieht in der dritten und vierten Strophe durch ein Landschaftsbildchen, das uns in seiner glücklichen Einheit von Anschauung und Stimmung an ähnliche, freilich schon Horaz verpflichtete Gedichte Mörikes erinnert und insofern unsern gewohnten Vorstellungen von Poesie entspricht. So schwebt uns denn besonders gern diese Ode vor, wenn der Name Horaz fällt. In den Versen 3–6 nun aber verdichtet sich die Präzision, die wir schon bei einem Vers der Diana-Ode angemerkt haben, so sehr, daß sie in deutscher Sprache innerhalb des vorgeschriebenen Raums kaum wiederzugeben ist:

> ... haedo,
> cui frons turgida cornibus
> primis et Venerem et proelia destinat,
> frustra....

> ... ein Böcklein,
> Das, von Hörnern geschwellt, die Stirn
> Schon für Kämpfe bestimmt und für der Lust
> Geschäft,
> Doch vergeblich...

In meiner Übersetzung fällt das «primis» bei «cornibus», das etwa «beginnlichen» hieße, unter den Tisch. Knapp drei kurze Zeilen also für die so zärtlich beschriebene Stirn, die Aussicht auf das muntere Leben, das dem Böcklein diese verheißungsvolle Stirn zu verkündigen scheint, das leise bedauernde, aber im Hinblick auf das Opfer, das keine Rücksicht gelten läßt, unwiderrufliche «frustra».

Man kann Horaz aufschlagen, wo man will, man wird überall auf ähnliche gehaltvolle Formulierungen stoßen, auf «höchsten Sinn im engsten Raum», so dürfen wir sagen, sofern wir unter «höchstem Sinn» auch die Dichte sinnlicher Vorstellungen verstehen. Das Gebet im Tempel Apolls (I, 31) wird in die Worte zusammengefaßt:

> Frui paratis et valido mihi,
> Latoe, dones et, precor, integra
> cum mente, nec turpem senectam
> degere nec cithara carentem.

> Ich flehe, Sohn Latonas: gesunden Leibs
> Und heilen Geistes laß mich genießen, was
> Mein Eigen, und kein schmählich Alter,
> Keins, das der Leier entbehrt, erleben.

Der Schluß der Soracte-Ode (I, 9), von dem uns bereits zwei Verse bekannt sind, lautet:

> Nunc et latentis proditor intimo
> gratus puellae risus ab angulo
> pignusque dereptum lacertis
> aut digito male pertinaci.

> Willkommen ist aus innerstem Winkel nun
> Verborgnen Mädchens Lachen, das es verrät,
> Dem Arm entrissen auch das Pfandstück
> Oder dem Finger, der schwach es festhält.

Das sind Strophen. Doch auch der Gehalt von einzelnen Versen ist oft erstaunlich.

Horaz erinnert sich, wie er als Kind gefahrlos im Freien geschlafen hat (III, 4):

> Non sine dis animosus infans.

> Nicht ohne Götter, beherztes Knäblein.

Der Parther ist dafür berühmt, daß er noch auf die Feinde schießt, nachdem er sein Pferd zur Flucht gewendet hat. Die Ode I, 19 nennt ihn deshalb

> versis animosum equis.

> Mit gewendeten Pferden tapfer.

Die Cantabrer an der spanischen Küste haben sich immer wieder gegen Rom empört und erst spät unterworfen (III, 8):

> Servit Hispanae vetus hostis orae
> Cantaber sera domitus catena.

> An der Küste Spaniens ist mit später
> Kette nun der Cantaber unterworfen.

Bekannter sind die knapp gefaßten sittlichen Lehren und Weisheitssprüche, vor allem aus den Römeroden:

> Omne capax movet urna nomen (III, 1).

>   Jeden
> Namen wirft auf die geräum'ge Urne.

Einer der meistzitierten Verse steht in der zweiten Römerode (III, 2):

> Dulce et decorum est pro patria mori.

Der Untergang der Giganten wird in III, 4 mit den Worten begründet:

> Vis consili expers mole ruit sua.
>
> Kraft, bar der Einsicht, stürzt durch die eigne Wucht.

Die «lex de adulteriis» des Kaisers Augustus hat den sittlichen Zustand in Rom verbessert. Darauf bezieht sich der Vers aus IV, 5:

> Culpam poena premit comes.

Wenn man genau sein will, kann man dies nur umständlich wiedergeben:
«Das Vergehen wird unterdrückt von der Strafe, die ihm auf dem Fuße folgen würde.»
Solche Sprüche sind es, die Horaz im Mittelalter den Beinamen «ethicus» eingetragen haben und noch heute, wo man auch nur ein wenig Latein versteht, populär sind. Ob wir aus ihnen immer auf die Gesinnung des Dichters schließen dürfen, bleibe zunächst dahingestellt. Im Zusammenhang unsrer Betrachtung nehmen wir sie einstweilen nur als besonders eindrucksvolle Beweise jener Lust des Formulierens, die sich ebenso bei minder ehrwürdigen Gegenständen bewährt, so etwa bei den Ziegen, die «olentis uxores mariti», «die Ehefrauen des stinkenden Gatten», heißen (I, 17).
Zur Verdichtung tragen nun aber vor allem Eigennamen bei. Daß Venus das selige Kypern bewohnt, ist ein Topos, der weiter nicht auffällt. III, 26 bringt aber den Zusatz:

> Memphin carentem Sithonia nive.
>
> Memphis, frei von Sithonischem Schnee.

«Sithonia» heißt die mittlere Halbinsel der Chalkidike. Sie liegt im Norden. Es kann geschehen, daß dort Schnee fällt.

Memphis dagegen kennt keinen Schnee. Zu Memphis gehört die Liebesgöttin auf Grund ihrer Gleichsetzung mit Isis. Darauf anzuspielen, liegt nahe, da Chloe, auf die sich die Ode bezieht, ihrem Namen nach eine Griechin und mit ägyptischen Kulten vertraut sein dürfte.

Nicht selten häufen die Eigennamen sich so wie in der folgenden Strophe (III, 4):

> Visam Britannos hospitibus feros
> et laetum equino sanguine Concanum,
> > visam pharetratos Gelonos
> > et Scythicum inviolatus amnem.

> > > > > Ich will
> Aufsuchen die Britannen, die Fremden feind,
> Den sich an Roßblut weidenden Konkaner,
> > Die köchertragenden Gelonen,
> > Unversehrt sehen den Strom der Skythen.

Die Skythen sind in der römischen Dichtung das fremdenfeindliche Volk schlechthin. Auch die Britannen im hohen Norden waren leicht als solches verständlich. Doch über den Konkaner und die Gelonen mußten sich wohl schon die meisten römischen Leser wie wir belehren lassen. Das konnte Horaz nur willkommen sein. Was ausführlich im Kommentar steht, wächst den beiden Namen beim ersten Blick als vorerst dunkler Gehalt zu.

Solche prägnante Einzelheiten – Gedanken, Sprüche, charakteristische Züge, Anspielungen auf Mythen, auf die Geschichte, auf Zeitereignisse – werden in den Oden nun oft zu längeren Reihen zusammengesetzt. Eines der deutlichsten Beispiele ist sogleich das Widmungsgedicht an Maecenas (I, 1). Horaz begrüßt seinen Gönner, die Zierde seines Lebens, als Abkömmling der alten etruskischen Könige. Zwei Verse genügen für diesen Eingang. Mit dem dritten Vers beginnt er Möglichkeiten der Gestaltung des menschlichen Lebens aufzuzählen. Manche lockt es, in olympischen Wagenrennen zu siegen. Andere haben den Ehrgeiz, zu den höchsten Ämtern aufzusteigen, «tergeminis honoribus»: gemeint sind offenbar die Stufen Ädilität, Prätur, Konsulat. Wieder andere freuen sich, Schätze zu häufen, andere, das Land zu bebauen. Der Kaufmann, der keine Armut erträgt, wagt sich aufs hohe Meer hinaus. Dem stillen Genießer, der im Schatten eines Baumes seinen alten Wein trinkt, wird der Krieger entgegengestellt, dem es im Feld bei Trompetenschall wohl ist. Der Jäger achtet der Kälte nicht und vergißt seine Gattin, wenn er einem Hirsch oder Eber auf der Spur ist. Die ganze Reihe nimmt die Verse 3-28 in Anspruch. Zwei bis vier Verse genügen jeweils, um eine Lebensform zu beschreiben. Die drohende Monotonie der bloßen Aufzählung wird durch Variation vermieden. Das «sunt quos... iuvat» gleich zu Beginn wirkt weiter bis zu dem «hunc» und «illum» des siebenten und des neunten Verses. Der Bauer und der Kaufmann werden einander entgegengesetzt: «Wat dem einen syn Uhl, is dem annern syn Nachtegal». Der einsame Zecher wird sinngemäß mit dem Singular «est qui» eingeführt. Statt «iuvat» heißt es nun aber «nec spernit». Darauf ist es möglich, mit dem «multos castra iuvant» wieder auf die Wendung im dritten Vers zurückzugreifen. In dieser Hinsicht macht sich der Dichter also die größte Sorgfalt zur Pflicht. Dagegen läßt sich eine Steigerung oder ein anderes Prinzip der Anordnung der Reihe nicht erkennen. Die einzelnen Glieder sind vertauschbar. So wird das Interesse gleichmäßig auf das ganze Gedicht verteilt. Der Leser findet sich eingeladen, freundlich bei jedem Bild zu verweilen. Er drängt nicht weiter, ist nie gespannt – bis sich denn endlich doch die Frage meldet: Was hat der Dichter im Sinn? Die letzten acht Verse geben die Antwort. Er, Horaz, gehört durch Flöte und Saitenspiel höheren Rängen an. Wenn ihn Maecenas gar zu den lyrischen Dichtern zu zählen bereit ist, wird er sein Haupt bis zu den Sternen erheben. Damit kehrt die Ode zum Anfang, dem Gruß an den vornehmen Freund, zurück. Das Ganze – wir hätten es fast vergessen – kann schließlich denn doch als Widmung gelten. Doch welch eine seltsame Widmung ist dies! Kein Zweifel, es war die Absicht des Dichters, eine solche zu schreiben und seine Gedichtsammlung mit ihr zu eröffnen. Nachträglich sieht sie aber nur wie ein Vorwand für die Ausarbeitung köstlicher Einzelbildchen aus.

So fast schulmäßig geht es freilich in keiner anderen Ode zu. Vergleichbares gibt es aber genug. Die dritte Ode des ersten Buchs beginnt als Begleitgedicht für Vergil, der eine Reise nach Griechenland antritt. Die erste Strophe gilt Kypris, den Dioskuren, als den Beschützern in Seenot, und Äolus, dem Gebieter der Winde. Die zweite beschwört das Schiff, den geliebten Freund unversehrt zurückzubringen. Das Thema «Gefahren des Meeres» wird nun zum Anlaß für eine erste Reihe, die die vier folgenden Strophen umfaßt. Die Winde sind gefährlich, die Meerungeheuer, die Wirbel, die Riffe sind es. Das schreckt die vermessenen Sterblichen nicht. Schiff um Schiff durchfurcht die Fluten. Nun weitet sich «Wagemut der Schiffahrt» aus zu «Wagemut überhaupt». Eine zweite Reihe beginnt, die wieder vier Strophen umfaßt. Als Beispiele werden genannt: Prometheus, der das Feuer vom Himmel geraubt und Unglück in die Welt gebracht hat; Daedalus, der sich erkühnt hat, mit von ihm selbst verfertigten Flügeln zu fliegen; Herkules, der sich erdreistet hat, sogar in die Unterwelt vorzudringen. Immer wieder zeigt sich – davon redet die letzte Strophe –:

> Nil mortalibus ardui est:
>   caelum ipsum petimus stultitia, neque
> per nostrum patimur scelus
>   iracunda Iovem ponere fulmina.
>
> Nichts ist Sterblichen allzu steil:
>   Nach dem Himmel sogar greifen aus Torheit wir.
> Unser Frevelsinn läßt nicht zu,
>   Daß den zürnenden Blitz Jupiter niederlegt.

Bei unbefangener Lektüre lassen wir uns einen solchen Schluß gefallen. Wenn wir nachzudenken beginnen, befremdet er uns doch einigermaßen. Prometheus und Herkules sind Halbgötter, vor allem nicht sterblich und deshalb als Beispiele ungeeignet. Horaz beachtet dies nicht. Es kommt ihm nur auf das Thema «Wagemut» an, und dafür stehen von jeher Herkules und Prometheus zur Verfügung. Noch viel seltsamer aber ist es, daß er es nicht für nötig hält, auf die Reise Vergils zurückzukommen, von der wir doch annehmen mußten, daß sie der Anlaß des Gedichtes sei. Da sieht es nun erst recht so aus, als sei der Anlaß nur ein Vorwand für die Bilderreihen gewesen.

Die erste Römerode besteht hauptsächlich aus einer Reihe von Bildern für den Wahn der Habsucht und die Unentrinnbarkeit des Todes. Die neunte Ode des vierten Buches häuft Belege für die Macht der Dichtung, unsterblichen Ruhm zu verleihen.

Horaz ist nicht der einzige Römer, der seine Gedichte gern aus solchen Miniaturen zusammensetzt. Wir denken an seine Zeitgenossen Tibull und Properz. Manche Properzische Elegien brechen in «Blöcke» auseinander, deren Zusammenhang unklar bleibt[16]. Niemand wird sich bei ihm aber einfallen lassen, von Miniaturen zu sprechen. Das Einzelne scheint bei Properz nicht behutsam ausgearbeitet, sondern in leidenschaftlicher Ungeduld mit heftigen Strichen hingesetzt worden zu sein. Wohl aber kommt Tibull in Betracht. Man wird sofort Belege finden. Ein Abschnitt aus der ersten Elegie des ersten Buches lautet:

> Schämen will ich mich nicht, zuweilen die Schafe zu hüten,
> Mit dem Stachel wohl auch treiben den Ochsen, der säumt.
> Gerne führe ich auch ein Lamm, ein Junges der Ziege,
> Das die Mutter vergaß, wieder nach Hause zurück.
> Meine wenigen Tiere, verschont sie, Diebe und Wölfe!
> Andere Herden sind groß; holt eure Beute euch dort!
> Jährlich bin ich gewohnt, hier meinen Hirten zu sühnen,
> Sprenge mit Milch das Bild Pales', die freundlich gesinnt.

> Bleibt, ihr Götter, mir nahe, verschmäht nicht, was
> ich euch biete
> Auf dem ärmlichen Tisch und in dem reinlichen
> Krug.
> Tönerne Becher schuf in ältesten Zeiten der Landmann;
> Aus nachgiebigem Lehm rundete er sie sich selbst...

«Wie schön sich Bild an Bildchen reiht!» Seitenlang kann es so weitergehen. Wir übersehen dabei aber nicht, daß Tibull es leichter hat als Horaz. Die Einheit bei Tibull besteht aus dem stereotypen Distichon, das nicht so schwer zu handhaben ist wie eine sapphische, alkäische oder gar asklepiadeische Strophe mit ihren anspruchsvollen Zäsuren. Die Themen der einzelnen Elegien sind sich bis zum Verwechseln ähnlich. Die Stimmung eines ein wenig melancholischen «holden Bescheidens» herrscht vor, ein maßvolles, mildes Temperament. Gerade dieses Maß und diese Milde scheinen unentbehrlich, wenn so reinlich ausgeführte Bilder zustandekommen sollen. Der hohen Kunst des Horaz sind freilich auch größere Gegenstände erreichbar. Er kann die «mater saeva cupidinum» oder den bacchischen Taumel feiern. Wir haben aber doch nie den Eindruck, daß er selbst, wie Properz, von wilder Erregung ergriffen sei. Serenität, Windstille der Seele, scheint er sich in den Jahren, die dichterisch bezeugt sind, immer bewahrt zu haben. Davon wird auch sein Verhältnis zu Sappho und Alkaios bestimmt. Die geräuschvolle Kriegerlust des Alkaios teilt er im eigenen Namen nicht, auch nicht die Liebesleidenschaft, die Sapphos Seele überwältigt. Offenbar gilt es hier noch immer, Vorurteile beiseitezuräumen. Die deutschen Anakreontiker haben sich gern als seinesgleichen betrachtet. «Wein, Weib und Gesang» – bei dieser Losung meint man sich auf Horaz als ihren größten Verkünder berufen zu dürfen. Der Weingenuß, zu dem er sich selbst in der Dichtung bekennt, ist aber mäßig. Und was die Liebe betrifft, so erlebt man, prüft man nach, eine Überraschung. Walter Wili hat die Daten zusammengestellt[17]. Die drei ersten Bücher der Oden bestehen nur zu einem Viertel aus Liebesgedichten! Im vierten folgen deren noch vier. Ein Drittel aller Liebesgedichte spricht von der Liebe eines Dritten. Der Dichter fordert zwar zum Küssen auf, küßt aber selber nie – was nach den «mille basia» Catulls besonders auffällig ist. Seine Augenlust beschränkt sich auf Schultern und Nacken. Von der Brust oder gar von den Schenkeln redet er nicht. Eine wollüstige Atmosphäre, wie sie Ovid so gern verbreitet, wäre mit der genauen Klarheit der Miniaturen unvereinbar. Sogar was wir lyrische Stimmung nennen, ist nur in jenem zarten, duftigen Aggregatzustand zulässig, in dem sie uns etwa auch in Epigrammen des vierten und dritten Jahrhunderts vor Christus oder, in deutscher Sprache, in den Distichen Mörikes begegnet. Horaz, der selber nicht der Gefangene eines dichterischen Zustands sein will, gewährt auch dem Leser Freiheit. Er denkt nicht daran, ihn überwältigen oder auch nur bestricken zu wollen. Eben deshalb spricht er, wenn man so sagen darf, am natürlichsten dort und spricht er am unmittelbarsten an, wo eine milde Temperatur herrscht, wo er den Preis des Sabinergütchens oder eines andern Erdenwinkels, der ihm lächelt, anstimmt, das stille Behagen und das Glück unangefochtener Liebe rühmt. Es ist, als sage er sich wie Goethe in den «Römischen Elegien»:

> Reizendes Hindernis will die rasche Jugend; ich liebe
> Mich des versicherten Guts lange bequem zu erfreun.

Aber freilich, der Künstler kann sich nicht immer mit solchen bescheidenen Gegenständen zufriedengeben. Das Beispiel Pindars schwebt ihm vor, eines, so möchte man von vornherein behaupten, ihm fremden Geistes, der, Chorlyriker aus der ersten Hälfte des fünften Jahrhunderts vor Christus, unter Voraussetzungen und auf Grund von Traditionen dichtete, die für die Augusteer vielleicht überhaupt nicht mehr recht verständlich waren. Dennoch ist Horaz auch ihm verpflichtet. In seinen Oden freilich sieht alles so ganz anders aus, daß wir den feierlich-manierierten Sänger der pythischen und olympischen Spiele kaum wiedererkennen würden, wenn uns nicht wörtliche Parallelen nötigten, an ihn zu denken.

Ein aufschlußreiches Beispiel ist die zwölfte Ode des ersten Buchs:

> Quem virum aut heroa lyra vel acri
> tibia sumis celebrare Clio,
> quem deum?

> Welchen Mann gedenkst du mit heller Flöte,
> Welchen der Heroen zu feiern, Clio,
> Welchen Gott?

Das ist als «Motto» übernommen aus Pindars zweiter olympischer Ode, die mit den Versen beginnt:

> Ihr leierbeherrschenden Hymnen!
> Welchen Gott, welchen Heroen,
> Welchen Mann sollen wir singen?

Man hat erklärt, auch im weitern Verlauf der sechzig Verse umfassenden Ode sei Pindar das Vorbild Horazens gewesen [18]. Das trifft aber höchstens für die Einteilung in fünf Triaden zu. Im Übrigen wird der unbefangene Leser kaum eine Ähnlichkeit finden. Pindar beginnt bald nach dem Prooemium düstere Mythen vorzutragen und sich in schwere Gedanken über Schicksal, Schuld und Leid zu versenken, chorlyrisch-erhaben, getragen von der uns unvorstellbaren heiligen Musik. Horaz dagegen scheint das Motto nur als Einladung zu betrachten, abermals eine lange Reihe prägnanter Einzelheiten zu bilden. Er beginnt mit Jupiter, geht über zu Pallas, Bacchus, Phoebus, dann zu den Heroen, Herakles, den Dioskuren, von diesen zu großen Männern der römischen Geschichte, um über Augustus, den Mächtigsten auf Erden, den Weg zurück zu dem Mächtigsten auf dem Olymp, zu Jupiter, zu finden. Manche Namen werden nur rasch erwähnt, einige Götter und Helden in mehreren Versen vergegenwärtigt. Dadurch entsteht der Eindruck des Schweifenden, Inkohärenten, den Horaz, wie auch in andern verwandten Oden, beabsichtigt und für sein eigenes künstlerisches Gewissen mit Pindars Beispiel begründet hat. Pindars Ode aber, obwohl ihre Strophen schon im Hinblick auf die Musik streng regelmäßig gebaut sind, wirkt als Erzeugnis eines Geistes, der sich vor lauter Andrang des mythischen Stoffes nicht zu fassen weiß und in göttlichem Wahnsinn taumelt. Bei Horaz verkennen wir keinen Augenblick, daß die Inkohärenz und Sprunghaftigkeit sorgfältige Kunst ist und daß sich auch dieses Gedicht aus lauter genau erfaßten und scharf gesonderten Vorstellungen zusammensetzt. Pallas Athene heißt «proeliis audax»; Diana wird als «inimica virgo beluis» eingeführt, Phoebus mit den Worten «metuende certa...sagitta» angesprochen. Das sind ebenso endgültige, gleichsam auf ihrem Recht beharrende Prägungen der lateinischen Sprache wie einige Verse später «quietum Pompili regnum», «superbos Tarquini fascis», «Catonis nobile letum». Goethe hat gelegentlich von der «bepfählenden» Art des Lateins gesprochen [19]. «Bepfählen» ist ein starker Ausdruck. Er trifft aber doch die gebieterische Art, mit Menschen und Dingen umzugehen, den gesetzgeberischen Anspruch, der uns im Vergleich mit der «läßlichen», mehr andeutenden Weise des Griechischen, die Goethe gleichfalls hervorhebt, in der römischen Literatur auffällt und bei Horaz die Folgen bald anmutiger, bald gewaltiger, immer aber unübertrefflich fixierter, von ihrer Umgebung klar getrennter und deshalb aller Einschmelzung in musikalisch-lyrischen Fluß widerstrebender Einzelheiten bedingt.

Es ist denkbar, daß Horaz sich über diesen fundamentalen Unterschied eine Zeitlang täuschte. In einem Gedicht der Spätzeit aber, der zweiten Ode des vierten Buchs, ist er sich dessen vollkommen bewußt. Da formuliert er ihn so deutlich, wie wir nur wünschen können, ja, um des Anlasses willen, sogar überspitzt. Über diesen Anlaß freilich, zumal die Art, wie Horaz ihn wahrnimmt, bestehen Meinungsverschiedenheiten [20]. Sie kommen hier nur insofern zur Sprache, als einige Daten zum Verständnis unerläßlich sind.

Pindarum quisquis studet aemulari,
Iulle, ceratis ope Daedalea
nititur pennis, vitreo daturus
   nomina ponto.

monte decurrens velut amnis, imbres
quem super notas aluere ripas,
fervet immensusque ruit profundo
   Pindarus ore,

laurea donandus Apollinari,
seu per audacis nova dithyrambos
verba devolvit numerisque fertur
   lege solutis,

seu deos regesve canit, deorum
sanguinem, per quos cecidere iusta
morte Centauri, cecidit tremendae
   flamma Chimaerae,

sive quos Elea domum reducit
palma caelestis pugilemve equumve
dicit et centum potiore signis
   munere donat,

flebili sponsae iuvenemve raptum
plorat et viris animumque moresque
aureos educit in astra nigroque
   invidet Orco.

multa Dircaeum levat aura cycnum,
tendit, Antoni, quotiens in altos
nubium tractus: ego apis Matinae
   more modoque,

grata carpentis thyma per laborem
plurimum, circa nemus uvidique
Tiburis ripas operosa parvus
   carmina fingo.

Wer begehrt, mit Pindar es aufzunehmen,
Iullus, strebt mit Daedalus' wachsverpichten
Schwingen aufwärts, und dem kristallnen Meere
    Gibt er den Namen.

Wie von Bergeshöhen ein Fluß eilt, den der
Regen schwellte über gewohnte Ufer,
Braust und bricht mit dröhnendem Munde maßlos
    Pindar hernieder,

Wert des Lorbeerzweiges Apollons, wenn er
Neue Wortgebilde in wagemutgen
Dithyramben fortwälzt und regellose
    Rhythmen ihn tragen,

Wenn er Götter, Göttern entstammte Fürsten
Singt, durch die gefalln gerechten Todes
Die Kentauren und der Chimaera grause
    Flamme gefallen,

Wenn er, den die Palme Eleas heimführt,
Göttergleich, Faustkämpfer, das Pferd besingt und
Ehrt mit einer Gabe, die mehr als hundert
    Statuen wert ist,

Wenn er klagt der weinenden Braut entrissnen
Jüngling, seine Kräfte, den Mut und goldnen
Wandel zu den Sternen erhebt und finstern
    Orcus verweigert.

Mächtge Lüfte heben den Schwan der Dirke,
Strebt er auf, Antonius, zu der hohen
Wolken Zug. – Ich, nach der Matinerbiene
    Art und Gewohnheit,

Die willkommnen Thymian saugt mit größtem
Eifer, forme, nahe des feuchten Tibur
Ufern, bei dem Haine, bescheiden meine
    Mühvollen Lieder.

concines maiore poeta plectro
Caesarem, quandoque trahet ferocis
per sacrum clivum merita decorus 35
    fronde Sygambros,

quo nihil maius meliusve terris
fata donavere bonique divi
nec dabunt, quamvis redeant in aurum
    tempora priscum, 40

concines laetosque dies et urbis
publicum ludum super inpetrato
fortis Augusti reditu forumque
    litibus orbum.

tum meae, si quid loquar audiendum, 45
vocis accedet bona pars, et 'o sol
pulcher, o laudande' canam recepto
    Caesare felix,

teque, dum procedis, io Triumphe,
non semel dicemus, io Triumphe, 50
civitas omnis, dabimusque divis
    tura benignis.

te decem tauri totidemque vaccae,
me tener solvet vitulus, relicta
matre qui largis iuvenescit herbis 55
    in mea vota,

fronte curvatos imitatus ignis
tertium lunae referentis ortum,
qua notam duxit niveus videri,
    cetera fulvus. 60

Singen wirst du, Dichter, mit vollerm Tone
Caesar, schleift er über den heilgen Hügel,
Ausgezeichnet mit dem verdienten Laube, 35
    Grimme Sygambrer.

Größres, Bessres haben der Welt das Schicksal
Und die guten Götter noch nie beschieden,
Werden's nie, auch wenn zu dem Gold von ehdem
    Kehren die Zeiten. 40

Singen wirst du freudige Tage und das
Feierspiel der Stadt für Augusts, des Helden,
Ihr vergönnte Wiederkehr und das Forum
    Ohne Gerichtstag.

Meine Stimme, sage ich Hörenswertes, 45
Wird dann gut teilnehmen: «O schöne Sonne,
Rühmenswerte» werde ich singen, froh der
    Heimkehr des Kaisers.

Nicht nur einmal während des Zugs «Triumphe»
Wird der Ruf dir tönen «Io Triumphe!» 50
Wir, die ganze Bürgerschaft spenden Weihrauch
    Gütigen Göttern.

Stiere zehn und ebensoviele Kühe
Werden dich entbinden, ein zartes Kälbchen
Mich, das, fern der Mutter, auf üppgem Grase 55
    Wächst für mein Opfer.

Auf der Stirne bildet es nach des Mondes
Sichelhelle während des dritten Aufgangs,
Schneeweiß anzuschauen, wo es das Mal trägt,
    Sonst aber goldbraun. 60

Die Sygambrer, ein germanischer Volksstamm, hatten die Römer geschlagen. Augustus war darauf persönlich auf dem Kriegsschauplatz erschienen. Ein Kampf war aber nicht mehr nötig. Die Sygambrer hatten sich zurückgezogen und stellten Geiseln. In Rom gedachte man die Heimkehr des Kaisers mit einem Triumph zu feiern. Es scheint nun – oder Horaz erfindet für seine besondere Absicht den Umstand –, daß Iullus Antonius, ein Sohn des Triumvirn Marcus Antonius, ein dem Kaiser nahestehender, selbst auch als Dichter bekannter Mann, Horaz gebeten habe, für diesen Anlaß einen Festgesang in Pindars Stil zu dichten. Entweder – eben dies ist strittig – soll unser Gedicht eine «recusatio», höfliche Form der Ablehnung, sein, oder aber Horaz erklärt, die Heimkehr des Kaisers auf eigene, nicht pindarische Weise feiern zu wollen. Wie dem auch sei: er benutzt die Gelegenheit oder fingiert sie, um seine eigene Kunst zu charakterisieren und – das deutet er freilich nur mit dem Bescheidenheitstopos an – vor Pindars Größe zu behaupten.

Die erste Strophe vergleicht das Bestreben, Pindar nachzueifern, mit dem tödlichen Flug des Ikarus: sein Vater Daedalus verfertigte ihm mit Wachs verpichte Flügel; er näherte sich zu sehr der Sonne und stürzte ins Meer, das seither seinen Namen, das «ikarische Meer», trug. Die folgenden Strophen gehen zu einer Würdigung Pindars im Ganzen und einzelner Zweige seiner Lyrik über. Das Gleichnis vom niederbrechenden Bergstrom hat das Pindar-Bild Herders, des jungen Goethe und seiner Zeit bestimmt. Die Verse 10–12 erwähnen die Dithyramben, in denen es keine gesetzlichen Responsionen gab, 13–16 die Hymnen und Päane, 17–20 die Oden auf Sieger in den olympischen, pythischen, nemeischen und isthmischen Spielen, 21–24 die Klagelieder auf Verstorbene – wieder eine mit der größten Genauigkeit ausgeführte Reihe! Die folgende Strophe wendet sich abermals Pindar im Ganzen zu, dem Schwan der Dirke, einer Quelle bei seiner Heimatstadt Theben: Er braucht sich nicht ängstlich im Kleinen zu mühen; er wird von seiner Begeisterung wie von selbst in die Höhen getragen. Horaz dagegen gleicht der

Biene, die auf dem Berg Matinus – in Calabrien oder Apulien – von Blume zu Blume fliegt und fleißig den köstlichen Honig zusammenträgt. So formt er, aus lauter Einzelheiten, seine «mühvollen Lieder».

«Operosa carmina». Ein moderner Leser könnte glauben, daß es sich um ein Sammeln von «Einfällen» handle. Einfälle in unserm Sinn sind zwar auch Horaz vergönnt. Er meint sie aber hier so wenig wie in den Briefen, wenn er von seinem dichterischen Verfahren spricht. Er denkt an die sprachliche Formulierung. Eben deshalb besteht für ihn auch kein grundsätzlicher Unterschied zwischen der Imitatio griechischer Dichter und freiem Erfinden. Es geht darum, für einen Gedanken, ein Bild, gleichgültig woher es stammt, die beste, knappste, einprägsamste lateinische Fassung zu erzielen. Für diese Mühe vor allem findet er in den Briefen an Florus und an die Pisonen Worte aus eigener Erfahrung:

> Wer ein kunstgerechtes Gedicht zu machen gewillt ist,
> Wählt, beginnt er zu schreiben, die Haltung des
>   ehrlichen Zensors.
> Er wird wagen, alle die Wörter, die Glanzes entbehren
> Und die ohne Gewicht sind und keine Ehre verdienen,
> Auszustoßen, auch wenn sie nicht eben geneigt sind
>   zu weichen
> Und zur Stunde noch weilen im Heiligtume der Vesta.
> Die schon lange im Volk verdunkelt sind, gräbt er mit
>   Tatkraft
> Aus und bringt sie ans Licht, die köstlichen Namen
>   der Dinge,
> Die die Catonen vor Zeiten gesprochen und die Ce-
>   thegen
> Und nun einsames Alter erdrückt und gestaltloser
>   Schimmel,
> Neue, wie sie der zeugende Brauch hervorgebracht,
>   beiziehn.
> Mächtig und klar wird er, dem reinen Strome ver-
>   gleichbar,

> Schätze ergießen und Latium segnen mit reichlicher Sprache.
> Üppiges wird er beschneiden, durch eine bekömmliche Pflege
> Glätten, was allzu schroff, und tilgen, was ohne Verdienst ist,
> Tun, als spiele er nur, und doch sich winden wie einer,
> Der einen Satyr nun, den dummen Kyklopen nun darstellt.
>
> (Briefe II, 2, 109 ff.)

> Sprechen wirst du vortrefflich, wenn klug berechnete Fügung
> Ein bekanntes Wort erneuert...
>
> (Ad Pisones, 47 f.)

Er spricht von der langen Mühe des Feilens (limae labor et mora) und gibt, indem er es mit der Art vergleicht, wie der Steinmetz prüfend über die Fugen einer Marmorwand fährt, den jungen Adepten aus dem Geschlecht des Königs Numa Pompilius den Rat:

> Ihr, Pompilisches Blut, verwerft eine Ode, die mancher
> Tag und mancher Strich nicht eng zusammengedrängt und
> Die der beschnittene Nagel nicht zehnmal prüfend verbessert.
>
> (Ad Pisones, 291 ff.)

Und schliesslich lesen wir die Mahnung, die sprichwörtlich geworden ist:

> Hast du etwas geschrieben...
> Schließe es ein im Pult und halte die Blätter verborgen
> Bis ins neunte Jahr.
>
> (Ad Pisones, 386 ff.)

So also arbeitet er, Horaz, im Gegensatz zu dem wie ein reißender Bergstrom niederbrechenden Pindar und wie vielleicht Iullus Antonius, an den sich die folgende Strophe wendet mit der Bitte, den erbetenen Festgesang selber zu übernehmen. Iullus Antonius soll den Sieg über die Sygambrer und die alles überragende Größe des Kaisers feiern, «maiore plectro», mit vollerem Ton, auf eine erhabenere Weise, als Horaz sie sich selber zutrauen möchte, feiern auch den Jubel Roms bei der lange ersehnten Heimkehr des Herrschers. Ob mit den Versen 45–52 gemeint ist, dass Horaz auf ein eigenes Lied verzichtet und sich bei dem Triumphzug nur am Gesang des Volkes beteiligen will, oder ob er mit dem «sage ich Hörenswertes» ein Gedicht in seinem minder pompösen Stil im Sinn hat, dürfen wir unentschieden lassen. Daß eher die zweite Annahme zutrifft, scheinen die Schlußstrophen nahezulegen. Sie sind für unser Kunstempfinden so reizvoll, daß wir genauer hinsehen müssen. Beide, Horaz und Iullus Antonius, haben gelobt, die Heimkehr des Augustus mit einem Opfer zu ehren. Iullus wird, seinem Stand gemäß, zehn Stiere und zehn Kühe opfern. Horaz ist nicht so reich; er muß sich mit einem Kälbchen begnügen. Dieses Kälbchen jedoch beschreibt er nun so liebevoll und sorgfältig wie nicht einmal in dem Gedicht an die Quelle Bandusias das Böcklein, das gleichfalls für ein Opfer bestimmt ist. Wie sieht dieses Kälbchen aber aus? Wir zögern einen Augenblick, zumal wenn wir erfahren, daß auch hier eine Imitatio vorliegt. In der Ilias ψ 454f. wird ein Rotfuchs geschildert, der auf der Stirn ein weißes Mal, «rund wie der Mond», trägt. Im «Raub der Europa», einem Klein-Epos des Moschos aus dem zweiten Jahrhundert vor Christus, heißt es von dem in einen Stier verwandelten Zeus, er sei nicht wie andere Stiere gewesen:

> Nein, es war seine Gestalt im Ganzen von bräunlichem
>   Golde.
> Einzig ein Kreis in der Mitte der Stirne schimmerte
>   silbern.
> Drunter strahlten hervor und blitzten die Augen von
>   Liebreiz.
> Gleiche Hörner, einander genüber, entstiegen
>   dem Haupte,

> Halbrundartige, so wie die Bögen der Hörner
> des Mondes.
>
> (v. 84-88)

Beziehen sich die «curvati ignes» bei Horaz nun auf die Hörner, oder ist es das Mal auf der Stirn, das die Sichelhelle des Mondes nachbildet? Es scheint nicht ausgeschlossen, daß eine Erinnerung an die halbrunden Bögen der Hörner des Stiers bei Moschos nachschwingt. Offenbar ist aber doch die Form des Mals auf der Stirn gemeint, das ja bei Moschos gleichfalls erwähnt wird. Denn ein Kälbchen hat keine Hörner, und sollte «tener vitulus» «junges Rind» bedeuten, so könnte der Dichter auch dessen ersten Hornansatz nicht wohl «gekrümmte Feuer» («Sichelhelle») nennen. Was das Kälbchen oder Rind so reizend macht, ist das weiße Mal; dieses verdient es, mit einem poetischen Vergleich hervorgehoben zu werden[21]. Doch wie dem auch sei, das Medaillon bezaubert uns so, daß wir gern ein wenig verweilen und darüber sogar den Kaiser Augustus und Pindar vergessen. Nun fällt uns freilich wieder ein, wovon in den dreizehn Strophen, die vorangehen, die Rede gewesen ist, und wir fragen einigermaßen verblüfft, wie der Dichter dazu kommt, so zu schließen. Der Fall ist keineswegs einzigartig. Wir haben nur ein besonders gelungenes und bedeutungsvolles Beispiel dessen vor uns, was Rudolf Alexander Schröder einmal den «schrägen Ausgang» so vieler horazischer Oden genannt hat[22], das heißt, ein Ende, das keine Kulmination darstellt und keine Bilanz zieht, ja nicht einmal so etwas wie eine Erfüllung zu bringen, sondern auf Nebensächliches auszuweichen scheint. Daß solche «schräge Ausgänge» überhaupt möglich sind, erklärt sich daraus, daß Horaz nicht von einer Stimmung getragen und nicht von einem Gedanken beherrscht wird, der sich organisch im Ganzen und in den Teilen der Ode entfalten müßte, sondern die höchste Aufmerksamkeit jeweils auf Einzelnes konzentriert, so sehr, daß er den Plan des Ganzen gelegentlich sogar zu vergessen oder sich manchmal erst nachträglich wieder darauf zu besinnen scheint. Wenn dem so ist – die Auffassung bedarf noch der Modifikation –, so geschieht hier genau das Gegenteil von dem, was die attischen Tragiker ihrem Publikum zugemutet haben. Man hat auf Unstimmigkeiten in der antiken Tragödie hingewiesen, Szenen, die nicht zum Ganzen passen, Widersprüche in der Zeichnung der Charaktere, im Gang der Handlung, und ihre Rechtfertigung darin erblickt, daß der Zuschauer, hingerissen vom großen Zug des tragischen Geschehens, sich gar nicht auf Einzelheiten, die zurückliegen, zu besinnen vermag, ja auch nur gewillt ist, sich zu besinnen. Bei Horaz dagegen verliert der Leser das Ganze aus den Augen, weil ihn Einzelnes bannt und nötigt, alles abzublenden, was seinen gesammelten, auf einer Strophe, einem Vers, einer Wendung ruhenden Blick beirren könnte.

So werden «schräge Ausgänge» möglich. Inwiefern sind sie aber auch wünschbar? Der schräge Ausgang bezeugt, daß der Dichter seinem Stoff gegenüber frei ist und sich jederzeit das Recht wahrt, die Richtung des Weges selbst zu bestimmen, ähnlich wie in den moralischen oder ästhetischen Ausführungen der Briefe die lockere, unverbindliche Form der Diatribe Schutz gegen den Verdacht der Pedanterie gewährt. Und wie er selber sich als frei erweist, gewährt er dem Leser Freiheit. Die Vorstellung des lyrischen Kataraktes Pindar ist hinreißend, die Größe und der Glanz des Kaisers, des Weltbeherrschers, überwältigend. Was Augustus betrifft, so schützt Horaz in der Ode I, 12 den Leser vor der Gefahr der Überwältigung, indem er in den letzten Strophen Jupiter anspricht und zweimal mit unerschütterlicher Besonnenheit daran erinnert, daß der Kaiser ihm untergeordnet sei:

tu secundo
Caesare regnes.

Du herrsche,
Caesar sei zweiter.

te minor latum reget aequus orbem.

Lenk' er rechtlich, kleiner als du, den weiten Erdkreis.

In IV,2 und überall, wo er sich für den schrägen Ausgang entscheidet, ist es die Wendung zu einem zwar reizvollen, aber anspruchsloseren Thema, die den weiten Spielraum des Gemüts, der einem humanen Dasein unentbehrlich ist, wiederherstellt. In größtem Rahmen und mit viel massiveren Mitteln übernahm das Satyrspiel in den antiken Tetralogien einen ähnlichen Auftrag. Es entließ den Zuschauer nicht niedergeschmettert; es gab ihm die innere Freiheit zurück. Auch in der neueren Literatur kann Vergleichbares manchmal begegnen, vielleicht nicht in der Lyrik, aber in Bühnenwerken und Romanen. Man denke an die freundlichen, betont harmlosen Sätze, mit denen Manzoni den Leser auf den letzten Seiten seiner «Promessi sposi» entläßt, oder gar an den letzten Auftritt im «Rosenkavalier», wo nach dem ergreifendsten Schmerz der Resignation der Marschallin und dem innigsten Glück des jungen Paars das Negerlein hereintrippelt und das verlorene Taschentuch aufliest. Die Beispiele scheinen weit hergeholt. Es sind aber gültige Proben einer diskreten und vornehmen Kunst und verdienen es insofern, im Anschluß sogar an Horaz erwähnt zu werden.

Das Kälbchen beschäftigt uns aber noch weiter. Mit Moschos geraten wir in den Bereich der hellenistischen Poesie. Damit tauchen noch größere Namen auf: Theokrit und Kallimachos. Beiden ist Horaz verpflichtet. An Theokrit erinnern uns die bukolischen Themen, zu denen wir auch Tibur und Venusia zählen dürfen. Da stellen sich keine weitreichende Fragen, zumal die pastorale Welt ja bereits durch Vergil vermittelt ist. Kallimachos dagegen gewinnt für Horaz grundsätzliche Bedeutung. Im Prooemium zu den «Aitia», dem vielzitierten und bewunderten Alterswerk des Alexandriners, stehen die Verse, deren Nachhall wir in den Oden des öftern begegnen und die jenes künstlerische Bekenntnis enthalten, das auch den Schluß des Gedichts, das wir zu würdigen versuchen, mitbestimmt:

> Wider mein Singen brummen mir oft die Telchinen
> entgegen,

> Denen der Musen Gunst nie, den Banausen, geblüht,
> Weil ich nicht Ein Gedicht, ein stetes, auf Taten der
> Fürsten
> Oder der früheren Zeit Helden vollendet in viel
> Tausend Versen. Ich rolle mein Wort nur kleinere
> Strecken,
> Knabenhaft, da doch die Zahl meiner Jahrzehnte
> nicht klein[23].

«Telchinen», koboldartige, neidische Gesellen des Hephaist, so nennt Kallimachos hier seine kritischen Gegner. Sie beschweren sich darüber, daß er nie ein gewaltiges Epos dichtet. Kallimachos weist ihr Ansinnen zurück. So lehnt auch Horaz wiederholt die Zumutung ab, die Taten des Kaisers Augustus in einer epischen Dichtung zu feiern; das Ungeheure liege ihm nicht.

Er habe mit Versen gespart, gibt Kallimachos zu. Es gehe aber nicht an, die Dichtung «nach persischem Maß» zu messen; es komme darauf an, daß sie kunstgerecht sei. Nun folgt das Distichon, das Horaz bei seiner Auseinandersetzung mit Pindar vorgeschwebt haben könnte – was nicht bedeutet, daß er auch das abschätzige Urteil übernimmt:

> Fordert auch die Geburt eines mächtig lärmenden
> Liedes
> Nimmer von mir. Den Zeus kleidet der Donner,
> nicht mich.

Und wieder finden wir die Horaz-Ode vorbereitet in dem Wunsch, dem geflügelten Tierchen, das nicht altert, der Zikade zu gleichen:

> Gleich dem beohrten Tier, so mag ein anderer
> lärmen!
> Möge das kleine ich sein, jenes geflügelte Tier!
> Daß ich das Alter ganz – den Tau – ach, daß ich doch
> sänge,
> Tropfenförmige Kost essend aus göttlicher Luft.

Das erinnert uns an die Matinerbiene, mit der Horaz das Sammeln von einzelnen kleinen Köstlichkeiten verdeutlicht.

Eine solche kleine Köstlichkeit ist die letzte Strophe der Ode. Der Dichter gibt Iullus und dem Leser zu verstehen: das ist es, was *ich* kann; seht selber zu, ob es neben pompöser Dichtung sich zu behaupten vermag.

Die beiden Dichtern eigene Lust am Erlesenen hat dieselben Folgen: daß nämlich ihre Gedichte der großen Menge schwer zugänglich und in überwiegender Mehrzahl nur für einen erlesenen Kreis bestimmt sind, dort für den Ptolemäischen Hof, hier für Augustus und seine Umgebung. Er sei «contentus paucis lectoribus», «mit wenigen Lesern zufrieden», erklärt Horaz in der zehnten Satire des ersten Buchs, eine Gesinnung, die für Kallimachos ohnehin selbstverständlich ist. Und seltsam, beider Dichter Ruhm ist dadurch nicht beeinträchtigt worden. Im Gegenteil! Kallimachos hat auf seine eigene Zeit und die folgenden Jahrhunderte größten Einfluß gehabt; Horaz erscheint als der am meisten vorbildliche Lyriker der Antike.

Je länger wir uns nun aber über die Pindarode Gedanken machen, desto deutlicher scheinen sich Zusammenhänge herauszustellen, die uns veranlassen könnten, die Bemerkung über den Mangel einer das Ganze längerer Oden umfassenden Komposition zurückzuziehen. Die Strophe vom Kälbchen ist antithetisch bezogen auf die vorangehende Strophe: das hübsche Tier gefällt uns besser als die zwanzig Stiere und Kühe, die Iullus Antonius opfern wird. Die so verschiedenen Opfergaben entsprechen nun aber offenbar dem Unterschied zwischen der pindarisierenden Lyrik, die Iullus zugetraut wird, und der bescheideneren, aber köstlichen Kunst, die Horaz sich selber zutraut oder wenigstens in dieser Ode sich einzig zuzutrauen erklärt. Insofern gehört alles zusammen. Wir machen es uns im Überblick klar.

Ohne daß wir schon wissen, worauf es hinaus will, beginnt Horaz mit einer Würdigung von Pindars hoher Kunst. In der siebenten und achten Strophe beschreibt er seine eigene Art. In der neunten erfahren wir, was ihn zu seiner Betrachtung veranlaßt. Augustus kehrt als Sieger über die Sygambrer heim.

Der Gedanke an den heimkehrenden Kaiser führt zu einer Strophe, die seine einzigartige Größe feiert, als müsse ausgesprochen werden, daß man sich darin einig sei. Einig ist man sich nur nicht über die Frage, wie er geehrt werden soll. Davon reden die folgenden Strophen. Iullus soll festliche Töne anstimmen. Er, Horaz, wird einen bescheideneren Beitrag liefern, sei es, daß er im Chor des Volks, das die Straßen säumt, mitsingt, sei es, daß er ein eigenes Lied in seinem zarteren Ton verfaßt. Man kann noch weitergehen und sagen, eben diese Ode selber sei sein Beitrag zu dem Festtag, eine ganz unhöfische und höchst umwegige Huldigung, die gerade deshalb, weil sie nicht an Augustus selbst adressiert ist und angeblich nicht damit rechnet, daß er sie überhaupt zur Kenntnis nehme, die ehrfurchtsvollen Gefühle des Dichters nur umso überzeugender ausdrückt.

So glaubt man also auch hier von «Einheit im Mannigfaltigen» sprechen zu dürfen. Gewiß, doch diese Einheit ist nicht evident und wird vor allem nicht in der uns gewohnten Weise entwickelt. Der Dichter führt uns nicht auf eine dem Gefühl oder dem Verstand faßbare Weise vom einen zum andern, um schließlich an ein Ziel zu gelangen, das uns schon dunkel und allmählich immer klarer vorgeschwebt hätte. Er legt es im Gegenteil darauf an, das Einzelne möglichst zu isolieren und zu verhüten, daß wir dahingetragen oder von dem, was uns bevorsteht, angezogen werden. Erst einem Blick, der nachträglich die einzelnen Teile aufeinander bezieht, der sich die Mühe nimmt, die fünfzehn Strophen simultan zu erfassen, stellt sich die mit so großer Kunst den kostbaren Miniaturen zuliebe verborgene Einheit endlich dar.

Und wenn wir sie hier noch, ohne allzu große List aufwenden zu müssen, zuletzt erfaßt zu haben glauben, so gibt es andere Gedichte, in denen alles offen zu bleiben scheint. Will man dies nicht gelten lassen, so bleibt kaum etwas anderes übrig, als sich ebenso taktvoll und zögernd auszudrücken wie Friedrich Klingner, der in seiner Deutung der vierten Römerode zu dem befremdlichen Übergang von Caesar zu den Musen bemerkt:

«Und wirklich muß ein unausgesprochener Zusammenhang zwischen dieser Strophe, die Cäsar in den Bannkreis der Musen zieht, und dem Satz bestehen, wozu das Musenlob danach fortschreitet: Ihr gebt milden Rat...»[24].

Klingner ist so ehrlich, den Zusammenhang nur zu postulieren. Oder man wird, schon zögernder, dem Satz zustimmen, mit dem er sich dem Abschluß seiner Deutung nähert:

«Nehmen wir hinzu, daß bei weiterem Nachsinnen auch im einzelnen immer mehr einander durchdringende, rein gestimmte Verhältnisse zutagetreten...»[25]

Beim Nachsinnen treten diese und also wohl auch Bezüge der Strophen zutage? Niemand wird daran zweifeln; die Fachliteratur liefert Proben in Hülle und Fülle. Gerade angesichts dieser Proben ist aber doch wohl auch zuzugeben, daß sich mit einem solchen «Nachsinnen» alles herauspräparieren läßt, was der Interpret jeweils wahrhaben will, und daß man es besser bei Heinz Haffters noch behutsameren Worten bewenden läßt:

«Wir meinen in zahlreichen Oden ein Mehr oder Minder von Korrelationen und Responsionen zu erkennen, eine Wiederaufnahme von Gedanken, Motiven, Stimmungen in gleichem, ähnlichem oder auch konträrem Sinne. Dazu ein Komponieren in Strophen- oder Versgruppen, wobei ein Mittelstück oder ein sonstiger Mittelpunkt spürbar werden und der Schluß des Gedichtes in Übereinstimmung oder Gegensatz auf den Anfang Bezug nehmen kann»[26].

«Wir *meinen* zu erkennen», «Bezug nehmen *kann*». Dies besagt, daß uns Horaz die Einheit im Mannigfaltigen nicht aufnötigt, weder in der vierten Römerode noch in der Pindarode, oder wo immer er weiter ausholt, daß er uns zwar einlädt, ein dichtes, feines Beziehungsnetz zu spinnen, aber uns keineswegs dazu zwingt, daß er uns also auch hier, wie bei dem «schrägen Ausgang», Freiheit gönnt. Und dies ist wieder auch hier nur möglich, weil er sich selber dem Gedanken oder dem Gegenstand nicht unterwirft, sondern darüber steht und frei den kühlen Blick auf Einzelnem ruhen oder nach Belieben hin- und herüber gleiten läßt.

Hierzu gehört nun auch ein Thema, dem man sich nur ungern nähert, weil man sich mehr denn je von der Gefahr dilettantischer Willkür und Geheimniskrämerei bedroht fühlt. Wir meinen die Bedeutung der Zahl in der Komposition Horazischer Oden. Es ist schon lange üblich geworden, wenigstens in längeren Gedichten die mittlere Strophe auszuzählen, ihr größte Bedeutung zuzumessen, ja sogar von ihr aus die Architektur des Ganzen zu verstehen. Einerseits legt man Wert darauf, in den Satiren und Briefen die lose, unpedantische Form der Diatribe wahrzunehmen; andererseits soll es kein Zufall sein, daß etwa in dem Brief an Augustus (II,1) der wichtige Abschnitt über die politische Bedeutung der Poesie genau die Mitte der 270 Verse umfassenden Dichtung einnimmt. Man geht sogar so weit, mit erhobenen Brauen darauf hinzuweisen, daß die Ode, in der das Wort von der «aurea mediocritas» fällt, genau in der Mitte des zweiten Buchs und insofern in der Mitte der ersten, drei Bücher umfassenden Sammlung steht.

Natürliches Empfinden sträubt sich gegen solche Feststellungen. Poesie ereignet sich – wie Musik – in der Dimension der Zeit. In einem Ereignis, das in der Zeit verläuft, ist es überhaupt nicht möglich, während es sich abspielt, die Halbzeit auch nur ungefähr zu bestimmen. Erst wenn wir wissen, wie lang es im Ganzen dauert, können wir nachträglich, aber auch nur mit Hilfe der Uhr, die Mitte markieren. Jeder Musiker weiß darüber Bescheid oder sollte es wenigstens wissen: In einer Komposition, die aus gleich langen, irgendwie, durch eine Pause oder eine Fermate, klar gesonderten Teilen besteht, scheint der zweite Teil wesentlich länger zu dauern. Soll die Mitte als solche wirken, so muß die Pause oder Fermate gegen das Ende zu vorgerückt werden. Wie soll es da möglich sein, die abgezählte mittlere Strophe einer Ode als die dichterisch eindrucksvolle Mitte des Ganzen wahrzunehmen? Noch größer ist die Zumutung, die mittlere Ode einer ganzen Gedichtsammlung als solche zu würdigen. Kein Mensch hat je ein Buch Horazischer Oden, geschweige denn die drei ersten Bücher, die eine Architektur sein sollen, «at one sitting» gelesen. Und wenn schon einer die barbarische Anstrengung auf sich nähme, er würde beim Lesen nichts von den behaupteten Proportionen bemerken.

So möchte man seinem Unmut über die Zahlenmystik mancher Interpreten von Dichtungen Ausdruck geben: Sie scheinen Banausen zu sein, vom Dichterisch-Mächtigen keine Ahnung zu haben und auf fragwürdige Neigungen zu halbverstandenen Geheimwissenschaften zu rechnen. Dabei vergißt man aber, daß Dichtung sich nicht nur in der Zeit ereignet, sondern auch schriftlich, auf Blättern oder in Büchern, besteht. Und auf dem Papier ist es allerdings möglich, Zahlenverhältnisse oder andere Proportionen zur Geltung zu bringen. Es ist auch immer wieder geschehen. Man denke an die Zahlenspekulationen in Texten des Mittelalters, die hundert – einen und dreimal dreiunddreißig – Gesänge der «Divina commedia», aber auch an die Algebra, die Hölderlin offenbar in seine späten Hymnen hineingeheimnißt hat. Daß den Zahlen im Mittelalter und bei Hölderlin sakrale Bedeutung zukommt, ist nicht zu bezweifeln. Bei Horaz dagegen wird man dergleichen kaum voraussetzen dürfen, wenigstens nicht im Sinne einer ursprünglichen religiösen Erfahrung. Aber auch die Gedichtsammlung Conrad Ferdinand Meyers ist so angeordnet, daß die Mitte sinnvoll wird: Die Gedichte sind eingeteilt in neun Gruppen; die fünfte, also die mittlere Gruppe, enthält die intimsten Stücke, jene, die am meisten des Schutzes gegen außen bedürfen, die Liebesgedichte. Nach demselben Prinzip ist Stefan Georges «Siebenter Ring» gebaut. Da sind es sieben Gruppen; die vierte trägt den Titel «Maximin». Im «Stern des Bundes» folgen auf den «Eingang», der neun Gedichte umfaßt, drei Bücher mit je dreißig Gedichten. Der «Schlußchor» macht das Hundert voll. Wahrnehmbar sind solche Ordnungen nur im Inhaltsverzeichnis. Wir haben sie dennoch ernst zu nehmen. Wir können der Tatsache nicht ausweichen, daß bedeutende Lyriker solche für Dichtung, die verlautet, die gesprochen und beim Lesen – zum mindesten mit dem inneren Ohr – gehört werden sollte, vollkommen gleichgültige Maßnahmen treffen. Welche Art von Einbildungskraft, welch ein Verhältnis zu dem eigenen Werk setzt ein solches Verfahren voraus?

Bei Stefan George fällt die Antwort nicht schwer. Sein Herrscherwille ist es, seine gebieterische Gebärde, die sich auch in dieser so offensichtlich gewollten runden Summe und ihrer gleichmäßigen Gliederung durchsetzt. Aber bei Conrad Ferdinand Meyer? Dem Umstand, daß sich Zahlenverhältnisse, Symmetrien, Mittelachsen nur auf dem Papier verwirklichen lassen, kommen Conrad Ferdinand Meyers Gedichte in mancher Hinsicht entgegen. Sie haben weder die rhetorische Macht, die Schillers Vers auszeichnet, noch die diskretere Art, den Leser unmittelbar seelisch anzusprechen und ihren Klang ihm einzuflößen, die Goethe eigentümlich ist. Wenn Meyer sich nicht gewaltsam aufreckt und eine große Gebärde anmaßt, «erkaltet» seine Sprache «süß»[27]. Sie ist fast tonlos und kaum mehr geeignet, mündlich vorgetragen zu werden. Doch angesichts ihres hohen Ranges müssen romantische Vorurteile gegen «schriftliche» Lyrik verstummen, ebenso wie bei Stéphane Mallarmé und anderen Symbolisten. Da in der Schrift nun aber die Sprache von dem Sprechenden abgerückt ist und Objektivität gewinnt, besagt die Dominanz der Schrift in einem poetischen Kunstwerk, daß sein Schöpfer nicht in der Sprache aufgeht, ja sogar eigentlich nicht mehr mitgeht, sondern ihr Nacheinander als ein Gebilde zu übersehen vermag.

Damit nähern wir uns bereits auf einem Umweg wieder Horaz. Wir werden auf seine Oden zwar das Wort «Gebilde» nicht anwenden. Er ist kein Symbolist, der einen einzigen Gegenstand – wie Conrad Ferdinand Meyer den «Römischen Brunnen» – im sprachlichen Nacheinander umkreist. Wohl aber gewinnt auch in seiner Lyrik das Schriftbild eine gewisse Bedeutung. Das ist nur möglich, weil auch er der Sprache gegenübertritt. Sie trägt ihn nicht und sie reißt ihn nicht hin wie einen Dichter der deutschen Romantik. Eben deshalb ist er imstande, kaum oder gar nicht verbundene Einzelheiten nebeneinanderzustellen, das Ganze von außen zu übersehen und eine Fülle möglicher Bezüge gleichsam anzubieten. Und eben dies erlaubt denn schließlich auch ihm die Proportionen und Symmetrien und Mittelachsen, die nicht zustandekommen könnten, wenn er sich dem Fluß der Sprache überließe, und sinnlos wären, wenn seine distanzierende Kunst nicht auch dem Leser gestatten würde, zurückzutreten und das zeitliche Geschehen verlautender Sprache in der Schrift als räumlichen Gegenstand, in dem der Anfang und die Mitte und das Ende zugleich sind, wahrzunehmen.

Man ist im Fahnden nach solchen Künsten bisweilen wohl zu weit gegangen. Doch manche Beobachtungen sind so überzeugend, daß wir sie nicht als geistreiche Willkür oder Schulästhetik beiseiteschieben dürfen. Die Ode I, 17, die aus sieben Strophen besteht, ist so gegliedert: Die ersten drei Strophen feiern die Gegenwart Pans in den Sabinerbergen und den Segen, den, dank ihm, das Land und die Tiere genießen. Die drei letzten Strophen enthalten die Einladung an Tyndaris, sich gleichfalls dieses Glücks zu erfreuen. Die beiden Teile werden zusammengeschlossen durch die vierte Strophe, also die genaue Mitte, in der Horaz, der Gutsherr und Freund der Tyndaris, von sich selber spricht. Die zehn Strophen umfassende Ode über den niedergestürzten Baum (II, 13) ergeht sich in der ersten Hälfte (v. 1–20) in Verwünschungen dessen, der den Baum gepflanzt hat, während die zweite (v. 21–40) die Unterweltsszenen ausmalt, die sich vor Augen zu führen den Dichter die Lebensgefahr bewogen hat. III, 18 besteht nur aus vier Strophen:

> Faune nympharum fugientum amator,
> per meos finis et aprica rura
> lenis incedas, abeasque parvis
>   aequus alumnis,
>
> si tener pleno cadit haedus anno,
> larga nec desunt Veneris sodali
> vina craterae, vetus ara multo
>   fumat odore.
>
> ludit herboso pecus omne campo,
> cum tibi nonae redeunt Decembres,
> festus in pratis vacat otioso
>   cum bove pagus;

> inter audacis lupus errat agnos,
> spargit agrestis tibi silva frondis,
> gaudet invisam pepulisse fossor
> > ter pede terram.

Kiessling-Heinze bemerken dazu:
«Zwei Strophenpaare, jede Strophe ein Trikolon, innerhalb jedes Paares die Kola der Strophen gleich lang, selbst die Wortgliederung des Adonius identisch; strenge Bindung der Sätze an den Vers...»
Da sich auf deutsch eine solche subtile Ordnung auch nicht einmal andeuten läßt, kann die Übersetzung mehr denn je nur als Notbehelf gelten:

> Faunus, du, auf flüchtige Nymphen lüstern,
> In mein Reich und meine besonnten Felder
> Komme mild, und gehst du, so sei den kleinen
> > Kitzchen gewogen.

> Fällt dir an Neujahr doch ein zartes Böcklein,
> Und dem Krug, der Venus Gesell, fehlt Fülle
> Weines nicht; vom alten Altare duftet
> > Reichlicher Weihrauch.

> Alle Tiere spielen auf grünem Anger,
> Kehrt dein Tag, der fünfte Dezember, wieder.
> Friedlich auf der Wiese mit müßgen Rindern
> > Feiert die Dorfschaft.

> Zwischen dreisten Lämmern verirrt der Wolf sich;
> Laub vom Lande streut dir der Wald hernieder.
> Dreimal mit dem Fuße tritt froh verhaßten
> > Boden der Pflüger.

Ob auch die drei ersten Bücher als Ganzes absichtsvoll gegliedert sind und bei dem vierten eine ähnliche Architektur zu vermuten ist, sei hier nicht weiter untersucht. Man möge immerhin beachten, daß Horaz für das erste und das letzte Gedicht der Bücher I–III das gleiche, sonst in diesen Büchern nicht verwendete Versmaß gewählt und so die Sammlung wie ein einziges reiches Gemälde eingerahmt hat.

Im Vergleich zu den hochdelikaten künstlerischen Erwägungen und Maßnahmen, von denen die Rede gewesen ist, sind die Gedanken und Motive der meisten Oden, abgesehen von den gesuchten Anspielungen und von den politischen und privaten Andeutungen, die des Kommentars bedürfen, leicht zugänglich. Nun wird man freilich nicht behaupten dürfen, daß Horaz nur unbedeutende Gegenstände wähle, um gerade an solchen, wie Mallarmé an seinen gereimten Postadressen, sein Kunstvermögen zu beweisen. Neben den Gedichten auf die alten anakreontischen Themen und auf idyllischen Frieden stehen die Bekenntnisse zu Augustus und die der Zukunft, Gegenwart und Vergangenheit Roms gewidmeten Oden. Aber alles, Geringes und Großes, erfreut sich derselben sorgfältigen Pflege, derselben unermüdlichen Geduld und Strenge, die nach dem Brief an die Pisonen zum Dichter gehört, so, daß es naheliegt anzunehmen, es sei Horaz im Grunde gleichgültig, ob seine Verse dem Kaiser, Lalage oder dem reizenden Kälbchen gelten. Und so glaubt man denn auch bei ihm von «absoluter Poesie», «poésie pure», von «l'art pour l'art» sprechen zu dürfen. Doch abgesehen davon, daß bis jetzt noch niemand genau und überzeugend erklärt hat, was eigentlich «absolute Poesie» und «poésie pure» sei und wie sich diese von anderer gleichfalls guter Dichtung unterscheide, drohen hier schwerste Mißverständnisse. Die Formel «l'art pour l'art» ist im letzten Jahrhundert geprägt und vor allem auf eine Kunst angewandt worden, die jede Ausrichtung auf außerkünstlerische Forderungen, jedes Engagement, ja sogar jede selbständige Bedeutung des Inhalts ablehnt. Wir denken an Namen wie Flaubert, Baudelaire, Mallarmé, den jungen Stefan George, oder auch wieder, wenngleich unter Vorbehalten, an Conrad Ferdinand Meyer. Damit denken wir aber zugleich an den diesen Dichtern gemeinsamen Ekel vor dem Gewöhnlichen, der die Gestalt des «démon ennui» annehmen kann. Wir denken an jene Windstille der Seele, in der das Leben mit allen Hoffnungen und Enttäuschungen abgerückt ist und eine unheimliche Ruhe die mühevolle künstlerische Arbeit begünstigt. Die Mühsal ist auch Horaz, dem Schöpfer der «carmina operosa», nicht fremd, und daß er die Windstille des Gemüts schätzt, erfahren wir gleichfalls von ihm selbst. Doch *seine* Ruhe ist nicht unheimlich. Den «démon ennui» kennt er nicht, ebensowenig wie den Ekel vor dem gewöhnlichen Leben. Man hat zwar die vielzitierte Zeile «odi profanum volgus et arceo» manchmal so auszulegen versucht. Doch abgesehen davon, daß «odi» mit «ich hasse» zu stark übersetzt ist, daß das Wort, genau genommen, nur meint «ich will nichts zu tun haben mit...», gehört der Vers in den stilistischen Zusammenhang der Römeroden und wird im übrigen nicht bestätigt. Derselbe Dichter hat die Satiren geschrieben, in denen er sich mit dem «profanum volgus» abgibt, ohne dabei die gute Laune zu verlieren, von seinem Vater, dem Freigelassenen, mit der größten Achtung spricht und, ebenso wie in den Briefen, gar nicht auf den Gedanken kommt, sich feierlich und hochmütig zu geben. Er war sich zu gut dafür. Ekel und Hochmut hätten ihm sein Behagen verdorben, jenes Behagen, dessen man heute sich schämen zu müssem glaubt, das er aber unbefangen pries, schon weil er wußte, daß es nicht jedem Beliebigen gegeben und daß es nicht leicht sei, es zu erwerben und zu bewahren. Seine in den Oden so häufig wiederholten und immer neu formulierten Lehren dürfen wir als persönliche Zeugnisse nehmen. Sie stimmen zu der Art, wie sich Horaz auch unter anderen stilistischen Voraussetzungen zeigt, und passen zu den wenigen unanfechtbaren Nachrichten, die Sueton in seiner «Vita» überliefert. Die Weisheit ist einfach: Bittere Armut wäre betrüblich; gefährlich aber, mit allen Sorgen, die er bringt, ist großer Reichtum. Die Habsucht, ein unseliges Laster, gönnt dem Menschen keinen Frieden. Auch der Tumult in großen Städten läßt ihn nicht zur Ruhe kommen. Besser lebt es sich auf dem bescheidenen Gut in den Sabinerbergen, mit geistvollen Freunden, die sich manchmal dort zu einem Mahl einfinden und zufrieden sind mit dem, was ihnen der Hausherr zu bieten hat. Erwünscht ist eine Geliebte, die die Tage und Nächte freundlich erheitert, doch keine verzehrende Leidenschaft weckt. Genügsamkeit, wir sagen wieder:

«holdes Bescheiden» empfiehlt Horaz, der kleine Mann mit dem rundlichen Bäuchlein und den ein wenig triefenden Augen, den Augustus, offenbar ohne befürchten zu müssen, ihn durch den Scherz zu kränken, «purissimus penis» nannte. Ein Philister, würde man meinen, wenn Horaz nicht seine Gesinnung mit ruhiger, ja sogar mit lächelnder Überlegenheit auch in heiklen Lagen bewiesen hätte. Gleichgültig, ob der Brief an Maecenas (epist. I, 7) auf einer wirklichen Situation beruht oder eine erfundene schildert – er läßt den hohen Gönner unter mancherlei Schnurren und Schnaken doch wissen, daß er seinen tatsächlichen oder vorausgesetzten Wunsch, sich ständig in seiner Nähe aufzuhalten, keineswegs zu erfüllen gewillt sei und – das wird nur indirekt und mit der größten Höflichkeit ausgesprochen – lieber auf alle Gunst verzichte als seine Freiheit opfre. Ein noch größeres Wagnis war es, daß er, wieder seiner Freiheit zuliebe, die Stelle eines Privatsekretärs bei dem Kaiser Augustus mit einer fadenscheinigen Begründung ausschlug. Er konnte nicht voraussehen, daß Augustus dies nicht übel aufnahm, sondern ihm nach wie vor wohlgesinnt blieb. Man war sich offenbar darüber einig, daß man das «Schweinchen aus der Herde Epikurs» gewähren lassen müsse. Als solches bezeichnet Horaz sich selbst in einem Brief (I, 4), mit dem er Tibulls schwermütigen Sinn zu erheitern versucht. Wir dürfen ihn, ungeachtet seines philosophischen Eklektizismus, als Jünger Epikurs, zum mindesten seiner Lebensweisheit, in der höchsten Bedeutung des Worts betrachten. Der Rat «Lebe im Verborgenen!», die Warnung vor den Staatsgeschäften, die den Frieden der Seele stören, der Preis der Gemütsruhe und der Gesundheit als der höchsten Güter des Lebens, das Lob der Freundschaft, das Mißtrauen gegen den Eros, sofern er Verwirrung stiftet, der «hedonische Kalkül», dies alles, was wir als Epikurs – oft mißverstandene – Ethik kennen, ist Horaz aus dem Herzen gesprochen. Und eben zu dieser Gesinnung stimmt nun auch seine diskret-überlegene Kunst, sein Verzicht auf alles, was überwältigen oder hinreißen könnte, auf jeden Stimmungszauber sogar, der die innere Klarheit trüben müßte, seine Art, dem Leser jederzeit vollkommene Freiheit zu gönnen, ja sogar selbst im Verhältnis zu seiner eigenen Schöpfung frei zu bleiben und sich sein Werk in jeder Zeile behutsam gegenüber zu halten, frei, Bezüge anzuspinnen, aber auch wieder fallen zu lassen, mit Zusammenhängen, die ihn fesseln würden, nur zu spielen, sich also auch nicht der Kunst auszuliefern und so, in vollkommener Serenität, in morgendlicher Heiterkeit die reinste Poesie mit dem reinsten dem Menschen erreichbaren Glück zu versöhnen.

Shakespeare

Hamlet

Im Jahre 1736 schrieb Sir Thomas Hanmer in seinen «Bemerkungen zu der Tragödie ‹Hamlet, Prinz von Dänemark›»: «Shakespeare läßt den jungen Prinzen Wahnsinn vortäuschen. Ich kann dies nicht eben sinnvoll finden. Denn wenn Hamlet Wahnsinn vortäuschte, um sich gegen alle Gefahren von Seiten des Usurpators zu schützen, so lief er damit eher Gefahr, eingesperrt zu werden und keine Möglichkeit mehr zu haben, den Vater zu rächen. Die Wahrheit zu sagen: der Dichter hat sich, weil er zu sehr an dem Grundplan festhielt, zu einer Absurdität verleiten lassen. Es gibt keinen natürlichen Grund, warum dieser junge Prinz den Usurpator nicht so rasch wie möglich umbringen sollte, zumal Hamlet als tapferer, um sein eigenes Leben unbekümmerter Jüngling dargestellt wird. Tatsächlich liegt die Sache so: Hätte Hamlet natürlich gehandelt, so wäre das Stück (gleich) zu Ende gewesen. Der Dichter mußte also die Rache seines Helden verzögern. Aber dann hätte er dafür auch einen triftigen Grund erfinden müssen»[1].

Mit Hanmers erfrischender Auskunft beginnt das Rätselraten um den Wahnsinn und das Zögern Hamlets, das bis heute sich nicht beruhigt hat. Die große Magie des Stücks beruht zum Teil gerade auf dieser ungewöhnlichen, undurchdringlichen Haltung.

Doch nicht nur Hamlets vorgetäuschter oder wirklicher Wahnsinn und sein Zögern halten die geistige Welt in Atem. Sogar der Monolog «To be or not to be that is the question», den jedermann kennt und zu verstehen glaubt, erweist sich als schwer durchschaubar, sobald man ihn näher ins Auge faßt. Und die Schwierigkeiten bleiben nicht auf die Hauptgestalt beschränkt. Ein Bewunderer und genauer Kenner Shakespeares wie Otto Ludwig bemerkt in seinen «Shakespeare-Studien»:

«Sonderbar, in diesem innerlichsten von Shakespeares Stücken bleibt man überall über die Motive im Unklaren, die auch in seinen äußerlichsten sonst immer, ja oft mit abstrakter Deutlichkeit angegeben sind. Bei den übrigen ist oft die Premierung der Motive gar nicht nötig, weil die Personen immer das Natürlichste, Nächste tun oder denken; hier wäre sie es sehr, weil die Personen fast nichts Natürliches und sich von selbst Verstehendes tun und denken...

In keinem Stück Shakespeares scheint mir die Fabel so willkürlich und abenteuerlich, die Figuren in den Situationen weniger vollständig empfunden, die Stimmung öfter zerrissen, das Ganze so unzusammenhängend, das Einzelne so unverhältnismäßig»[2].

Wäre von irgendeinem andern Stück die Rede, so könnte man sich mit der Erklärung zufriedengeben, dass auch der Genius Shakespeares gegen ein Versagen nicht gefeit sei. Es handelt sich aber um eine der berühmtesten Tragödien der Weltliteratur, vielleicht sogar das Bühnenwerk, das die höchste Aufführungszahl erreicht hat und heute noch wie vor zweihundert Jahren als schwierigste Bewährungsprobe eines ehrgeizigen Schauspielers gilt.

Die Motivierung also wäre, nach Otto Ludwigs Urteil, dem viele beizupflichten geneigt sind, unklar. Unklar scheinen aber auch bei genauerer Prüfung viele Haupt- und Nebenmomente der Handlung zu sein. Wie wäre sonst ein 350 Seiten umfassendes Buch mit dem Titel «What happens in Hamlet» nötig geworden?

Manches bleibt unverständlich, weil Shakespeare einige Szenen nur skizziert hat. Mit anderen wieder findet man sich nur mühsam zurecht, weil ihre Länge nicht ihrem Gewicht zu entsprechen scheint. Gelegentlich hat man sogar den Eindruck, Doubletten seien stehen geblieben, Shakespeare biete gleichsam verschiedene Fassungen einer Szene oder auch einer Rede zur Auswahl an. Diese Vermutung legt nicht zuletzt der ungewöhnliche Umfang nahe. Die Spieldauer überschreitet das in Shakespeares Theater übliche Maß. Man hat dies auf einen tieferen persönlichen Anteil des Dichters zurückgeführt; er habe in den «Hamlet» mehr von sich selber hineingeheimnißt als in jedes andere Stück. Da wir von Shakespeares Leben und Persönlichkeit aber nur wenig wissen, muß es auch da bei Vermutungen bleiben.

Dieser Lage entspricht die längst unübersehbare, von keinem Einzelnen mehr zu bewältigende Fachliteratur. Sie hat schon beim Erscheinen von «A new variorum edition of Shakespeare, Hamlet» (1877) einen Umfang erreicht, der nicht einmal von der Literatur über Goethes «Faust» übertroffen wird.

«Seit vielen Jahren erscheint im Durchschnitt alle vier Tage eine neue Schrift über Hamlet»[3].

Daß dieses Schrifttum sehr verschiedenen Ranges ist, versteht sich von selbst. Doch jedermann, der sich mit «Hamlet» beschäftigt, wird zunächst einmal dankbar sein für die Kenntnisse, die ihm da mitgeteilt werden. Er wird auf vieles aufmerksam, was er sonst überhaupt nicht beachtet hätte. Er findet entscheidende Fragen erklärt und verwirrt. Und beides kann hilfreich sein. Zumal auf dem Felde der positivistisch-philologischen Forschung ist Erstaunliches geleistet worden. Aber auch die Interpretation läßt nichts zu wünschen übrig – wenigstens was die Mannigfaltigkeit der Ansichten und Meinungen angeht. Man kann getrost behaupten, daß es heute keine irgendwie denkbare Deutung des «Hamlet» – der ganzen Tragödie und einzelner Stellen – gebe, die nicht schon vorgetragen und einigermaßen begründet worden wäre.

Dennoch bleibt sinnvolle Arbeit übrig. Je mehr die Fachliteratur anschwillt, desto dringlicher scheint es, die angebotenen Interpretationen zu sichten und gegeneinander abzuwägen. Es könnte sich dabei zeigen, daß sie einander nicht immer so ganz widersprechen, wie man im Eifer der Auseinandersetzungen anzunehmen geneigt war. Auch dieses bescheidene Vorhaben läßt sich freilich nur in den engen Grenzen einer Sachkenntnis durchführen, die bei der gewaltigen Fülle des Schrifttums mehr oder minder zufällig ist.

Dazu kommen die Schwierigkeiten, die sich jeder mit der

englischen Sprache und ihrer Geschichte nicht von Hause aus vertraute Leser Shakespeares vergegenwärtigen muß. Manche obsolete Wortbedeutungen, manche Wortspiele werden ihm zwar die Kommentare erklären. Viele Nuancen und leise Abschattungen des Ausdrucks aber, die dem Engländer ohne weiteres eingehen, wird er vielleicht überhaupt nicht bemerken. Zu einigen sprachlichen Fragen, die seit Jahrhunderten umstritten sind, wird er, wenn er seine Grenzen kennt, überhaupt nicht Stellung beziehen. Auf anderen Gebieten darf er sich vielleicht aber auch der englischen Forschung gegenüber leise Kritik erlauben. Es läßt sich nämlich nicht verkennen, daß die Hamlet-Literatur an ihrer eigenen Abundanz zu ersticken droht. Man weiß so viel, man kennt so viele vermeintliche oder wirkliche «Quellen», so vieles, was im Schrifttum des 16. oder 15. Jahrhunderts vielleicht als Parallele oder Vorstufe in Betracht kommen könnte, daß man nachgerade jede beliebige These mit scheinbar guten philologischen Argumenten verteidigen kann. Daß man dabei gelegentlich vor lauter Gelehrsamkeit Shakespeares Text aus den Augen verliert, bemerkt man oft gar nicht. In dieser Lage darf ein Leser Mitspracherecht in Anspruch nehmen, dem man doch wenigstens den Vorzug der Unbefangenheit wird zubilligen müssen.

Da die Studie insbesondere für Leser deutscher Sprache bestimmt ist, empfahl es sich, nach einer deutschen Übersetzung der Tragödie zu zitieren. Die Verdeutschung August Wilhelm Schlegels ist bis heute unübertroffen und wird wohl auch unübertrefflich bleiben. Man kennt die Einwände, die auf englischer Seite und vor allem von deutschen Anglisten erhoben worden sind: der Ton sei zu weich, zu lyrisch; die Wucht eines Renaissancedramas gehe verloren; Hamlet werde romantisiert. Für einzelne Verse mag dies gelten. Doch andrerseits wäre vielleicht auch zu sagen, daß die zum Teil berechtigte Kritik an der deutschen Auffassung, für die man Schlegel und Goethes Deutung im «Wilhelm Meister» verantwortlich macht, so weit getrieben worden ist, daß sie sich gleichfalls mit Shakespeares Text oft nur noch mühsam vereinigen läßt. Merkwürdige Beispiele werden uns zumal im ersten Akt begegnen. Damit der Leser sich darüber selber ein Urteil bilden kann, wird in allen strittigen Fällen neben Schlegels Übersetzung auch der englische Text zitiert. Wo es möglich war und nötig schien, habe ich einzelne Fehler behoben, immer wieder belehrt von den ganz vorzüglichen englischen Kommentaren, die in den Anmerkungen erwähnt sind, auch von L.L. Schücking, der die zweisprachige Ausgabe in den Tempel-Klassikern betreut hat. Zu besonderem Dank verpflichtet bin ich Heinrich Straumann, der mir mündlich über alle Fragen, die ich im Lauf der Arbeit an ihn stellte, mit der größten Bereitschaft Auskunft gab.

Ob bei alledem ein Aufsatz zustandegekommen sei, dem man «Wissenschaftlichkeit» zubilligen dürfe, beschäftigt mich nicht sehr. In den letzten Jahren hat der Begriff der Wissenschaftlichkeit sich so bedeutend gewandelt, daß gerade die klassischen Leistungen der deutschen Literaturwissenschaft nicht mehr als wissenschaftliche gelten können. Im Grunde handelt es sich auch hier, wie so oft bei Meinungsverschiedenheiten, um eine terminologische Frage. Ich glaube, mir keine willkürliche Behauptung geleistet und alles, was ich sage, nach bestem Wissen begründet zu haben. Die Frage, welchen Titel man diesem Verfahren geben will, läßt mich kühl.

*

Bei einem so rätselhaften Helden wie Hamlet liegt die Versuchung nahe, seine Biographie zu rekonstruieren und Jugend- oder Kinderjahre zu erfinden, die zu ihm passen könnten. Man ist ihr hin und wieder erlegen und hat sich dann sagen lassen müssen, daß der dänische Prinz denn doch die Hauptgestalt einer Tragödie sei und, so eigenständig er auch zu leben scheine, aus ihrem Zusammenhang nicht herausgelöst werden dürfe.

In diesen Zusammenhang gehört nun aber auch alles, was uns Shakespeare selbst über Hamlets Jugend mitteilt. Rosenkranz und Güldenstern sind seine Studienfreunde gewesen. Der König und die Königin haben die beiden kommen lassen, um den Wahnsinn Hamlets zu ergründen. Sie sind für jeden Dienst bereit.

> Dank, Rosenkranz und lieber Güldenstern,

sagt der König, die Königin:

> Dank, Güldenstern und lieber Rosenkranz. (II, 2)

Die Namen sind sprachlich gleich gebildet, und wenn sie das zweite Mal umgestellt werden, meinen wir erst recht, daß einer für den andern stehen könnte und sich nicht viel dabei ändern würde. Ihre Träger treten denn auch immer zusammen auf, in konstitutionellem Dual sozusagen, reden ungefähr dieselbe Sprache und verneigen sich mit denselben tadellosen Gebärden. Das ist ihrer Würde abträglich. Sie wirken leicht komisch wie alle Lebewesen, die uns an Marionetten erinnern. Und Marionetten sind sie ja wirklich, insofern als sie in den Händen eines Höheren baumeln und sich ganz nach dessen Willen bewegen. Wir dürfen dabei aber nicht übersehen, daß sie offenbar nur am Hof als solche Kreaturen erscheinen. Die Königin begrüßt sie mit einer Art von herzlicher Hochachtung:

> Ihr lieben Herrn, er hat euch oft genannt.
> Ich weiß gewiß, es gibt nicht andre zwei,
> An denen er so hängt. Wenn's euch beliebt,
> Uns so viel guten Willen zu erweisen,
> Daß ihr bei uns hier eine Weile zubringt,
> Zu unsrer Hoffnung Vorschub und Gewinn,
> So wollen wir euch den Besuch belohnen...

Daran mag Schmeichelei beteiligt sein; sie will die beiden gewinnen. Doch die Art, wie Hamlet ihnen begegnet, bestätigt ihre Worte. «Meine trefflichen guten Freunde» nennt er sie und «gute Bursche», «My excellent good friends» und «good lads» (II, 2). Wenn «meine trefflichen guten Freunde» noch ironisch gemeint sein könnte, so «gute Bursche» zweifellos nicht. Ein gemütliches Gespräch mit derben Andeutungen folgt, so wie es unter den jungen Leuten in Wittenberg üblich gewesen sein mag. Offenbar nimmt Hamlet, für den Augenblick erleichtert, gern diesen fast vergessenen Ton wieder auf.

Er redet unverstellt mit ihnen, bis ihm einfällt, daß man auch sie als Spione eingesetzt haben könnte. Da beschwört er sie

«bei den Rechten unsrer Schulfreundschaft, bei der Eintracht unsrer Jugend, bei der Verbindlichkeit unsrer stets bewahrten Liebe und bei allem noch Teurerem, was euch ein besserer Redner ans Herz legen könnte: geht geradeheraus gegen mich, ob man nach euch geschickt hat oder nicht.»

Das dürfte aus der Not der Einsamkeit, die ihn umgibt, tiefernst, fast flehentlich gesprochen sein. Und wirklich, nach einer stummen Verabredung mit Rosenkranz, gibt Güldenstern zu, man habe nach ihnen geschickt. Weil sie ihn nicht hintergehen, gönnt Hamlet ihnen eine ausführliche Antwort:

«Ich will euch sagen, warum; so wird mein Erraten eurer Entdeckung zuvorkommen, und eure Verschwiegenheit gegen den König und die Königin braucht keinen Zoll breit zu wanken. Ich habe seit kurzem – ich weiß nicht, wodurch – alle meine Munterkeit eingebüßt, meine gewohnten Übungen aufgegeben, und es steht in der Tat so übel um meine Gemütslage, daß die Erde, dieser treffliche Bau, mir nur ein kahles Vorgebirge scheint, seht ihr, dieser herrliche Baldachin, die Luft, dies prächtige umwölbende Firmament, dies majestätische Dach mit goldnem Feuer ausgelegt: kommt es mir doch nicht anders vor als ein fauler, verpesteter Haufe von Dünsten. Welch ein Meisterwerk ist der Mensch! Wie edel durch Vernunft! Wie unbegrenzt an Fähigkeiten! In Gestalt und Bewegung wie bedeutend und wunderwürdig! Im Handeln wie ähnlich einem Engel! Im Begreifen wie ähnlich einem Gott! Die Zierde der Welt! Das Vorbild der Lebendigen! Und doch, was ist mir diese Quintessenz von Staube?» (II, 2).

Gerade über das Eine, worauf es Rosenkranz und Güldenstern ankommt, über die Gründe seines Wahnsinns gibt Hamlet freilich keine wahre Auskunft. Im Übrigen beschreibt die Rede offenbar den seelischen Zustand und das Weltgefühl seiner Jugend, eine Hochstimmung, die an das triumphale Selbstbewußtsein der führenden Geister der Renaissance, an Pico della Mirandolas «De dignitate hominis» und an die naturphilosophischen Dialoge Giordano Brunos erinnert.

Eine solche Welt ist die geistige Heimat gewesen, an die sich Hamlet jetzt wie aus der Verbannung erinnert; in ihr hat er sich wohlgefühlt und sich im glücklichen Vollbesitz der Kraft mit vollkommener Freiheit bewegt. So hat ihn auch Ophelia noch in jüngst vergangenen Tagen gekannt:

> Des Hofmanns Auge, des Gelehrten Zunge,
> Des Kriegers Arm, des Staates Blum' und Hoffnung,
> Der Sitte Spiegel und der Bildung Muster. (III, 1)

Es ist eine Liebende, die so spricht. Wir dürfen ihren Worten aber glauben; sie schildern den jungen Prinzen so, wie wir ihn aus allem, was wir auch sonst von ihm hören, erschließen müssen. «Des Hofmanns Auge»: wir denken an den natürlichen Anstand, die «disinvoltura», wie sie Castiglione in seinem «Cortegiano» beschrieben hat. «Des Gelehrten Zunge»: Hamlet kennt die Geschichte des Altertums und die zeitgenössische Literatur; er hat Verständnis für das Theater und weiß bei Gelegenheit eine lange tragische Rede nach kurzem Besinnen angemessen vorzutragen; und wie es sich für einen gebildeten Mann gehört, schreibt er auch selber Verse. «Des Kriegers Arm»: wer es wagen darf, als Fechter sich mit Laertes zu messen, muß gut mit der Klinge umgehen können. Dabei hat Hamlet noch den Nachteil, daß er klein, vielleicht zart gebaut ist. Das geht aus einer Stelle hervor, die man heute, im Unbehagen über das Bild, das sich die deutsche Romantik gemacht hat, zu übersehen oder mindestens abzuschwächen geneigt ist. Hamlet sagt von seinem hässlichen Oheim, er gleiche seinem edlen, stattlichen Vater wie er selbst, Hamlet, dem Herkules – also gar nicht (I, 2). Nun ist Herkules aber der Inbegriff von Kraft und körperlicher Wucht. Hamlet mag also schmächtig oder schlank sein; er ist nach seinen eigenen Worten jedenfalls kein Recke. Dennoch kann er als «des Staates Blum' und Hoffnung», «der Sitte Spiegel und der Bildung Muster» gelten, umso eher sogar, als er sich manches hat erwerben müssen, was anderen angeboren ist.

Wir sehen ihn nicht in seinem Glanz. Zum ersten Mal begegnet er uns in der zweiten Szene des ersten Akts, im Staatsrat, als einziger schwarz gekleidet, abseits, mit niedergeschlagenen Augen. Was hat ihn so unglückselig verwandelt? Der alte König ist gestorben, sein Vater, den er tief geliebt hat, von dem er immer nur mit einer fast hymnischen Verehrung spricht. Was den plötzlichen Tod bewirkt hat, weiß er noch nicht; er ahnt es aber in seinem «prophetischen Gemüt» (I, 5). Wir dürfen annehmen, daß er an dem Unglückstag in Wittenberg war. Zwei Monate später hat sich seine Mutter mit seinem Oheim, Claudius, dem Bruder ihres ersten Gatten, vermählt. Claudius hat den Thron bestiegen und waltet nun als König in dem feierlich einberufenen Staatsrat. Damit ist eine Lage geschaffen, die wir nicht leicht beurteilen können und die vermutlich auch für Shakespeares Publikum undurchsichtig war und undurchsichtig bleiben sollte. Ist Claudius, da man ihn nicht als Mörder kennt, rechtskräftig König geworden, oder ist er ein Usurpator? Darüber streiten sich die Gelehrten[4] und beiderseits mit so triftigen Gründen, so ehrlich gewillt, dem englischen Denken um 1600, das Shakespeare voraussetzt, Rechnung zu tragen, daß es schwer fällt anzunehmen, man sei sich damals über die Rechtsverhältnisse völlig einig gewesen. Sollte die Absicht des Dichters nicht gerade der Zweifel gewesen sein? Hamlet selber spricht in seinem ersten Monolog überhaupt nicht von seinem Recht auf die dänische Krone und streift diese Frage auch später nur flüchtig. Nicht gekränkter Ehrgeiz ist es, was ihn am tiefsten erschüttert, sondern die zweite Ehe seiner Mutter. Er findet das Gedächtnis seines Vaters entehrt. «Zwei Mond' erst tot» (I, 2). Das ist der erste bestimmte Vorwurf, den wir von seinen Lippen hören. Zu seiner Qual verschärft er ihn sogleich: «Nein, nicht so viel, nicht zwei.» Es mögen noch einige Tage fehlen. Sieben Verse später heißt es dann aber schon: «In einem Mond.» Er nimmt es in seinem Leiden mit der Wahrheit offenbar nicht mehr genau. Und gleich darauf geht er wieder zu weit. Die Mutter hat gefehlt; mit ihr verwirft er nun aber ihr Geschlecht überhaupt: «Schwachheit, dein Nam' ist Weib.» Und alsbald kommt er wieder auf die schamlose Hast der Vermählung zurück. Nun ist es gar «ein kurzer Mond». Wenn Hamlet in seinem Gram eine Frist, die er nachrechnen könnte, zu knapp bemißt, wie wird er es mit Ermessensfragen und strittigen Auffassungen halten? Er nennt seinen Oheim einen «Satyr», später einen «geflickten Lumpenkönig», einen «Hanswurst von König» (III, 4). Es ekelt ihn vor dem gedunsenen Säufer. Die Häßlichkeit – im Vergleich mit dem alten König – bleibe dahingestellt. Daß Claudius Schlimmes zu verbergen hat, erraten wir aus dem erkünstelten Anfang seiner Staatsratsrede. Ein «Hanswurst von König» ist er aber offenbar nicht! Er legt entschiedene Herrschertugenden an den Tag. Schon in der ersten Szene erfahren wir, daß er sich mit Tatkraft auf einen Krieg mit Fortinbras vorbereitet. Darüber versäumt er nicht, auch diplomatische Mittel einzusetzen. Er sendet Voltimand und Cornelius nach Norwegen; und dieser Gesandtschaft ist ein voller Erfolg beschieden. Shakespeare nötigt uns zuzugeben, daß Claudius ein tüchtiger König ist. Wenn ihn die Räte, denen er seinen Dank abstattet, mit Rücksicht auf das Wohl des Staats dem jungen abwesenden Hamlet vorgezogen haben, so sind sie nicht übel beraten gewesen. Man würde in einem Drama, das mit der «Bestrafung» eines «Brudermords» endet, alles andere erwarten und hat es darum auch zu finden geglaubt: Manche Interpreten sehen in Claudius einen elenden Popanz[5]. Ein Schurke ist er, ja, aber mehr als nur ein verkommener Säufer und Wüstling. Das Zechen an jedem Abend wird man ihm am wenigsten vorwerfen dürfen; das ist – wir hören es – schon zur Zeit des früheren Königs üblich gewesen. Auch das Bild, das Hamlet von Claudius in sich trägt, ist also verfälscht, verzerrt von leidenschaftlichem Haß. Und vermutlich haben wir uns ein drittes Mal davor zu hüten, seine Auffassung der Dinge unbesehen zu übernehmen.

> O schnöde Hast, so rasch
> In ein blutschänderisches Bett zu stürzen! (I, 2)

«Blutschänderisch» nennt Hamlet – und später auch der Geist – die Ehe mit dem Bruder des verstorbenen Gatten. Man hat dies hochgespielt und dem Inzest Iokastes gleichgestellt[6].

Aber doch offenbar ganz zu Unrecht. Im dritten Buch Mosis heißt es freilich:

«Mit dem Weibe deines Bruders sollst du nicht ehelichen Umgang pflegen; damit schändest du deinen Bruder.»

Im Hinblick auf das Nachfolgerecht der Königin Elisabeth legten die Protestanten auf dieses Gebot Gewicht, während die Katholiken sich auf den Dispens beriefen, der Heinrich VIII. vom Papst für die Ehe mit Katharina von Aragon, der Gattin seines verstorbenen Bruders, erteilt worden war. Schon daß ein Dispens erteilt werden konnte, scheint aber doch anzuzeigen, daß kein unumstößliches Tabu – wie für die Verbindung von Mutter und Sohn – bestand. Überdies lag die Frage für Shakespeares Publikum fünfzig Jahre zurück. So ist denn eher anzunehmen, daß man auch hier, wie bei dem strittigen Recht auf die dänische Krone, keine ganz eindeutigen Vorstellungen mehr hatte, daß Shakespeare abermals daran lag, die Dinge im Zwielicht zu belassen. Hamlet aber, wie er von dem «Satyr» und dem «kurzen Mond» spricht, nennt die zweite Ehe seiner Mutter blutschänderisch – nicht weil eben dies ihn am meisten erbittert hätte; sonst hätte er wohl damit begonnen – sondern gleichsam nachtragsweise: ‹Das kommt noch dazu! vergiß auch dies nicht!› Es ist nicht von zentraler Bedeutung. Dazu stimmt, daß Claudius selbst im Staatsrat unverblümt erklärt:

> Wir haben also unsre weiland Schwester,
> Jetzt unsre Königin, die hohe Witwe...
> Zur Eh' genommen (I, 2),

was er doch so nicht sagen würde, wenn es eindeutig als Verbrechen der Blutschande aufgefaßt worden wäre. Zudem hat der Staatsrat den Entschluß gebilligt, was gleichfalls den Vergleich mit dem sophokleischen «Oedipus» verbietet. Die Dinge bleiben im Ungewissen, damit sich eher zeigen kann, mit welcher düsterer Leidenschaft Hamlet alles im schlimmsten Sinn auslegt. Die Eigenwilligkeit seines Denkens und Empfindens wird schon in seinem ersten Auftritt stark betont – mit Grund! Das ist ein Novum in Shakespeares Werk, ja in der Weltliteratur. Es gibt vor Hamlet keinen tragischen Helden, bei dem der Anteil der eigenen Innerlichkeit am Bild der Welt, die ihn umgibt, so wesentlich wäre. Seine niedergeschlagenen Augen scheinen nicht nur auf Trauer, sondern auch auf sein Schauen nach innen zu deuten. So wird er, wenigstens auf der Bühne, zum ersten Repräsentanten der modernen Subjektivität.

Die Schwäche der Mutter genügt ihm, um das ganze weibliche Geschlecht zu verdammen. Wenn er die Lage am Hof dazunimmt, in der sich Übleres zu verbergen scheint, als er bereits mit Augen sieht, so glaubt er Grund genug zu haben, noch mehr ins Allgemeine zu gehen und nicht nur die Königin und den König, sondern die ganze Welt zu verdammen:

> Wie ekel, schal und flach und unersprießlich
> Scheint mir das ganze Treiben dieser Welt!
> Pfui! pfui darüber! 's ist ein wüster Garten,
> Der auf in Samen schießt; verworfnes Unkraut
> Erfüllt ihn gänzlich.

In einer solchen Welt zu leben, lohnt sich nicht. Die ersten Worte, die Hamlet ohne Zeugen spricht, erwägen die Möglichkeit des Selbstmords.

Wir wissen, was der Geist ihm in der vierten Szene enthüllen wird, und finden deshalb schon in diesem Auftritt seine Verzweiflung natürlich. Einstweilen steht sie aber in keinem rechten Verhältnis zu seinem Geschick. Man könnte sie «krankhaft» nennen, wenn dieser Begriff uns heute nicht an psychologische Kategorien erinnern würde, die Shakespeare noch fremd sind. Besser erklären wir sie daraus, daß ein gleichfalls überschwenglicher Glaube an das schöne Leben und an das Wunderwerk des Menschen, der in der Sonne der scheinbar glücklichen Ehe seiner Eltern, des edlen Vaters und der scheinbar tugendhaften Mutter, gediehen ist, der Glaube, dessen er sich im Gespräch mit seinen Studiengefährten erinnert, jäh zusammengebrochen ist und sein Gemüt, gewohnt, sich ohne ängstliche Vorbehalte starker Erregung zu überlassen, jetzt von Gram und Ekel übermannt wird.

Er selbst begründet seinen Ekel mit seiner neuen, niederschmetternden Erfahrung von Wirklichkeit und Schein. Die Mutter hat versucht, ihn über den Tod des Vaters mit dem Hinweis auf das allgemeine Menschenlos der Sterblichkeit zu trösten.

Weswegen scheint es so besonders dir?

fragt sie ihn und will nur sagen: ‹Weswegen meinst du, daß der Tod deines Vaters etwas Besonderes sei?› Er aber, als ob er nur auf das Stichwort «scheint» gelauert hätte, nimmt es im Sinn von ‹warum sieht es für dich so aus?›, ‹warum hat es für dich den Anschein?› und weist die Frage ab mit den Worten:

> Scheint, gnädige Frau? Nein – ist; mir gilt kein scheint.
> Nicht bloß mein düstrer Mantel, gute Mutter,
> Noch die gewohnte Tracht von ernstem Schwarz,
> Noch stürmisches Geseufz beklemmten Odems,
> Noch auch im Auge der ergiebge Strom,
> Noch die gebeugte Haltung des Gesichts,
> Samt aller Sitte, Art, Gestalt des Grames
> Ist das, was wahr mich kundgibt; dies scheint wirklich:
> Es sind Gebärden, die man spielen könnte.
> Was über allen Schein, trag ich in mir;
> All dies ist nur des Kummers Kleid und Zier.

Die Mutter hat die Miene einer liebenden Gattin zur Schau getragen, und ihre Trauer ist schon zu Ende. Claudius redet wie ein würdiger Fürst und ist in Hamlets Augen ein «Lumpenkönig». Jedermann kann Trauerkleider tragen und seufzen und weinen, ohne doch im mindesten Schmerz zu empfinden. Das Äußere scheint; das Innere aber, ungreifbar, unsichtbar, *ist,* untrüglich, unmittelbar gewiß. Auch darin, obwohl wir es nicht cartesisch verstehen oder im Sinne des deutschen Idealismus nehmen dürfen, kündigt sich ein neuer Geist an. Inmitten einer Welt, die nur aus trügerischem Schein besteht, sieht sich der Mensch auf sich zurückgeworfen, auf seine Innerlichkeit verwiesen, einsam in derselben Schöpfung, an die er bisher als an ein Kunstwerk aus den Händen Gottes geglaubt, in der er sich geborgen gefühlt hat: Hamlet, mit seiner Mutter zerfallen, abseits, mit niedergeschlagenen Augen.

Er hat sich in seiner Antwort an die Königin verschiedene Bedeutungen des Wortes «scheint» (seems = videtur und apparet) zunutze gemacht. Er spielt mit der Sprache und wird dies bei ähnlichen Gelegenheiten auch später tun. Nun gehören Wortspiele, Äquivokationen, Verwendung einer gleichen Folge von Lauten für einen womöglich entgegengesetzten Sinn zu den rhetorischen Künsten der Zeit, die Shakespeare auf jeder Stilebene pflegt, meist um die Zuhörer insgesamt zu erheitern oder doch einem kleineren Kreis einen geistreichen Spaß zu bereiten. Hamlets Wortspiele sind aber nicht harmlos. In ihnen spiegelt sich zunächst das Verhältnis von Schein und Sein, so wie es sich seinem verstörten Bewußtsein nun darstellt.

Königin   Du weißt, es ist gemein: was lebt, muß sterben
          Und Ewges nach der Zeitlichkeit erwerben.
Hamlet   Ja, gnädge Frau, es ist gemein.

Queen   Thou know'st 'tis common; all that live must die,
          Passing through nature to eternity.
Hamlet   Ay, madam, it is common.

«Common», «gemein» kann «allen gemeinsam», aber auch «niederträchtig» bedeuten. Der «Schein» des Wortes, das Lautbild, hat sich nicht verändert. Hamlet entnimmt ihm aber einen ganz anderen Sinn. Er scheint der Königin zuzustimmen. «Ja» sagt er und darf es insofern sagen, als er dem Wortlaut nach nicht lügt. In Wahrheit ist das «Ja» ein Hohn auf jedes erdenkliche Einverständnis, ein Witz, der nicht erheitert, der uns höchstens ein bitteres Lächeln abnötigt. Wir finden diese Art von Witz auch in dem Schrifttum des achtzehnten Jahrhunderts. In deutscher Sprache meistern ihn unübertrefflich Lessing und Lichtenberg. Es handelt sich meist um einen Versuch, wenigstens in der Sprache den Schein der vernünftigen Ordnung aufrechtzuerhalten, während man doch davon überzeugt ist, daß es mit dieser Welt nicht stimmt, und eben diese Überzeugung gleichfalls mitzuteilen weiß, indem man den sprachlichen Trug betont, hier also «common» das zweite Mal mit maliziösem Akzent ausspricht. Hamlets Wortspiele sind aggressiv, doch so, daß er die Aggression zugleich auch in Abrede stellen kann. «Gemein» im Sinne von «niederträchtig» ist ein die Mutter vernichtendes Urteil. Nähme die Mutter es aber als solches und wäre sie entrüstet über den Sohn, der so zu reden wagt, so könnte er sich verwundert auf die Bedeutung «allen gemeinsam» berufen, die sie ja selbst vorausgesetzt hat, und seine Hände in Unschuld waschen. Ein hinterhältiges Verfahren, dem wir bei seinem vorgetäuschten Wahnsinn wieder begegnen werden. Immerhin bleibt es doch auch ein Spiel, das jeder Künstler, selbst Hamlet in seiner düstersten Stimmung noch, genießt.

So sehen wir ihn in der zweiten Szene. Wir haben uns ehrlich bemüht, noch nichts in ihn hineinzulegen, was erst die Begegnung mit dem Geist bewirkt. Andrerseits können wir unser Wissen um seine Zukunft nicht verleugnen und brauchen dies auch nicht zu tun. Denn Hamlet ist auf jeder Stufe seines Lebens der Mensch, dem zweimal der Geist seines Vaters entgegentritt, der in gespielten Wahnsinn flüchtet, den König Claudius mit einer Theateraufführung entlarvt und schließlich ersticht.

Nun aber der Geist! Man hat mit Recht erklärt, wir hätten von Grund auf ein anderes Stück vor uns, wenn Hamlet der Auftrag, den Vater zu rächen, statt durch den Geist, auf natürliche Weise, vielleicht durch einen Brief oder einen Zeugen der Tat, übermittelt würde[7]. Viel beklommener ist uns nach einer so fürchterlichen Erscheinung zumut.

Auf einen Geist wie Hamlets Vater nämlich, der nicht, wie der Erdgeist im «Faust», der Bote und das Sinnbild einer philosophischen Lehre ist, sind wir heute weniger vorbereitet als sogar auf die griechischen Götter. Und wieder bietet uns die historische Forschung keine verläßliche Hilfe. Was hat der

Geist für Shakespeare bedeutet? Welchen Glauben konnte der Dichter seinem Publikum zutrauen?[8] Auf beide Fragen gibt es ebenso wenig eine eindeutige Antwort wie auf die Frage nach dem Inzest oder Hamlets Recht auf die dänische Krone. Im «Macbeth» und im «Julius Cäsar» haben wir keine solche Sorgen. Da nehmen wir die Geister unwillkürlich als Ausgeburten einer erhitzten, gequälten Phantasie und fühlen uns nicht veranlaßt, nach der Art ihrer Realität zu fragen. Aber gerade diese Auffassung – oder Ausflucht, wie man will – wird uns im «Hamlet» ausdrücklich verwehrt. Der Geist erscheint zuerst den beiden Offizieren Marcellus und Bernardo, die nichts mit ihm zu schaffen haben, dann auch Horatio, der als Skeptiker eingeführt wird und dem Glauben keinen Raum gestatten will. Und er erscheint nicht als bleiches Gesicht, als ungreifbarer Schatten, sondern gewappnet vom Scheitel bis zum Fuß, als fest umrissene Persönlichkeit, die nicht nur «Rache!» schreit oder flüstert, sondern sich ihrer Geschichte bis in Einzelheiten bewußt und allgemeiner Betrachtungen fähig ist. Nach katholischem Glauben konnten Geister Verstorbene sein, die aus dem Fegfeuer auf die Erde zurückkehren durften, um ein Versäumnis gut zu machen. Für die Protestanten dagegen, die kein Fegfeuer anerkannten, waren Geister Sendlinge der Hölle. Darüber belehrt uns die Dogmengeschichte. Doch was sie reinlich sondert, braucht im Bewußtsein der Menschen um 1600, in einer Zeit des noch schwankenden Glaubens, nicht klar geschieden gewesen zu sein. Es ist viel eher anzunehmen, daß die Meinungen verworren waren und daß man hüben und drüben dies wie jenes für möglich zu halten bereit war. Dann hätte Shakespeare den Zweifel, wo nicht selbst geteilt – das wissen wir nicht –, so doch mit Absicht wieder eine zweifelhafte Lage geschaffen: Hamlet kann nicht wissen, ob ihn der Geist zu einer gerechten Tat auffordert oder zum Bösen verleitet. Sein Zögern wäre in diesem Fall, auch wenn es durch seine Natur begünstigt werden mag, einigermaßen begründet.

Wie immer aber der Geist auch aufzufassen ist – vor seiner Gegenwart schwinden alle Bedenken und alle gelehrten Erinnerungen dahin. Die Schauer fahren uns ins Gebein. Er schreckt uns auf als Einbruch irgendeiner anderen Welt in unsern scheinbar festgefügten Kosmos. Die Vorbereitung ist unvergleichlich. Hamlet hat sich bestimmen lassen, Horatio und Marcellus auf die Terrasse zu folgen. Da es sich um den Vater handelt, ist er aufs äußerste erregt. Doch wie die Stunde heranrückt, scheint die Erregung abgeklungen zu sein. Er spielt den Gelassenen, wie er später andere Rollen spielen wird. Er rügt in einer längeren Rede das schwindelköpfische Zechen am dänischen Hof und begleitet den Tadel mit allgemeinen moralischen Reflexionen. Sie kommen uns gesucht vor; auch grammatisch sind sie nicht leicht verständlich – vielleicht ein Zeichen, daß er seinen Zustand nur mit Mühe bemeistert. Shakespeare jedenfalls verschafft sich den Vorteil, die Zuschauer abzulenken; sie sind verwundert, in ihrer Erwartung getäuscht, ja sie finden sich fast gelangweilt. Umso grauenhafter werden sie aufgejagt durch das «Es kommt». «Es», das andere, das sich personaler Bestimmung, wie sie unseresgleichen gebühren würde, entzieht. So bricht «es» auch auf Hamlet herein. Vor dem, was ihn erschüttert, was jenseits dessen liegt, das er zu fassen vermag, kommt er sich selbst, wie er vor dieser Nacht gewesen ist, kommen ihm alle Menschen als «Narren der Natur» vor, als von der Natur Genarrte, zu einem einfältigen Glauben an ihre Gesetze und ihre Ordnung verführte Geschöpfe. Dennoch schreckt er nicht zurück. Man hat an Hamlets Mut gezweifelt. Er selber nennt sich später einen «Feigling», «Schurken» und «niedern Sklaven». Der Auftritt aber, der nun folgt, straft jede solche Behauptung Lügen. Horatio warnt und fleht ihn an, sich nicht ins Verderben zu stürzen. Marcellus versucht ihn festzuhalten. Er aber reißt sich gewaltsam los. Und doch ist er dem Geist nicht hörig, nicht etwa gebannt von seiner faszinierenden übermenschlichen Macht. Er folgt ihm ein Stück weit. Dann weigert er sich weiterzugehen und befiehlt, der Mensch dem Geist, zu reden. Das läßt sich nur mit einer tödlich-entschlossenen Gebärde realisieren, in der Haltung eines Helden, den es durchblitzt: «Mein Schicksal ruft.»

Der Geist beginnt damit, die Ungeheuerlichkeit der Fegfeuerstrafen, die er erdulden muß, anzudeuten. Wir fragen uns unwillkürlich, was er Schweres verbrochen haben könnte und ob wir vielleicht das Bild, das Hamlet von seinem Vater in sich trägt, ebenso, obzwar in entgegengesetztem Sinn, berichtigen müssen wie die Vorstellung, die er sich von seinem Oheim gebildet hat. Doch dazu sind wir nicht genötigt. Für das Schicksal des Ermordeten genügt es, daß er ohne die Sakramente der Kirche gestorben ist. Er selber weist darauf hin, und auch später, bei Rosenkranz und Güldenstern, hören wir, daß das Versäumen der Sterberiten eine ernste Sache ist. Im Übrigen erscheint der tote alte Hamlet genau so würdig, wie ihn sein Sohn bei Lebzeiten gekannt hat, als hoheitsvoller König, besorgter Vater und – auch jetzt noch, da er um alles Bescheid weiß – liebender Gatte. So könnte man es entbehrlich finden, daß er von seinen Qualen spricht und sie der Phantasie nur umso grauenvoller vergegenwärtigt, als er nichts Bestimmtes mitteilt, sondern sich darauf beschränkt zu versichern, kein Ohr von Fleisch und Blut vermöchte die Offenbarung zu fassen. Doch eben dies berührt sich mit den «Gedanken», von denen Hamlet sagt, daß unsere Seele sie nicht erreicht. Die Eröffnung der Rede bestätigt und steigert die Transzendenz der anderen Welt, die durch den Geist in die Wirklichkeit einbricht.

Da so vieles in dieser Tragödie zweifelhaft ist und zweifelhaft sein soll, sind wir auch versucht zu zweifeln, ob der Bericht des Geistes im Einzelnen und im Ganzen der Wahrheit entspricht. Doch damit gingen wir zu weit. Hamlet stellt im dritten Akt dem König Claudius die Ermordung mit allen Umständen so vor Augen, wie sie der Geist beschreibt, und Claudius findet sich dadurch überführt. Der Geist verfügt demnach über ein Wissen, das den noch in ihrem Körper befangenen Sterblichen nicht beschieden ist. So weiß er denn offenbar auch, daß seine Gemahlin von seinem Bruder verführt worden ist und die Ehe gebrochen hat – ein bei ihrer vermeintlichen Tugend und dem Unwert des Verführers unbegreiflich-schnödes Ereignis. Es beirrt ihn aber in seiner innigen Gattenliebe nicht. Noch im Tod ist er für sie, wie einst als Lebender, besorgt.

> Doch, wie du immer diese Tat betreibst,
> Befleck' dein Herz nicht; dein Gemüt ersinne
> Nichts gegen deine Mutter; überlaß sie
> Dem Himmel und den Dornen, die im Busen
> Ihr stechend wohnen... (I, 5)

So nach Schlegels Übersetzung. Sie legt die Meinung nahe, daß Hamlet sein Herz beflecken würde, wenn er etwas gegen die Mutter ersänne. Im Originaltext heißt es aber:

> But, howsomever thou pursuest this act,
> Taint not thy mind, nor let thy soul contrive
> Against thy mother aught...

Das wäre wörtlich zu übersetzen: «Wie immer du auch die Tat vollziehst, besudle dein Gemüt nicht; *auch* ersinne deine Seele nichts gegen die Mutter.» Der Geist würde demnach zwiefach warnen. Was heißt dann aber «Taint not thy mind»? Spricht hier die Sorge des Vaters, der seinem Sohn eine grausige Tat zumutet? Wie soll der Sohn der Weisung folgen? Wie kann er das Böse mit eigenen Händen beiseiteschaffen, ohne von dem Bösen angesteckt zu werden? Wir hören nicht, daß er sich später je an diese Worte des Geistes erinnert. Ebenso wenig denkt er daran, daß er die Mutter schonen soll. «Gedenke mein!» Der Geist meint seine ganze Botschaft. Ihm aber prägt sich nur das Gebot der Rache ein. Genauer gesagt: er *will*, daß das Gebot der Rache ihm eingeprägt sei, so tief, daß alles, was ihn bisher beschäftigt hat, dadurch ausgelöscht werde. Sein Sinn ist nicht auf das große Ziel, er ist auf den Vorgang im Innern gerichtet:

> Dein gedenken?
> Ja, von der Tafel der Erinnrung will ich
> Weglöschen alle törichten Geschichten,
> Aus Büchern alle Sprüche, alle Bilder,
> Die Spuren des Vergangnen, welche da
> Die Jugend einschrieb und Beobachtung;

> Und dein Gebot soll leben ganz allein
> Im Buche meines Hirnes, unvermischt
> Mit minder würd'gen Dingen.

Der Belesene, der Gebildete spricht, der seine ganze Bildung von nun an für nichts mehr zu achten entschlossen ist. Dennoch bedient er sich im selben Satz einer literarischen Metapher. Er redet vom «Buche» seines Hirns. Im Originaltext heißt es sogar «the book and volume of my brain». Und um den Gegensatz von Schein und Wirklichkeit festzuhalten, der ihn nun noch tiefer bestürzt als in der zweiten Szene, ruft er aus:

> Schreibtafel her! Ich muß mir's niederschreiben,
> Daß einer lächeln kann und immer lächeln
> Und doch ein Schurke sein...

Einem berühmten Schauspieler schien nur die Erde als Hamlets Schreibtafel gut genug. Er bückte sich nieder und ritzte gewaltige Lettern in den Boden ein. Das war großartig, aber dem Sinn der Szene doch wohl nicht angemessen. Nein! Hamlet ist Literat genug, um selbst in diesem Augenblick seine Schreibtafel aus der Tasche zu ziehen.

Literat? Das Wort mag ärgerlich klingen. Einstweilen ist es freilich nur eine vaticinatio ex eventu. Erst allmählich wird sich zeigen, wie tief ihn Literatur durchdringt.

Horatio und Marcellus kommen. Hamlet begrüßt sie mit einer schauerlichen Heiterkeit; er ahmt den Ruf des Falkners nach; er gibt sich Mühe, sein Entsetzen zu verbergen, und ist doch ständig nahe daran, es ihnen ins Gesicht zu schreien.

> Es lebt kein Schurk' im ganzen Dänemark...

‹der es an Schurkerei mit Claudius aufnimmt›, will er vermutlich sagen, erwischt den entfliehenden Satz aber noch und schließt mit dem tautologischen Unsinn:

> Der nicht ein ausgemachter Bube wär'!

So geht es weiter. Den andern graust es vor seinen «irren», «wirblichten» Worten. Er rückt immer wieder halbwegs heraus und nimmt die Andeutung hastig zurück. Nicht anders sind zweifellos auch die burschikosen Titel zu verstehen, die er dem Geist zuwirft: «Geselle», «Bursche», «Minierer», «alter Maulwurf». Der Geist ruft unter der Erde: «Schwört!» Hamlet schüttelt das Entsetzen. Er bändigt es mit genauer Not, indem er sich selbst und den andern vorgibt, er biedere sich dem Unfaßlichen an. Der Schwur wird dreimal feierlich geleistet. Hamlet genügt auch dies noch nicht. Er will sich des unbedingten Schweigens der Zeugen auf jede Weise versichern. In diesem Zusammenhang fallen Worte, die für das Verständnis der ganzen Tragödie von größter Bedeutung sind. Zunächst:

> Es gibt mehr Ding' im Himmel und auf Erden,
> Als Eure Schulweisheit sich träumt, Horatio.

Die «Schulweisheit» ist die auf antiken Lehren beruhende Philosophie der Renaissance, an die sich Hamlet in seinem Gespräch mit Rosenkranz und Güldenstern erinnern wird. Die überstürzte zweite Ehe seiner Mutter hat seine Lust an dem «trefflichen Bau der Erde», dem «Firmament», dem «Meisterwerk», das der Mensch ist, zerstört. Damit hat sich aber nur sein persönliches Erlebnis der Dinge verändert; er bleibt sich dessen auch bewußt:

> Wie ekel, schal und flach und unersprießlich
> Scheint mir das ganze Treiben dieser Welt!

Nun aber wird durch die Erscheinung des Geistes die Wirklichkeit an sich verwandelt, das Schwergewicht von dieser Welt in ein unbegreifliches Jenseits verlegt. Das Irdische sinkt in nichts zusammen vor dem «Ganz andern», dem «mysterium tremendum», das sich gemeldet hat. Hamlet überschreitet eine Schwelle der Geschichte der Neuzeit. Das Weltbild des Barockzeitalters, «Alles ist eitel», geht ihm auf. Mit dem Ereignis dieser Nacht wird das ganze Leben «erstaunlich fremd». Er will das Fremde willkommen heißen. Wie soll man aber in einer so furchtbar entwürdigten Welt noch wohnen, reden und handeln, wie man es bisher gewohnt war? Er weiß noch nicht, wie er sich einrichten wird, «wie fremd und seltsam» er sich «nehmen mag». Es könnte ihm geraten scheinen,

> Ein wunderliches Wesen anzulegen,
>
> To put an antic disposition on.

Damit stehen wir vor dem Problem, was von seinem Wahnsinn zu halten sei.

Die erste Frage lautet: Ist sein Wahnsinn echt oder nur gespielt? Zu Horatio redet Hamlet nie seltsam. Er zeigt sich vor diesem einzigen Freund im Vollbesitz seiner geistigen Kräfte und macht ihn einmal sogar darauf aufmerksam, daß er nun wieder den Irren spiele:

> Man kommt zum Schauspiel; ich muß närrisch sein.
> (III, 2)

Das ist eindeutig. Ebenso eindeutig ist der Vergleich mit Ophelias Wahnsinn. Ophelia bleibt in der fünften Szene des vierten Akts vollkommen allein, auch wenn sie mit anderen spricht, gebannt in die schauerliche Einsamkeit ihres kranken Gemüts, unzugänglich für jeden Zuspruch, unfähig, auf etwas einzugehen, was nichts mit ihrem Wahn zu tun hat. Hamlet nimmt an den Gesprächen teil und antwortet, merkwürdig zwar, aber meist viel treffender, als seine Partner ahnen. Wenn er denn also gestört sein sollte, so hat es damit eine eigene Bewandtnis. Wahnsinnig in dem heute geläufigen klinischen Sinn ist er sicher nicht. Doch freilich kann man es «krankhaft» finden, daß er Wert darauf legt, sich vor den meisten Leuten verrückt zu stellen. Was will er damit? Was verfolgt er dabei für eine hintergründige Absicht? Wir kehren auf die Terrasse zurück.

Nach der Erscheinung des Geistes ist er nahe daran, den Verstand zu verlieren. Er rafft sich zusammen; er will sich beherrschen; er sieht, daß es ihm kaum gelingt. Wie soll er in dieser Verfassung vor den König und die Königin treten? Würde nicht sein Benehmen verraten, was geheim zu halten er Horatio und Marcellus mit einem feierlichen Eid verpflichtet hat? Ließe sich seine Verstörung, die zur Unzeit fühlbar werden und einen bestimmten Verdacht erregen könnte, vielleicht in einem allgemeinen wunderlichen Gebaren verbergen? Man nähme ihn nicht mehr ernst. In einem beliebigen irren Geschwätz ginge unter, was er in einem unbewachten Augenblick von dem Einzigen, das ihn nun erfüllt, preisgeben könnte: Der Wahnsinn als Maske eines in seinen Fundamenten erschütterten Geistes. So scheint er es sich zurechtzulegen. Man hat als Vorbild den älteren Brutus geltend machen zu dürfen geglaubt, der gleichfalls, um seine Pläne gegen den König Tarquinius zu verbergen, ein sonderbares Wesen annahm[9]. Doch Brutus stellte sich dumm. Er täuschte, nach Livius, «stultitia» vor, um sich als Bürger auszugeben, mit dem man nicht zu rechnen brauche. Das war zweckmäßig. Hamlet dagegen, mit seinem gespielten Wahnsinn, weckt gerade die Aufmerksamkeit des Hofs. Man traut ihm nichts Bestimmtes zu; man läßt ihn aber nicht aus den Augen.

Wahnsinn bei Großen darf nicht ohne Wache gehn.
(III, 1)
Auch steht's um uns nicht sicher,
Wenn frei sein Wahnsinn schwärmt. (III, 3)

Hamlet erschwert sich also den Auftrag gerade durch die Haltung, von der er annimmt, daß sie förderlich sei. Doch ist nicht eben dies seiner wahren, ihm selbst noch verborgenen Art gemäß? Er will und will doch wieder nicht. Der gespielte Wahnsinn erlaubt es ihm, feindselige Worte fallen zu lassen, Unruhe zu verbreiten und sich selber einzureden, daß er etwas tue, daß etwas geschehe. Indem er seine Aggressionen aber als irres Gerede ausgibt, nimmt er sie zugleich wieder zurück: ‹achtet nicht darauf, ich bin närrisch›. Der Wahnsinn hat demnach für ihn dieselbe Bedeutung wie das Wortspiel. Er kann sich auf den gefährlichen oder den unbedenklichen Sinn berufen. Er wagt sich vor und verbirgt sich zugleich. Die Dinge bleiben in der Schwebe. Er legt sich nicht fest, er bewahrt seine Freiheit, ohne sich doch vorwerfen zu müssen, daß er die Tat aus den Augen verliere: ein Zustand, der nicht lange dauern kann, der immer schwieriger wird und bald zur inneren oder äußeren Katastrophe führen muß. Auf der Terrasse sieht er dies nicht klar voraus; er ahnt es aber in seinem «prophetischen Gemüt» (I, 5). Das bezeugen die Worte, die Goethe als Schlüssel seines Charakters und seines rätselhaften Verhaltens aufgefaßt hat:

> The time is out of joint; – O cursed spite,
> That ever I was born to set it right! (I, 5)

Es ist unerläßlich, hier den englischen Text vorauszuschicken. Denn an die Übersetzung knüpft sich eine lange Diskussion, die auch heute noch nicht beendet ist.

«The time is out of joint» – «Die Zeit ist aus den Fugen»: gegen diese Verdeutschung ist nichts einzuwenden. Hamlet geht wieder ins Allgemeine wie schon im ersten Monolog. Er sieht die Verderbnis nicht nur in König Claudius und in seiner Mutter, auch nicht nur im Staate Dänemark, dessen Herrscher ein Mörder und Wüstling ist. Für ihn ist das ganze Zeitalter zerrüttet. Die ganze Menschheit liegt im Argen für den Geisterblick, mit dem er von nun an die Welt betrachten wird. Und diese ausgerenkte Zeit soll wieder eingerenkt werden – durch ihn? «Cursed spite!» «Weh mir.» So lautet die Übersetzung, die Goethe in «Wilhelm Meisters Lehrjahren» bietet[10]. Das ist im Ton entschieden verfehlt, zu sanft, zu human, «verteufelt human»[11], um Goethes eigene Worte über die «Iphigenie auf Tauris» zu brauchen. Schlegel übersetzt «Schmach und Gram». Das klingt schon heftiger, wird dem Englischen aber immer noch nicht gerecht. «Cursed spite» heißt: «verfluchte Tücke». Die Tücke des Schicksals ist gemeint. Hamlets ganze Natur empört sich bei dem Gedanken an die Tat, die ihm bevorsteht und die er bereits auf die ganze verdorbene Welt bezieht. Seiner Empörung gibt er mit einer Kraft und Leidenschaft Ausdruck, in der wir den gewaltsamen Atem der Renaissance spüren. Insofern sind die Einwände berechtigt, die man zumal in England gegen Goethe und August Wilhelm Schlegel und damit gegen die meisten deutschen Interpreten erhoben hat. Sollte man aber nicht in dem Protest zu weit gegangen sein? Es läßt sich doch nicht bestreiten, daß derselbe Hamlet, der eine so kräftige Verwünschung ausstößt, zugleich bekennt, daß er sich selber nicht für geeignet halte, die Rache zu vollziehen: ‹Ich soll der Mann sein, eine solche Tat zu vollbringen? Verfluchte Tücke!› Dazu kommt, daß er sich zweimal, in derselben Szene, in einer Weise über sich selber äußert, die denn doch nahe an Schlegels «Gram» und Goethes «Weh mir» heranrückt.

> Ihr tut, was euch Beruf und Neigung heißt –
> Denn jeder Mensch hat Neigung und Beruf,
> Wie sie denn sind – ich, für mein armes Teil,
> Seht ihr, will beten gehn.

«Mein armes Teil» – «mine own poor part». Und später, wie er Abschied nimmt:

> Nun, liebe Herrn,
> Empfehl ich euch mit aller Liebe mich,
> Und was ein armer Mann, wie Hamlet ist,
> Vermag, euch Lieb' und Freundschaft zu bezeigen,
> So Gott will, soll nicht fehlen.

«Ein armer Mann, wie Hamlet ist» – «So poor a man as Hamlet is». Den «armen Mann wie Hamlet» haben nicht die deutschen Interpreten der Goethezeit hineingelesen. So steht es in Shakespeares Text, und die Meinung kann schwerlich eine andere sein, als daß sich Hamlet selbst bedauert, daß er wieder den Blick auf sich zurück und nicht dem gewiesenen Ziel zuwendet. Den weichen, sentimentalischen Zug hat Shakespeare selbst ihm aufgeprägt. Man darf, man muß ihn gelten lassen, vorausgesetzt, daß man dabei

> Des Kriegers Arm, des Staates Blum' und Hoffnung,
> Der Sitte Spiegel und der Bildung Muster,

das Hamlet-Bild Ophelias, nicht vergißt. Wie sollte das unvereinbar sein? Die einwärts gerichtete Trauer, das Mitleid, das Hamlet mit sich selbst empfindet, ergreift uns nur umso tiefer, je mehr wir in allem Übrigen seinen Mut und seine Kraft zu bewundern haben. Der Riß, der zwischen den Zeiten aufbricht, geht gleichsam mitten durch ihn hindurch. Er ist der verkörperte Widerspruch einer weltgläubigen, diesseitsfrohen und einer von der Welt enttäuschten, vor ihrer Verderbnis schaudernden Epoche. Doch nicht als ob mit dieser groben zeitgeschichtlichen Einordnung sein ganzes Wesen umrissen wäre. Auch jene Züge sind bereits zutagegetreten, in denen sich manche Romantiker in England und in Deutschland – ob zu Recht oder Unrecht stehe einstweilen dahin – zu erkennen glaubten. So machen wir uns darauf gefaßt, daß uns das Rätsel dieses einzigartigen tragischen Helden weiterhin beunruhigt und überrascht.

*

«Etwas ist faul im Staate Dänemark.» Das Wort trifft genau den Zustand der Welt, die Hamlet umgibt. Sie scheint in bester Ordnung zu sein. Der Staat, obzwar bedroht, ist gesichert durch die starke Hand des Herrschers, der sich kriegerisch gegen Fortinbras vorsieht und bald auch einen großen diplomatischen Erfolg zu verzeichnen hat. Daß Claudius, nicht Hamlet, die Krone trägt, mag mancher seltsam finden. Doch von dem Befremden verlautet nichts. Die Räte des neuen Fürsten haben alle seine Schritte gebilligt. Es ist – von der fragwürdigen, aber doch wohl nicht skandalösen Ehe abgesehen – auch nichts bekannt, was seine Stellung erschüttern könnte. Bei den Höflingen mag seine erste Rede dann freilich Verdacht erregen. Dieser und jener wird sich sagen: So gewunden, mit so verlegenem Lächeln und unangebrachten Scherzen spricht ein rechtmäßiger König nicht. Claudius ist beunruhigt durch die Gegenwart des trauernden Hamlet, der mit undurchsichtiger Miene in seiner ablehnenden Haltung verharrt. Was Claudius selbst betrifft, so kann er vernünftigerweise zwar nicht befürchten, daß der Sohn des ermordeten Königs etwas von seinem Verbrechen weiß. Doch einem bösen Gewissen redet die klarste Vernunft vergeblich zu. Das schwarze Kleid ist ihm ein Ärgernis. Sein Unbehagen ist nicht zu verkennen. So muß sich das vorerst unbegründete Gefühl verbreiten, daß etwas nicht stimmt, daß etwas «faul» ist in Dänemark. Immer wieder begegnen wir Bildern für das im Verborgenen schleichende Übel. Von einem «Krebs», einem «Gift» ist die Rede, von einem «bösen Fleck», von «heimlich untergrabender Verderbnis».

Der Herd des Übels ist aber des Königs geweihte, erhabene Majestät. Claudius selber ist von seiner heiligen Würde tief durchdrungen:

> Denn solche Göttlichkeit schirmt einen König:
> Verrat, der nur erblickt, was er gewollt,
> Steht ab von seinem Willen. (IV, 5)

Diesem Selbstbewußtsein entspricht die Ergebenheit seiner Untertanen. Rosenkranz ist ihr beredtester Sprecher:

> Schon das besondre, einzle Leben muß
> Mit aller Kraft und Rüstung des Gemüts
> Vor Schaden sich bewahren; doch viel mehr
> Der Geist, an dessen Heil das Leben vieler
> Beruht und hängt. Der Majestät Verscheiden
> Stirbt nicht allein; es zieht gleich einem Strudel
> Das Nahe mit. Sie ist ein mächtig Rad,
> Befestigt auf des höchsten Berges Gipfel,
> An dessen Riesenspeichen tausend Dinge
> Gekittet und gefugt sind; wenn es fällt,
> So teilt die kleinste Zutat und Umgebung
> Den ungeheuren Sturz. Kein König seufzte je
> Allein und ohn' ein allgemeines Weh. (III, 3)

Im Hinblick auf den Fürsten, an den sie sich richten, empfinden wir solche Worte als ungeheuerliche Ironie. Wir sind sogar versucht, die gar nicht elisabethanische Frage zu stellen, ob Shakespeare selbst abgründige Zweifel an der Würde des Königtums hege, und glauben uns darin bestärkt, wenn Hamlet einmal die Würde des Menschen gegen die Würde des Königs ausspielt. Horatio sagt von dem alten Hamlet:

> Ich sah ihn einst, er war ein wackrer König.

Der Prinz antwortet:

> Er war ein Mann, nehmt alles nur in allem. (I, 2)

Spielt Shakespeare mit dem Gedanken an die Möglichkeit einer Welt, in der kein Königtum mehr zum Verhängnis würde? Kaum! das wäre doch wohl eine allzu modern-demokratische Folgerung. Shakespeare billigt, was Rosenkranz sagt, oder er setzt die Billigung bei seinem Publikum doch voraus. Daraus ergibt sich aber auch, welch namenloses Unglück für ein Land ein schlimmer König ist. Wie das Heil des guten Königs auf sein ganzes Reich ausstrahlt, teilt sich die Heillosigkeit des bösen seiner ganzen Umgebung mit. Wenn er krank ist, erkranken alle; wenn ihn ein heimlicher Makel zeichnet, kann keiner mehr rein sein, dem er gebietet. Ein solches Verhängnis hat später auch Hugo von Hofmannsthal im «Turm» geschildert, nach Calderóns Vorbild, mit dem wir zeitlich schon nahe bei Shakespeare sind.

Das Übel verbreitet sich überall und tritt in jeder Gestalt wieder anders, jedem Charakter gemäß, hervor. Seltsamerweise sind seine Spuren am schwersten im Verhalten und in den Worten der Königin wahrzunehmen. Daß Claudius sie verführt hat, haben wir als weiter nicht begründetes, aber das ganze tragische Geschehen begründendes Faktum hinzunehmen. Wir sind dazu umso eher bereit, als Shakespeare im Interesse der dramatischen Ökonomie die Figur der Königin blaß gehalten hat. Alle deutlicheren Farben und Konturen hätten zu Fragen geführt, für deren Beantwortung in einer Tragödie, deren Mittelpunkt Hamlet sein sollte, kein Raum geblieben wäre. So unbestimmt, wie die Königin nun gezeichnet ist, bleibt ein großer Spielraum für ihr Tun und Lassen offen. Wir versuchen, einer nur schwach angedeuteten Linie zu folgen.

Daß Claudius den alten König Hamlet vergiftet hat, weiß sie vermutlich nicht. Sie würde sonst, wie Hamlet es in der Erregung ausschwatzt, kaum erstaunt auffahren: «Einen König töten!» (III, 4) Umso merkwürdiger ist es freilich, daß sie daraufhin nicht Verdacht schöpft, daß sie ihr Betragen Claudius gegenüber nicht im mindesten ändert, sich keine Gedanken über die Sendung Hamlets nach England macht und bei dem Fechtkampf einzig von Laertes eine Gefahr zu befürchten scheint. Und doch liebt sie ihren Sohn. Das ist der einzige gewinnende Zug, den wir mit Sicherheit erkennen. Alles andere bleibt in der Schwebe. Gerade sie, die neben Claudius die Hauptschuld an dem Verhängnis trägt, scheint kaum berührt der unvermeidlichen, auch von Claudius vorgefühlten Katastrophe entgegenzugehen. Ihre Erschütterung bei dem nächtlichen Gespräch mit Hamlet hält nicht vor; sie zeitigt keine sichtbaren Folgen. Daß sie Ophelia gern als Gattin ihres Sohnes begrüßt hätte, sagt sie erst, wie es nicht mehr möglich ist. Eine hochgestellte Dame, bei der sich schwer ausmachen läßt, was Hoheit, Selbstbeherrschung, Güte oder innere Leere ist. So fügt sie sich in das Geschehen ein, ohne uns von Hamlet abzulenken. Doch wenn auch Kunstverstand die Blässe ihrer Gestalt verlangt haben mag, so zeigt sich gerade in ihrer nur vorübergehend gestörten Ruhe, in ihrem freundlichen Gleichmaß vor und nach der nächtlichen Szene, wo ihr auszuweichen nicht möglich ist, wie unaufhaltsam sich auch in ihr die Fäulnis immer weiter verbreitet. Sobald wir über sie nachzudenken beginnen, erwacht in uns der Argwohn, daß sie nichts von alle dem, was sie ängstigen könnte, wissen *will*. Sie will nicht mit Ophelia sprechen (IV, 5), deren erbarmenswürdiger Zustand ihr gemeldet worden ist, und läßt sich erst dazu herbei, wie sie noch Schlimmeres befürchtet, wenn die Kranke sich selbst überlassen bliebe. So will sie wohl auch nichts wissen, was ihr Claudius verdächtig machen könnte. Sie blendet ab und sucht zu beschönigen, was doch nicht zu beschönigen ist.

So sich gegen das Unheil abzuschirmen, vermag Ophelia nicht. Shakespeare hat auch diese Gestalt mit erstaunlich wenig Strichen gezeichnet, doch eben so ein Bildnis geschaffen, dessen traurigen Reiz zu ergründen die Nachwelt nicht müde geworden ist. Man traut ihr nach den Gesprächen, die sie mit Hamlet und ihrem Vater führt, fast etwas wie lieblichen Schwachsinn zu. «Gespräch» ist schon zu viel gesagt für ihre dürftigen Äußerungen. Sie hört sich eine Rede an, scheint aber nichts erwidern zu können. «Ich weiß nicht, was ich denken soll», «ich weiß es nicht», «ich denke nichts.» Viel mehr hat sie oft nicht zu sagen. Auch die ein wenig längere Replik auf die Moralpredigt ihres Bruders hält sich in bescheidenem Rahmen. Jedermann könnte so antworten. Dieselbe Ophelia aber findet, wenn sie nur mit sich selber spricht, die unvergleichlichen, schon von Coleridge bewunderten[12] Worte über die unfaßbare Zerrüttung von Hamlets Geist und läßt sein Bild aus früheren Tagen mit so vollkommenem Glanz erstehen, wie nur die Hellsicht tiefster, selbstlosester Liebe es zu malen vermag. Wir sind beschämt und genötigt, unsere Meinung zu überprüfen. Ophelia in ihrer Lauterkeit versteht das Treiben der Welt, das Reden und Handeln ihrer Umgebung nicht. Sie ist an dem dänischen Hof, als Tochter des Polonius, «edles Blut im Exil», zugleich aber viel zu bescheiden, um sich vor anderen Menschen hervorzuwagen, ja nur zu denken, daß sie ihnen etwas entgegenzusetzen habe. Und eben dies wird ihr zum Verhängnis. In ihrer Bescheidenheit ist sie fügsam weit über die Grenzen dessen hinaus, was ihrem reinen Wesen entspricht. Sie erlaubt sich kein Urteil, sie gehorcht und läßt sich ohne Widerstreben sogar dazu bewegen, unwürdige Spionagedienste zu leisten und den Geliebten zu belauern, mit einem Gebetbuch in den Händen, «mit der Andacht Miene und frommem Wesen» die «Einsamkeit bemäntelnd» (III, 1). Wir hören nicht, daß sie darunter leidet. Sie scheint in ihrem unbedingten Gehorsam sogar sich selbst nicht zu gestehen, in welche falsche Lage sie unversehens geraten ist. Die Fäulnis aber hat sie berührt; sie wird, als ein nicht ganz unschuldiges Opfer, daran zugrundegehn.

Zum Spionieren wird Ophelia von ihrem Vater Polonius angehalten. «Das Spionieren, scheint's, ist seine Lust»[13]. Er läßt durch Reinhold auskundschaften, wie sich Laertes in Paris aufführt, und zwar, indem er seinem Spion Ratschläge gibt, wie er sich verstellen und den Bekannten und Freunden seines Sohnes Nachrichten entlocken soll. Er kommt sich ungemein schlau dabei vor. Schlau glaubt er auch später wieder zu handeln, wenn er Hamlet das Geheimnis des Wahnsinns zu entlocken versucht. Und eben diese Schlauheit wird ihm den Tod hinter der Tapete bringen. Dabei ist er von Vorurteilen verblendet; er irrt sich beharrlich, ohne dies je in seinem Eigensinn zuzugeben. Man kann sich schwer vorstellen, dass dieser geschwätzige, eitle alte Narr dem König Claudius als Rat wertvolle Dienste geleistet habe. Und doch wird dies wiederholt behauptet, vor allem, dankbar, von Claudius selbst. Nun scheint Polonius im ersten Akt aber noch ein ganz anderer Mensch zu sein. Da spricht er noch kaum umständlich-geziert, und die Ratschläge, die er Laertes gibt, sind immerhin so bedeutend und weltklug, daß man es für erzieherisch halten konnte, sie ganze Generationen englischer Schuljungen auswendig lernen zu lassen. Dennoch ist nicht anzunehmen, daß auch Polonius mehr und mehr der allgemeinen Verderbnis erliege. Es sieht viel eher so aus, als habe Shakespeare in den ersten Szenen noch eine andere Gestalt vorgeschwebt, als sei ihm die Möglichkeit, aus dem Oberkämmerer eine komische Figur zu schaffen, erst später aufgegangen. Doch wie dem auch sei – er gehört von Anfang an zu der massa perditionis, schon als der Vertrauensmann dieses Königs, dem er wohl nicht gerade bei der Ermordung des alten Hamlet, aber doch bei den politischen Machenschaften, die für die Nachfolge nötig waren, mit seinen wenig wählerischen Mitteln beigestanden haben dürfte.

Anders sein Sohn Laertes. Obwohl auch ihm der König schon in der Staatsratszene überaus wohlgesinnt ist und ihn wiederholt, um seine herzliche Neigung zu zeigen, mit Namen anredet, geschieht dies doch ausdrücklich nur dem Vater zuliebe. Nichts weist darauf hin, daß auch Laertes an den üblen Ränken beteiligt gewesen sei. Im ersten Akt begegnet er uns als etwas farbloser, wohlgeratener, ein wenig selbstgerechter Jüngling, der ausführlich moralisiert und wenigstens insofern seine Abstammung von Polonius nicht verleugnet. Auch wenn er im vierten Akt an der Spitze aufrührerischer Dänen die Türen sprengt und den Tod seines Vaters rächen will, ist er noch unversehrt – ein heftiger, aber aufrichtiger Mann, der, überstürzt zwar und maßlos, doch ehrlich-entschlossen und mutig sein

Ziel verfolgt. Erst nach dem Gespräch mit Claudius in der siebenten Szene des vierten Akts verläßt er den geraden Weg und läßt sich nun freilich, obzwar auch jetzt noch «beinah gegen sein Gewissen» (V, 2), zu der perfidesten Untat verleiten.

Ob Rosenkranz und Güldenstern wissen, daß sie Hamlet nach England führen, damit er dort ermordet werde, ist ungewiß, aber unwahrscheinlich. Es bleibt genug, um gerade an ihnen das Wachstum des Übels abzulesen. Sie lassen sich als Spione gegen ihren Studienfreund einsetzen. Und wenn sie dabei mit knapper Not sich noch zur Aufrichtigkeit entschließen, so suchen sie vor dem König die Schuld an ihrem Mißerfolg zu verwedeln, schmeicheln ausgiebig der Majestät und fragen bald nicht mehr danach, ob die Aufträge, die sie beflissen übernehmen, mit der Ehre und ihrer Freundschaft mit Hamlet vereinbar seien: ursprünglich anständige junge Leute, die das Klima des Hofs vergiftet.

Dies also ist die Welt, der sich Hamlet nach der Begegnung mit dem Geist gegenübersieht. Man hat berechnet, daß zwischen dem ersten und dem zweiten Akt ein Zeitraum von ungefähr zwei Monaten liege. So lange brauchen die Gesandten, um von Norwegen zurückzukehren. Dem entspricht auch die Zeitangabe im dritten Akt: «Vor noch nicht zwei Stunden», sagt Hamlet, sei sein Vater gestorben. Ophelia berichtigt: «Nein, vor zweimal zwei Monaten, mein Prinz» (III, 2). Andrerseits ist es schwer verständlich, daß Hamlet sich erst zwei Monate nach der Erscheinung des Geistes Ophelia gezeigt haben soll. Und wann hat er den Brief mit dem kleinen Gedicht an sie geschrieben, den sie gehorsam ihrem Vater ausliefert? Man tut wohl gut daran, sich mit solchen Fragen nicht allzu ängstlich zu plagen. Shakespeare setzt jeweils die Zeit ein, deren er gerade bedarf, um eine Szene ins Licht zu rücken, und kümmert sich nicht zu sehr darum, ob sie zu anderen Zeiten stimmt. Denn auch das Publikum im Theater kommt gar nicht dazu und ist vor allem nicht aufgelegt, genau nachzurechnen.

Das erste, was wir von Hamlet nach der Nacht auf der Terrasse hören, ist Ophelias Bericht von seinem Besuch:

> Als ich in meinem Zimmer näht', auf einmal
> Prinz Hamlet – mit ganz aufgerißnem Wams,
> Kein Hut auf seinem Kopf, die Strümpfe schmutzig
> Und losgebunden auf den Knöcheln hängend;
> Bleich wie sein Hemde; schlotternd mit den Knien;
> Mit einem Blick von Jammer so erfüllt,
> Als wär er aus der Hölle losgelassen,
> Um Greuel kundzutun – so tritt er vor mich...
>
> Er griff mich bei der Hand und hielt mich fest,
> Dann lehnt' er sich zurück, so lang sein Arm;
> Und mit der andern Hand so überm Auge,
> Betrachtet' er so prüfend mein Gesicht,
> Als wollt' ers zeichnen. Lange stand er so;
> Zuletzt ein wenig schüttelnd meine Hand
> Und dreimal hin und her den Kopf so wägend,
> Holt' er solch einen bangen tiefen Seufzer,
> Als sollt' er seinen ganzen Bau zertrümmern
> Und endigen sein Dasein. (II, 1)

Ist das vorgetäuschter oder echter Wahnsinn? Man bleibt im Zweifel und hält dann vielleicht an der Auffassung fest, daß Hamlet von der Erscheinung des Geistes noch aufs tiefste erregt ist, sich nicht zutraut, seine Erregung zu meistern, und sie deshalb in bewußtem irren Gebaren verbirgt. Aber was ist dabei, in dieser besonderen Szene, seine Absicht? Später redet er immer wieder von Ehrlichkeit – Polonius gegenüber, den er als Fischhändler bezeichnet hat.

> *Polonius* Das nicht, mein Prinz.
> *Hamlet* So wollt' ich, daß Ihr ein so ehrlicher Mann
>   wärt.
> *Polonius* Ehrlich, mein Prinz?
> *Hamlet* Ja, Herr, ehrlich sein heißt, wie es in dieser
>   Welt zugeht; ein Auserwählter unter Zehntausenden
>   sein. (II, 2)

Zu Rosenkranz, der, vermutlich als geläufigen Scherz, die Nachricht gebracht hat, daß die Welt ehrlich geworden sei:

> So steht der Jüngste Tag bevor. (II, 2)

Zu Rosenkranz und Güldenstern, in denen er Spione vermutet:

> Geht ehrlich mit mir um! Wohlan! (II, 2)

Sein Leiden an dem Gegensatz von Schein und Wirklichkeit, an Lug und Trug, das er schon im ersten Monolog bekennt, hat die Begegnung mit dem Geist ins Unerträgliche gesteigert. Er fühlt sich rings von Heuchlern umgeben und quält sich zu wissen, ob auch die Geliebte zu der verseuchten Welt gehöre. So richtet er, verstört, angstvoll, den prüfenden Blick auf ihr Gesicht. Er kann darin nichts Falsches lesen; Ophelia ist noch ganz unschuldig. Aber sie ist, wie seine Mutter, ein Weib, des Name Schwachheit ist. So wirft er auch sie mit einem «bangen, tiefen Seufzer» zum Gesindel, nach dem Betragen zu schließen, das er von nun an gegen sie an den Tag legt. Mit dem Auftrag des Geistes hat diese Prüfung Ophelias nichts zu tun. Er, der gesagt hat, daß er alle

> Spuren des Vergangnen, welche da
> Die Jugend einschrieb und Beobachtung (I, 5),

aus der Erinnerung tilgen wolle, um einzig noch der Rache zu leben, kümmert sich nun um seine Liebe und schreckt die Geliebte grausam auf, ohne daß ihn dies in seinem Vorhaben irgendwie fördern könnte. Und er, der alle Literatur vergessen wollte,

> alle törichten Geschichten,
> Aus Büchern alle Sprüche,

erscheint nach der Nacht, von der wir glauben, sie habe ihn völlig verwandelt, zum ersten Mal sichtbar auf der Bühne: lesend in einem Buch. Soll dies ein Täuschungsmanöver sein? Es bleibt dem Regisseur überlassen, ob Hamlet bei diesem Auftritt von Polonius überrascht werden soll oder ob er bereits Spione erwartet und deshalb sich in die Lektüre vertieft hat. Dann würde er, schon wenn er hereintritt, über den Rand des

Buches schielen. Auch diese Frage muß offen bleiben. Doch so oder so – das Bild des lesenden Hamlet prägt sich uns tief ein. Auch wenn er nur täuschen wollte, wäre es doch bedeutsam, daß er sich zur Täuschung der Literatur bedient – so wie er sich ihrer zu noch viel weiter reichenden Zwecken bedienen wird.

Der Auftritt mit Polonius folgt. Hamlet bemüht sich, seltsam zu reden. Es ist nun oft nicht leicht zu entscheiden, ob er einfach Unsinn schwatzt oder ob sich in seinen Worten eine aggressive Bedeutung verbirgt. Man pflegt das Letztere anzunehmen, und bei dem großen Spielraum, den so viele Wörter im Englischen haben, ist es in den meisten Fällen nicht schwer, irgendetwas herauszubringen, was dem hinterhältigen Wesen, das Hamlet der Heuchelei seiner Umgebung entgegengesetzt, zuzutrauen wäre. Doch ob man immer recht daran tut, bleibt offen und soll wohl auch offen bleiben.

Polonius Kennt Ihr mich, gnädger Herr?
Hamlet Vollkommen. Ihr seid ein Fischhändler. (II, 2)

«Fischhändler» – das kann der erste beste Unsinn sein, der Hamlet einfällt und der nur dazu dienen soll, dem andern zu zeigen, daß er verrückt sei. Doch ebenso gut ist möglich, daß er etwas Bestimmtes, Feindseliges meint. Coleridge[14] vermutete, es sei eine Anspielung darauf, daß Polonius sein Geheimnis herausfischen wolle. Dagegen hat man eingewendet, er hätte dann eher «Fischer» gesagt, worauf man wieder entgegnen könnte, Hamlet meine, daß Polonius seine Fische dem König verkauft. Im Hinblick auf den weiteren Verlauf des Gesprächs wird aber auch eine dritte Möglichkeit in Betracht gezogen: «Fischhändler» kann in der Literatur um 1600 «Kuppler» bedeuten[15]. Dann würfe Hamlet Polonius vor, er wolle ihm seine Tochter verkuppeln – eine Auffassung, die sich im Folgenden wiederholt zu bestätigen scheint. Es kommt aber nicht darauf an, einer einzigen der drei möglichen zuzustimmen. Wir dürfen nicht vergessen, daß Shakespeare für ein Theaterpublikum schreibt. Während der Aufführung ist es nicht möglich, eine dunkle Stelle aus dem ganzen Zusammenhang zu erhellen;

man weiß noch nicht, was folgt; und um sich zurückzubesinnen, fehlt die Zeit. So nimmt das Publikum nur ein Geflimmer von Vieldeutigkeit und Unsinn wahr, beunruhigt, interessiert, verwirrt. Und eben darauf scheint es Shakespeare bei Hamlets Reden anzulegen. Doch worauf legt es Hamlet selbst an? Er kann und wird gewiß nicht erwarten, daß ihm Polonius zu folgen vermag, ebenso wenig, wie er später erwarten dürfte, daß Ophelia in ihrer Unschuld seine massivsten obszönen Anspielungen versteht. Er spielt mit den Wortbedeutungen also nur zu seinem eigenen Vergnügen; er macht sich selbst einen bitteren Spaß und bleibt dabei so schauerlich einsam, als spräche er nur mit sich allein. Ebensowenig kann er hoffen – oder befürchten –, daß Polonius den weiteren Verlauf des Gesprächs verstehe. Er möchte wünschen, sagt er und spielt damit den harmlosen Wortsinn aus, daß der Oberkämmerer ein so ehrlicher Mann wie ein Fischhändler wäre. Denn ehrlich sein bedeute, ein Auserwählter unter Zehntausenden sein. Im nächsten Satz ist außer dem Wortsinn auch der englische Text umstritten[16].

«For if the sun breed maggots in a dead dog, being a god kissing carrion...»

Das würde heißen: «Denn wenn die Sonne Maden in einem toten Hund ausbrütet als ein Gott, der Aas küßt.»

«For if the sun breed maggots in a dead dog, being a good kissing carrion.»

Das hieße: «Denn wenn die Sonne Maden in einem toten Hund ausbrütet, in Fleisch, das gut zum Küssen ist.»

Der Sinn verändert sich nicht wesentlich. Beidemal ist die Meinung, daß sogar die herrliche Sonne in dem Aas, das unsere Erde ist, abscheuliche Maden ausbrüten kann. Doch Hamlet fährt fort: «Habt Ihr eine Tochter?» Und rät Polonius, wie er bejaht:

«Laßt sie nicht in der Sonne gehen. Empfänglichkeit ist ein Segen, doch nicht, wie Eure Tochter empfangen könnte.»

Damit beleidigt er Ophelia und läßt zugleich die Möglichkeit offen, daß mit der Sonne er selbst, die Sonne der prinzlichen Gunst, gemeint sein könnte. Von all dem begreift Polonius nichts. Er hört nur, daß Hamlet ständig an Ophelia denkt, und findet sich in der vorgefaßten Meinung bestätigt, unglückliche Liebe sei es, was den Prinzen um seinen Verstand gebracht habe. Gerade diese Wirkung dürfte Hamlet aber beabsichtigt haben, wie er später Rosenkranz und Güldenstern in der Meinung bestärkt, er leide an gekränktem Ehrgeiz. Ein Netz von Bezügen, das kein Zuschauer im Theater rechtzeitig entwirrt, das aber Hamlet die beängstigende Anziehungskraft einer Sphinx verleiht und jedermann zugleich ahnen läßt, wie einsam, wie abgeschieden er ist in seiner zerquälten Innerlichkeit.

Diese Einsamkeit kommt in dem Gespräch mit Rosenkranz und Güldenstern in einer Weise zur Sprache, in der sich die deutsche Romantik, Tieck zumal, erkennen zu dürfen glaubte. Hamlet nennt Dänemark ein Gefängnis, Rosenkranz ist anderer Meinung: «Wir denken nicht so davon, mein Prinz.» «Wir» sagt er, da er offenbar immer nur auch in Güldensterns Namen, also im Dual, zu denken vermag. Und nun folgt das seltsame Gespräch, bei dem es uns schwer fällt, ungehörige Assoziationen zu meiden:

Hamlet Nun, so ist es keines für euch, denn an sich ist nichts weder gut noch böse; das Denken macht es erst dazu. Für mich ist es ein Gefängnis.
Rosenkranz Nun, so macht es Euer Ehrgeiz dazu; es ist zu eng für Euren Geist.
Hamlet O Gott, ich könnte in eine Nußschale eingesperrt sein und mich für einen König von unermeßlichem Gebiete halten, wenn nur meine bösen Träume nicht wären.
Güldenstern Diese Träume sind in der Tat Ehrgeiz; denn das eigentliche Wesen des Ehrgeizes ist nur der Schatten eines Traumes.
Hamlet Ein Traum ist selbst nur ein Schatten.
Rosenkranz Freilich, und mir scheint der Ehrgeiz von so luftiger und loser Beschaffenheit, daß er nur der Schatten eines Schattens ist.
Hamlet So sind also unsere Bettler Körper, und unsere Monarchen und gespreizten Helden der Bettler Schatten. (II, 2)

«An sich ist nichts weder gut noch böse; das Denken macht es erst dazu.» Einer der in Deutschland am meisten zitierten Sätze aus Shakespeares Werk. Manche Romantiker fanden darin den Fichteschen Idealismus, wie sie ihn verstanden, vorgebildet: alles, was ist, ist nur in mir; wirklich ist allein mein Ich. Versucht man, sich dies vorzustellen, so kann man auf den Gedanken kommen, den Tieck im «William Lovell» antönt, man sei in einer Nußschale König eines unermeßlichen Gebiets, so wie der Träumer eine unermeßliche Welt im Inneren hegt. Die Welt ein Traum, der Traum ein Schatten. Das Traum- und Schattenhafte der Welt, der Welt, die das Eigentum des Subjekts ist, hat Tieck in Lust- und Märchenspielen immer wieder hervorgezaubert und sich das Künstlerrecht angemaßt, willkürlich zu schalten und walten mit dem, was die Banausen «Wirklichkeit» nennen. Hat dies etwas mit Hamlet zu tun? Es kann zunächst nicht als Einwand gelten, daß der Satz, an sich sei nichts weder gut noch böse, das Denken mache es erst dazu, ein Gemeinplatz des Schrifttums um 1600 war und sich etwa auch bei Spenser findet[17]. Jeder beliebige Satz kann in einem neuen Zusammenhang ein Gewicht erhalten, das niemand vermutet hätte. Wenn der Satz aber im «Hamlet» Gewicht hat, so sicher nicht, weil er eine pseudoidealistische Philosophie enthielte. Der dänische Prinz spricht, der die glücklich-naive Übereinstimmung von Innen und Außen verloren hat und dazu gelangt ist, sich einzig noch seinem eigenen Denken anzuvertrauen. Dies mag denn freilich ein erster, noch ganz unsystematisch-persönlicher Ansatz zu jenem Subjektivismus sein, den Fichte in seinem herrischen Geist zum Prinzip der Erklärung der Welt einsetzt. Vorbereitet ist der Satz bereits in Hamlets Spiel mit «scheint» in der zweiten Szene des ersten Akts:

> Was über allen Schein, trag ich in mir.

Von da aus führt dann auch ein Weg zu seinen Gedanken über die «Träume», wo wieder Anlaß zum Vergleichen und mehr noch zum Unterscheiden besteht. Für Tieck wird die ganze Wirklichkeit traumhaft, weil er die Welt zuerst aus einer Unmenge von Büchern kennen gelernt hat, sich im Leben, wie Hofmannsthal, an alles nur zu erinnern glaubt und seine Bucherinnerungen mächtiger sind als jede reale Erfahrung. So träumt ein Literat die Welt, und einem solchen Literaten bereiten die Träume ästhetische Lust; er tröstet sich mit ihnen über die Nichtigkeit des Daseins hinweg. Auch Hamlet haben wir, mit großer Vorsicht, als Literaten bezeichnet, und es ist unverkennbar, daß seine Lust an der Literatur zu seiner betonten Innerlichkeit gehört. Doch seine Träume sind anderer Herkunft. Er spricht von seinen «bösen» Träumen und meint damit vermutlich die Ermordung seines Vaters und die zweite Ehe seiner Mutter. Traumhaft kann er auch diese für sein Schicksal entscheidenden Ereignisse nennen, weil seit der Begegnung mit dem Geist das Schwergewicht von dieser Welt auf jene andere verlegt worden ist, das Irdische den Charakter von nichtigen, aber doch immer noch beängstigenden Phantomen angenommen hat. Es ist also nicht, wie für den Romantiker Tieck, die Literatur, es ist die Erscheinung des ermordeten Vaters, die Hamlet zum Träumer macht, zum Träumer, da sie ihn doch in einen heldischen Rächer verwandeln sollte. Eine gewisse Zeit ist seit der Nacht auf der Terrasse vergangen. Er hat bis jetzt nichts unternommen. Er ist vollauf damit beschäftigt, sich das Bild des Daseins, wie es sich seinem Geisterblick nun darstellt, irgendwie zurechtzulegen und zu den Gespenstern, von denen er sich umgeben fühlt, ein Verhältnis zu finden. Ein lähmendes Geschäft, das nur den seelischen Zustand steigern kann, den er selber als Melancholie bezeichnet.

Man glaubt zu wissen, daß Shakespeare Timothy Brights 1586 erschienenen «Treatise of Melancholy» gekannt hat. Einige Parallelen sind frappant. Das Thema lag überdies in der Luft und fand 1621 in Robert Burtons «Anatomy of Melancholie» seine klassische Darstellung. Es würde uns aber wenig helfen, diese Schriften zur Erklärung von Shakespeares Tragödie beizuziehen. Denn immer bliebe noch die Frage, was er aus seinen Quellen gemacht hat. Das können wir nur von ihm selber erfahren. Die Sache liegt ähnlich wie im «Faust», wo eine allzu genaue Kenntnis von Paracelsus' und Wellings Schriften oft genug von dem abgelenkt hat, was Goethe mit seinem Erdgeist meint. Wir lassen dies also auf sich beruhen und wenden uns dem zunächst befremdlichen weiteren Verlauf der Szene zu. (II, 2)

Die Schauspieler werden angekündigt. Hamlet, der sich soeben noch schmerzlich an das Weltbild seiner Studienjahre erinnert hat, lebt auf. Er, der erklärt hat, daß ihm alle Menschen, Mann und Weib, gleichgültig seien, begrüßt die Schauspielertruppe so herzlich, daß er Rosenkranz und Güldenstern noch einmal glaubt begrüßen zu müssen,

«damit nicht mein Benehmen gegen die Schauspieler (das, sag ich euch, sich äußerlich gut ausnehmen muß) einem Empfang ähnlicher sehe als der eure.»

Einzelne Schauspieler sind ihm bekannt. Es freut ihn offenbar, angenehme Erinnerungen aufzufrischen und seinen literarischen Neigungen folgen zu dürfen, ja, aus Höflichkeit folgen zu *müssen*. Aber das ist es nicht allein, was seine Sympathie erweckt. Seine alte Liebe zum Schauspiel verbindet sich, wie wir annehmen dürfen, ohne daß es geradezu ausgesprochen würde, mit seinem seit der Begegnung mit dem Geist vertieften Einblick in das Verhältnis von Schein und Wirklichkeit. Das Theater ist eine Scheinwelt, eine Scheinwelt aber, die sich zu ihrem Scheincharakter bekennt und deshalb auf ihre Art aufrichtig ist und überdies das wahre Wesen der Welt, nur Schein zu sein, enthüllt. Eben diese Bedeutung wird es in Calderóns Welttheater und dann auch wieder bei Tieck, wenngleich bei Tieck nur in spielerischer Verflüchtigung, gewinnen. So verschieden jedesmal die besonderen Voraussetzungen sein mögen – das Schwergewicht wird immer von dieser Welt auf eine andere verlagert, sei es nun Tiecks und mancher seiner Zeitgenossen unendliches Ich, Calderóns katholischer Himmel oder der Geisterbereich, der sich Hamlet als ungeheures, noch von keiner sicheren religiösen oder gar philosophischen Lehre gedeutetes Jenseits erschlossen hat. Die bloße Lust am Spiel überwiegt in dieser Szene freilich die metaphysische Bedeutung des Theaters. Hamlet scheint bei den Scherzen mit dem

Akteur, dem der Bart gewachsen ist, und mit dem halbwüchsigen Knaben, der die Frauenrollen zu spielen hat, sein Schicksal ganz vergessen zu haben. Und was noch viel erstaunlicher ist: selbst Shakespeare scheint es zu vergessen. Er bringt, uns heute ohne Kommentar überhaupt nicht mehr verständliche, Theateraktualitäten zur Sprache und stichelt auf ein Konkurrenzunternehmen, unter dem seine eigene Truppe, das Globe-Theater, zu leiden hatte. Und nicht genug damit: er begründet sogar den Exkurs, indem er Rosenkranz sagen läßt:

«Eine Zeitlang war kein Geld mehr mit einem Stück zu gewinnen, wenn Dichter und Schauspieler sich nicht darin mit ihren Gegnern herumzankten.»

Das rückt schon an die Grenze einer ad spectatores gemachten Bemerkung, einer Störung der Illusion, wie sie sonst nur in Komödien vorkommt. Die Freiheit Shakespeares seiner eigenen Schöpfung gegenüber, seine unbegreifliche Souveränität, bestürzt uns kaum je so wie hier. Wenn ein Dichter wie Tieck sich dergleichen leistet, so hat es wenig zu besagen. Über ein Traum- und Schaumgebläse sich zu erheben, fällt nicht schwer. In einer Tragödie aber, deren abgründige Rätsel der Nachwelt nun schon seit Jahrhunderten zu schaffen machen, sich so von dem Kontext zu lösen und gleichsam dem Publikum zuzuzwinkern, läßt eine innere Weite ahnen, die menschliche Maße fast überschreitet. Shakespeare wird nicht zum Gefangenen seines Werks, auch dieses gewaltigen nicht, von dem man doch annehmen möchte, es verzehre die ganze Kraft des Gemüts. Zugleich aber ist der Exkurs auch wieder durch Hamlets Naturell motiviert. Man traut es ihm nachgerade zu, daß er über Quisquilien der Schauspielerwelt sein Vorhaben aus den Augen verliert. So gleicht er denn doch seinem Schöpfer wieder, dem es möglich ist, von einem hochtragischen Schicksal abzuschweifen. Bei Shakespeare aber wird dadurch nur der gleichsam unendliche Raum fühlbar, der das begrenzte Werk umgibt. Der Künstler wächst in unsern Augen zu jener Größe, die man oft nur dadurch ehren zu können meinte, daß man ihr Gottähnlichkeit zuschrieb. Wenn Hamlet auf Schauspielerfragen abschweift, so schweift er von seinem Auftrag ab – ein versatiler Geist, der doch nur von dem einen Ziel besessen sein sollte.

Nun ist es aber auch wieder die Literatur, die ihn zur Besinnung ruft. Sie scheint sich seines Geistes zunächst ganz zu bemächtigen. Er rezitiert auswendig einen längeren Passus aus einer Tragödie, mehr Verse als nötig wären, um den Schauspieler über das Stück zu verständigen. Es macht ihm Freude, vor einem Fachmann eine Probe abzulegen. Dann fährt der erste Schauspieler fort. Die rezitierten Verse sind von einer bombastischen Rhetorik, wie sie sich Shakespeare im eigenen Namen längst nicht mehr gestattet hätte. Sie müssen sich aber deutlich als Kunst von ihrer Umgebung unterscheiden. Auf dem Höhepunkt der pathetischen Rede wechselt der Schauspieler die Farbe und kann die Tränen nicht mehr hemmen. Hamlet beobachtet ihn – gleichfalls ergriffen? mit einer unheimlichen Neugier? Er läßt sich offenbar nicht hinreißen[18]. Denn während er auf den Schauspieler achtet, steigt der Gedanke in ihm auf, das Stück «Die Ermordung Gonzagos», nach dem er sich alsbald erkundigt, spielen zu lassen. Die Schauspieler werden einstweilen entlassen. Shakespeare benutzt die Gelegenheit, diesmal ganz natürlich, ohne die Illusion zu gefährden, auf die Würde ihres Standes hinzuweisen. Noch ein anderes Detail verdient Beachtung. Polonius soll die Schauspieler bewirten. «Folgt dem Herrn», sagt Hamlet, «und daß ihr euch nicht über ihn lustig macht.» *Er* sagt das, der sich selbst Polonius gegenüber keinen Zwang antut und ihn soeben noch, nicht einmal nur hinterhältig und kaum verständlich, sondern ganz offen verspottet hat. Jetzt aber, da er den alten Narren nicht mehr vor sich sehen muß, spricht die Sitte, die Höflichkeit aus ihm, die eigentlich seiner Natur gemäß ist. Sobald er das widerwärtige Gesicht vor Augen hat, setzt er ihm wieder zu, mehr um sich selber, als um dem anderen, der ja doch nichts versteht, weh zu tun. Auch ein solches Streiflicht – wir werden uns dessen kaum bewußt – gewährt einen flüchtigen Einblick in seine tägliche Qual, sein Leiden an den andern und beinah mehr noch an sich selbst, da er, der gläubige, offene, ritterliche Jüngling, der er gewesen ist, in seiner heuchlerischen Umgebung zu List und Tücke genötigt wird und für das Menschengeschlecht im Ganzen nur noch Verachtung übrig hat. Dies geht uns wieder, nachhaltiger, auf, wenn er, nachdem alle gegangen sind, aufatmend sagt: «Jetzt bin ich allein.»

Er ist aber mit sich selber allein. Und diese Gesellschaft stürzt ihn in eine noch tiefere Pein als die der andern. In dem Selbstgespräch, das sich anschließt, befremdet uns zunächst die eigentümliche Folge der Gedanken. Hamlet hat sich bereits nach der Tragödie «Die Ermordung Gonzagos» erkundigt. Wir wissen noch nicht warum und erwarten so gültigen Aufschluß, wie uns bei einem Helden, der sich ständig verstellt, nur ein Monolog zu gewähren vermag. Doch erst nach einer langen Reihe von Versen kommt Hamlet darauf zurück, und zwar so, als ginge ihm der seltsame Plan erst jetzt durch den Kopf:

> Frisch ans Werk, mein Kopf! Hum, hum!
> Ich hab' gehört, daß schuldige Geschöpfe,
> Bei einem Schauspiel sitzend, durch die Kunst
> Der Bühne so getroffen worden sind
> Im innersten Gemüt, daß sie sogleich
> Zu ihren Missetaten sich bekannt:
> Denn Mord, hat er schon keine Zunge, spricht
> Mit wundervollen Stimmen. Sie sollen was
> Wie die Ermordung meines Vaters spielen
> Vor meinem Oheim: ich will seine Blicke
> Beachten, will ihn bis ins Leben prüfen;
> Stutzt er, so weiß ich meinen Weg. Der Geist,
> Den ich gesehen, kann ein Teufel sein;
> Der Teufel hat Gewalt, sich zu verkleiden
> In lockende Gestalt; ja, und vielleicht,
> Bei meiner Schwachheit und Melancholie,
> (Da er sehr mächtig ist in solchen Geistern),
> Täuscht er mich zum Verderben: ich will Grund,
> Der sichrer ist. Das Schauspiel sei die Schlinge,
> In die den König sein Gewissen bringe.

Das ist, so ungewöhnlich der Plan sein mag, vernünftig und zielbewußt. Die wissenschaftliche Diskussion der Frage nämlich, was von dem Geist zu halten sei[19], wird eben deshalb so gründlich geführt, weil erst ihr Ergebnis ein Urteil über Hamlets Zögern gestatten soll: der Geist ist vielleicht ein Sendling der Hölle, der ihn zum Bösen, zur Ermordung eines von keiner Blutschuld belasteten Königs, verleiten will. Bevor er darüber sicher Bescheid weiß, kann er, ja darf er nicht einmal handeln. Von einem unbegreiflichen Zögern dürfte man demnach, wenigstens bis zur Mitte des dritten Akts, nicht sprechen. Finge Hamlet mit dieser Begründung seiner Unentschlossenheit an, so ließe sich nichts dagegen sagen. Wir sähen ihn als Rächer, der seine Tat mit kühler Umsicht vorzubereiten und abzusichern bemüht ist. Doch nun beginnt er im Gegenteil damit, mit Leidenschaft über sich herzufallen, und kann in seinem wilden Wüten gegen sich selber kein Ende finden:

> Oh, welch ein Schurk' und niedrer Sklav' bin ich!

Die Schmähungen überbieten sich, bis er mit «Pfui darüber!» abbricht und nun erst zu der vernünftigen Überlegung, was zu tun sei, übergeht. Das ist nur möglich, wenn er bis jetzt keine Zweifel am Wesen des Geistes gehegt und in dem Glauben gelebt hat, er habe ein «ehrliches Gespenst» gesehen. Ist dem aber so, dann fällt auf den Schluß des Selbstgesprächs ein anderes Licht. Dann steigt in uns schon hier der Verdacht auf, der sich auch später wieder meldet, er suche nur nach einer ehrenwerten Begründung seines Zögerns. Damit verbindet sich sogleich die Frage: Warum zögert er denn? Wir können vorerst nur die Erklärungen prüfen, die er selber in seiner erstaunlichen Raserei vorbringt.

Er wird aufgejagt durch den Eindruck, den der von der Klage um Hekuba ergriffene Schauspieler auf ihn gemacht hat:

> Ists nicht erstaunlich, daß der Spieler hier
> Bei einer bloßen Dichtung, einem Traum
> Der Leidenschaft, vermochte seine Seele

> Nach eignen Vorstellungen so zu zwingen,
> Daß sein Gesicht von ihrer Regung blaßte,
> Sein Auge naß, Bestürzung in den Mienen,
> Gebrochne Stimm', und seine ganze Haltung
> Gefügt nach seinem Sinn. Und alles das um nichts!
> Um Hekuba!
> Was ist ihm Hekuba, was ist er ihr,
> Daß er um sie soll weinen?

Hamlet meint, wenn schon eine «bloße Dichtung», ein «Traum der Leidenschaft» die Seele des Schauspielers so erregt, in welchen Zustand würde sie dann ein wirkliches Unglück versetzen? Darin täuscht er sich vermutlich. Ein künstlerisches Gemüt verliert wohl eher vor einem vollendeten Gemälde der Phantasie die Fassung als vor der Wirklichkeit, in der nie alles rein zusammenstimmt, manches gleichgültig bleibt oder stört, ohnehin der Sinn sich mehr auf den Gegenstand als das Innere richtet und ein Schwelgen im Leid verwehrt ist. Sei dem aber wie ihm wolle: Hamlet findet sich vernichtet vor der ungeheuren Kraft des Gefühls, die aus dem Schauspieler bricht. Wie würde dieser Schauspieler Schuldige und Unschuldige bis zum Wahnwitz treiben, wenn sein Stichwort die Rache für einen ermordeten Vater wäre!

> Und ich,
> Ein blöder, schwachgemuter Schurke, schleiche,
> Wie Hans der Träumer, meiner Sache fremd...

Was finden wir an dieser Selbstanklage durch die Haltung Hamlets seit der Erscheinung des Geists bestätigt? Er hat sich, «seiner Sache fremd», um seine Liebe gekümmert, sich nach dem Glauben der Jugend zurückgesehnt, in eine Lektüre vertieft, die Schauspieler mit der Freude des Kenners begrüßt, Tragödienverse rezitiert als der bewegliche Geist, der er ist. Ein von einem großen Ziel gebannter Geist ist nicht beweglich, sondern stur; er hört und sieht nichts mehr, was «seiner Sache fremd» ist. Hamlet dagegen hat außerdem seinen Witz in spitzfindigen Wortspielen geübt, die keiner versteht, auf den sie gemünzt sind, und die auch keiner verstehen soll. Er ist von dem einzelnen Fall, der ihn angeht, immer ins Allgemeine gegangen und hat Betrachtungen über die Zeit, die verworfene Menschheit angestellt, wo er doch einzig auf das eine Verbrechen hätte starren und seine Sühne hätte betreiben sollen. Er hat noch gar keinen Plan gefaßt und ist vor der Tat in eine quälerische, aber unfruchtbare Arbeit seiner Phantasie ausgewichen. Sogar sein gespielter Wahnsinn ist zwecklos und täuscht ihm nur vor, daß etwas geschehe, während er doch in Wahrheit sein Unternehmen eher gefährdet als fördert. So kann er, da er immer nur das Labyrinth seines Innern durchirrt und nie dazu kommt, einen wirklich ernst gemeinten Stoß nach außen zu führen, sich freilich auch «Hans den Träumer» nennen. Doch Träumer ist er überdies auf eine Weise, die unmittelbarer mit seinem Entsetzen vor dem Anblick der anderen Welt zusammenhängt. Die irdische Welt ist wesenlos geworden, ein Schatten und ein Traum. Schon durch die Entrüstung über die zweite Ehe seiner Mutter hat sie sich zu einem Schein verflüchtigt, dem er die wahre Wirklichkeit, die er in sich birgt, gegenübersetzt. Und diese Verlagerung des Gewichts hat die Schreckensnacht auf der Terrasse vollendet.

Daraus ergibt sich: die Übergewalt der Innerlichkeit ist unverkennbar. Wir brauchen uns Hamlet deshalb nicht, mit Goethe, als das «köstliche Gefäß» zu denken, «das nur liebliche Blumen in seinem Schoß hätte aufnehmen sollen»[20]. Diese Vorstellung paßt freilich mehr zu dem friedlicheren, bescheideneren Menschenbild des achtzehnten Jahrhunderts. Aber in jener heilen Welt, die Hamlet in seiner Jugend gekannt hat, wäre die reiche Innerlichkeit nur eine Zierde des vollendeten Hofmanns und Gelehrten gewesen, ein Überschuß an persönlichem Wert, der sich sehr wohl mit «der Sitte Spiegel», «der Bildung Muster», sehr wohl sogar mit «des Kriegers Arm» vertragen hätte. Er wäre auch nie so unausweichlich auf sich zurückgeworfen worden und wäre nicht gezwungen gewesen, mit der Wirklichkeit im eigenen Herzen dem äußeren Schein zu trotzen. Das Übermaß der Innerlichkeit ist keine Schwäche; es gehört zu seinem einzigartigen Schicksal.

Er wirft sich aber auch Feigheit vor. «Am I a coward?» «Bin ich 'ne Memme?» Zögert er mit der Rache, weil er befürchtet, bei einem Anschlag auf den König sein Leben wagen zu müssen? Auf der Terrasse ist er dem Geist mit einer fast übermenschlichen Unerschrockenheit entgegengetreten. Auch im Übrigen deutet nichts darauf hin, daß er um sein Leben besorgt sei. «Mein Leben acht' ich keiner Nadel wert» hat er Horatio, der ihn zurückzuhalten versucht, erwidert. Und wenn er, wie Polonius ehrerbietigst Abschied von ihm nimmt, entgegnet: «Ihr könnt nichts von mir nehmen, Herr, das ich lieber fahren ließe – bis auf mein Leben, bis auf mein Leben», so ist das offenbar grimmigste, im Gewand des Irrsinns verhüllte Wahrheit. Freilich ist auch einzuräumen: da er noch keinen Plan gefaßt hat, ist er auch nicht dazu gelangt, sich mit einer Gefahr auseinanderzusetzen. Erst jetzt, da er etwas Bestimmtes vorsieht, findet er sich bewogen, die Möglichkeit des Todes ins Auge zu fassen. Er wird sie, nicht leicht faßlich, in seinem nächsten Monolog bedenken.

*

Wie bei dem gespielten Wahnsinn stellt sich bei der Theateraufführung die Frage, ob Hamlets Plan zweckmäßig sei. Der Argwohn des Königs, der schon geweckt ist, muß sich zu der Gewißheit steigern, daß Hamlet auf unbegreifliche Weise etwas Bestimmtes von der Ermordung seines Vaters erfahren habe. Er muß seine Gegenmaßnahmen treffen; es geht nun auf Biegen oder Brechen. Wenn Hamlet nicht unverzüglich nach der Aufführung zu dem tödlichen Schlag auf Claudius ausholt, ist er verloren. Er hat sich auf eine für ihn selber hochgefährliche Sache eingelassen und täuscht sich darüber nicht. In dem folgenden Selbstgespräch «Sein oder Nichtsein» besinnt er sich auf seine Lage.

Eine solche Auffassung des berühmtesten Monologs der Tragödie, der Verse, die für die Nachwelt am engsten mit Hamlets Namen verbunden sind, beruht indes auf einer nicht allgemein anerkannten Interpretation. Man scheint sich schwer von der Ansicht zu trennen, ihr eigentliches Thema sei der

Selbstmord. Doch diese Voraussetzung läßt keine einheitliche Erklärung zu. Vor allem bleibt unverständlich, was die Zeile «enterprises of great pitch and moment» – «Wagestücke hohen Flugs und Werts» – bedeuten soll, da damit doch nicht gemeint sein kann, daß sich ein Mensch das Leben nimmt. Auch Tiecks Ansicht, daß in dem Monolog überhaupt nicht von Selbstmord die Rede sei, dürfte sich aber nicht halten lassen[21]. Er übersetzt «with a bare bodkin» «mit einem blanken Dolch» und erklärt, «When he himself might his quietus make» besage «wenn er selbst mit den anderen Schluß machen, wenn er die andern beseitigen könnte» – eine Deutung, die in England allgemein abgelehnt und auch in Deutschland nicht anerkannt worden ist. Aber wie hängt dann alles zusammen? Wie soll vor allem die rätselhafte Eingangszeile ausgelegt werden?

Bevor wir auf das Ganze eingehen, seien einige Einzelfragen zu Shakespeares und zu Schlegels Text im Sinne berufener Kenner nach bestem Ermessen abgeklärt. «Nach bestem Ermessen» muß man wohl sagen, da niemand sich heute mehr zutrauen darf, nach einem Streit, der schon Jahrhunderte dauert und nicht enden will, das einzig Wahre gefunden zu haben.

Kaum beachtet worden, aber nicht ganz unwesentlich ist ein Zusatz Schlegels in der ersten Zeile:

> To be or not to be: that is the question.

> Sein oder Nichtsein, das ist hier die Frage.

Das Wörtchen «hier» entscheidet über den Sinn des Folgenden insofern, als es uns nötigt anzunehmen, Hamlet erörtre die Frage «Sein oder Nichtsein» einzig im Hinblick auf seine eigene gegenwärtige Lage. Das steht aber nicht von vornherein fest.

> Wether 'tis nobler in the mind to suffer
> The slings and arrows of outrageous fortune,
> Or to take arms against a sea of troubles,
> And by opposing end them.

Das lautet in Schlegels Übersetzung:

> Ob's edler im Gemüt, die Pfeil' und Schleudern
> Des wütenden Geschicks erdulden, oder,
> Sich waffnend gegen eine See von Plagen,
> Durch Widerstand sie enden.

Ein Zweifel, ob es besser sei zu dulden oder in entschlossenem Handeln die Plagen zu besiegen, kann doch offenbar nicht bestehen. Meint Hamlet, daß die Plagen ja auch ein Ende finden würden, wenn der entschlossen Handelnde unterläge? Das ist eine etwas künstliche, aber doch nicht ganz abzuweisende Auskunft. Sie bliebe sogar die einzig mögliche, wenn sich eine hin und wieder vorgeschlagene Konjektur als unstatthaft erweisen sollte, nämlich die Lesart «in opposing end» statt «by opposing end them»[22].

Für «with a bare bodkin» bietet Schlegel «mit einer Nadel bloß». «Bodkin» ist aber ein schmaler Dolch oder auch ein Pfriem. Ob es heißen muß «bloß mit einem Dolch» oder «mit einem blanken Dolch», darf dahingestellt bleiben, wenn man sich nicht zu der Folgerung Tiecks entschließt. Die Übersetzung «mit einem bloßen Dolch» läßt beide Deutungen zu.

> Thus conscience does make cowards of us all.

«Conscience» bedeutet hier nicht «Gewissen», wie Schlegel übersetzt hat, sondern «Bewußtsein».

Nach diesen Berichtigungen, von denen die beiden wichtigsten, die zweite und die vierte, von L. L. Schücking in den Tempel-Klassikern schon vorgenommen worden sind, sei folgender Text zugrundegelegt:

> Sein oder Nichtsein, das ist (hier) die Frage:
> Ob's edler im Gemüt, die Pfeil' und Schleudern
> Des wütenden Geschicks erdulden, oder,
> Sich waffnend gegen eine See von Plagen,
> Im Widerstand zu enden. Sterben – schlafen –
> Nichts weiter! – und zu wissen, daß ein Schlaf
> Das Herzweh und die tausend Stöße endet,

> Die unsres Fleisches Erbteil – 's ist ein Ziel,
> Aufs innigste zu wünschen. Sterben – schlafen –
> Schlafen! Vielleicht auch träumen! – Ja, da liegt's:
> Was in dem Schlaf für Träume kommen mögen,
> Wenn wir den Drang des Ird'schen abgeschüttelt,
> Das zwingt uns stillzustehn. Das ist die Rücksicht,
> Die Elend läßt zu hohen Jahren kommen.
> Denn wer ertrüg' der Zeiten Spott und Geißel,
> Des Mächt'gen Druck, des Stolzen Mißhandlungen,
> Verschmähter Liebe Pein, des Rechtes Aufschub,
> Den Übermut der Ämter und die Schmach,
> Die Unwert schweigendem Verdienst erweist,
> Wenn er sich selbst in Ruhstand setzen könnte
> Mit einem bloßen Dolch? Wer trüge Lasten
> Und stöhnt' und schwitzte unter Lebensmüh'?
> Nur daß die Furcht vor etwas nach dem Tod –
> Das unentdeckte Land, von des Bezirk
> Kein Wandrer wiederkehrt – den Willen irrt,
> Daß wir die Übel, die wir haben, lieber
> Ertragen, als zu unbekannten fliehn.
> So macht Bewußtsein Feige aus uns allen;
> Der angebornen Farbe der Entschließung
> Wird des Gedankens Blässe angekränkelt;
> Und Wagestücke hohen Flugs und Werts,
> Durch diese Rücksicht aus der Bahn gelenkt,
> Verlieren so der Handlung Namen.[23]

Was mit der ersten Zeile gemeint ist, kann erst zuletzt entschieden werden. Die angekündigte, in den Versen 2–4 exponierte Frage versteht man nur richtig, wenn man zugibt, daß Hamlet, wie in allen seinen Monologen, auch in diesem von der augenblicklichen Lage ausgeht. Er hat beschlossen, den König Claudius mit einem Schauspiel zu entlarven; er weiß, wie gefährlich ein solches Unternehmen für ihn selber ist, und fragt sich nun, ob es edler sei, die Unbill des Geschicks zu ertragen oder dagegen anzukämpfen, auch wenn es das Leben kosten sollte. Er fragt nicht, ob es edler nach einem in der

Welt gültigen Maßstab sei, sondern «ob's edler im Gemüt», für ihn, in seinem Innern, das ihm schon im ersten Monolog als die einzige wahre Wirklichkeit gilt – ein Streiflicht auf die Einsamkeit eines Menschen, dessen Glaube an das Ganze des Lebens zerbrochen ist, dessen angeborener Adel davon aber nicht berührt wird, der nicht anders als edel sein kann, auch wenn er ganz mit sich allein bleibt. Man hat bemerkt, gegen eine See von Plagen könne man sich nicht waffnen. Gerade die Unvereinbarkeit von «See» und «waffnen» läßt uns aber unmittelbar befürchten, daß der Kampf eines Einzelnen aussichtslos sei. Mit der «See von Plagen» meint Hamlet zunächst die ganze Übergewalt der Leiden, die durch die Ermordung seines Vaters und die zweite Ehe der Mutter auf ihn herabgestürzt ist, also auch das Ende seiner Liebe, das Ende der Jugendfreundschaft mit Rosenkranz und Güldenstern, das Ende seines Glaubens an das Meisterwerk Mensch und seiner Lust an der Schönheit der Schöpfung. Einige Zeilen später geht er aber, in seiner Art, sogleich weiter und spricht von dem «Herzweh» und den «tausend Stößen... die unsres Fleisches Erbteil», nicht nur *sein* Erbteil, sondern das Los der Menschen überhaupt, die zu erfassen vermögen, woran sie sind. «The heart-ache», «das Herzweh» – er findet das Wort, in dem sich seither ungezählte leidende Menschen verstanden fühlen. Es billigt dem seelischen Schmerz eine ganz bestimmte körperliche Realität zu und verwehrt es damit, ihn zu verscheuchen, als wäre er nur ein Gedankenphantom. «Ich für mein armes Teil», «ein armer Mann wie Hamlet» hat Hamlet zu Horatio und Marcellus gesagt. Seither haben wir diesen Ton der Klage nicht mehr von ihm vernommen. Er ist so sehr damit beschäftigt gewesen, sich in seiner ungeheuerlichen Lage zurechtzufinden, daß für schmerzliche Betrachtungen keine Zeit mehr übrig blieb. Jetzt, angesichts des möglichen Todes, bedenkt er wieder sein Leben im Ganzen, das er vielleicht preisgeben muß oder, so kann er auch meinen, preisgeben darf. Er fragt sich, was es wirklich wert sei, und nimmt sein eigenes Geschick als Beispiel der conditio humana schlechthin. Wenn Tot-sein nichts als Schlafen heißt, dann ist es besser, tot zu sein als die Pein des Lebens zu ertragen. Nicht nur besser – «ein Ziel aufs innigste zu wünschen» ist der Tod. Aus einer tiefen Todessehnsucht kommt Hamlet auf dieser Stufe seines Selbstgesprächs zu dem Entschluß, den Anschlag auf König Claudius zu wagen. Er kann, auch wenn er scheitern sollte, nur Wünschenswertestes gewinnen.

Was heißt aber «Schlafen»? Seine Gedanken gleiten unaufhaltsam weiter. «Schlafen» kann auch «Träumen» heißen. Welche Träume haben wir in dem ewigen Todesschlaf zu erwarten? Man mag es seltsam finden, daß Hamlet nicht von dem Leben nach dem Tode, sondern von den Träumen spricht, die uns im Tod beschieden sein könnten. Er hat aber schon in dem Gespräch mit Rosenkranz und Güldenstern von seinen bösen Träumen gesprochen und damit vermutlich reale Ereignisse seines Lebens gemeint. So sieht er auch jetzt das Dasein nach dem Tod im Bereich der Innerlichkeit, die für ihn die wahre Realität ist. Er mag sich dabei aber doch an die furchtbaren Worte erinnern, mit denen der Geist auf die Qualen im Jenseits gedeutet hat.

Und nun geht seine Betrachtung, wie wir dies bei ihm von jeher gewohnt sind, ganz ins Allgemeine über. Er spricht von den Menschen überhaupt, den Plagen ihres Lebens, das sie doch immer noch dem Tode vorziehn. Dabei zählt er ausschließlich Plagen auf, die dem Menschen von anderen zugefügt werden. Krankheit zum Beispiel oder Gebresten des Alters fehlen in seinem Register, als ob er sich nicht vorstellen könnte, daß wir auch in uns selbst den Keim zu Jammer, Not und Elend tragen. Die Plagen von außen bezeichnet er aber mit unüberbietbarer Präzision.

> Des Mächtgen Druck, des Stolzen Mißhandlungen,
> Verschmähter Liebe Pein...,

das sind noch weltliterarische Topoi, denen man bei dem Prediger Salomo und vielen antiken und christlichen Zeugen der Leidenserfahrung der Menschheit begegnet. Auf gleiche Ebene stellt er dann aber Bedrängnisse, die zu nennen die Dichter meist unter ihrer Würde finden und die doch unsere

Tage wesentlich, ja, als unpoetische, umso unentrinnbarer verbittern: «des Rechtes Aufschub», die Verschleppung von Prozessen und Richtersprüchen, von denen vielleicht ein Schicksal abhängt, dann gar, was uns in der Liste am meisten frappiert, den «Übermut der Ämter», die Anmaßungen der Behörden, nichtiger Bürokraten, die die Macht, zu der sie zufällig gelangt sind, in ihrem Hochmut, in ihrer Willkür, in kleinlichen Quälereien genießen. Aber da müssen wir uns doch fragen: sind das Plagen, von denen der dänische Prinz überhaupt etwas wissen kann? Ja, die man sich in dem Land, in dem er lebt, auch nur vorzustellen vermag? Wir haben mehr denn je den Eindruck, daß Shakespeare sich verführen läßt, durch Hamlet im eigenen Namen zu sprechen. Daß der aus allem Liebens- und Verehrenswerten verstoßene Jüngling in seiner Einsamkeit den Lastcharakter des Daseins so tief empfindet und sich so unkonventionell und unerbittlich vergegenwärtigt, gehört zu seiner Melancholie. Ja diese scheint erst hier die Maske des täuschenden Gebarens und aller Selbsttäuschungen abzustreifen und uns unmittelbar mit ihren dunklen Augen anzuschauen. Im Besonderen aber kommen doch Leiden zur Sprache, die eher Shakespeare anzugehören scheinen als ihm. Auch die «Schmach, die Unwert schweigendem Verdienst erweist», wird man dazu zählen, obwohl man auf kein bestimmtes Ereignis im Leben des Dichters hinweisen kann.

Unmittelbar darauf folgen die Verse über die Möglichkeit des Selbstmords. Nicht als ob ihn Hamlet für seine Person jetzt wieder, im Anschluß an seinen ersten Monolog, erwägen würde. Der Auftrag des Geistes hat alles verändert; er läßt ihm nur die Wahl zwischen «Plagen erdulden» und «im Widerstand enden». Selbstmord wäre, wie sich nun die Lage gestaltet hat, für ihn gewiß nicht «edler im Gemüt» als auszuharren oder zu scheitern. Er äußert nur sein Erstaunen darüber, daß die Menschen – die andern, denen keine Rachetat auferlegt ist – nicht freiwillig aus dem Leben scheiden, und findet die Erklärung in der «Furcht vor etwas nach dem Tod». Daß er dabei von dem «unentdeckten Land, von des Bezirk kein Wandrer wiederkehrt», spricht, nachdem er doch selbst einen solchen Wandrer gesehen hat oder zu sehen geglaubt hat, braucht uns nicht zu beirren. Das ist ein konventioneller Gedanke, der sich aufdrängt, ohne sich durch die furchtbare Erinnerung stören zu lassen.

Auf dieser Stufe des Selbstgesprächs scheint Hamlet nahe daran, sich zum Ertragen der Plagen zu entschließen. Aber auch hier bleibt er nicht stehen. Er macht sich klar, daß das Bewußtsein – wir würden sagen: die Reflexion – es ist, was die Menschen zu Feiglingen macht. Sollte deshalb aber gerade die Reflexion nicht fragwürdig sein? Er wird sich mit diesem Problem in seinem nächsten Monolog auseinandersetzen. Vorerst vergleicht er nur die «angeborne Farbe der Entschließung» mit der Blässe des Gedankens. Die Farbe des Entschlossenen ist gesund; er geht geradewegs auf sein Ziel zu, ungebrochen durch das Erwägen von anderen Möglichkeiten. Er legt, mit den Worten Christi zu reden, die Hand an den Pflug und sieht nicht zurück[24]. Daneben erscheint der Gedanke, das unablässige Zweifeln und Prüfen, als kränklich. Es lähmt, es lenkt von dem Vorsatz ab. So brechen «Wagestücke hohen Flugs und Werts» in sich zusammen; und was dann noch geschehen mag, verdient nicht mehr «der Handlung Namen»; es ist keine Tat mehr, sondern allenfalls ein Gemisch von Angriff und Rückzug wie alles, wozu sich Hamlet bisher aufzuraffen vermocht hat. Davor ekelt ihn jetzt. Es wird nicht ausgesprochen, doch es ergibt sich klar aus dem Zusammenhang: Hamlet ist wieder entschlossen, den Anschlag auf König Claudius mit der Aufführung des Schauspiels auszuführen.

Der Vergleich mit den anderen Monologen gebietet auch hier die wiederholte Besinnung auf den besonderen Anlaß. Vielleicht empfindet man sie als störend. Denn Hamlet selber geht mit seiner Betrachtung hier noch mehr ins Allgemeine, als er auch sonst gewohnt ist. Schon die erste Zeile kündigt nicht nur Gedanken über seine augenblickliche Lage, sondern über «Sein» oder «Nichtsein» an, ein allumfassendes Thema, das nicht abstrakter formuliert werden könnte. Was kann er mit «Sein oder Nichtsein» meinen? Er kann sich, um wieder von dem besonderen Anlaß auszugehen, fragen, ob die Aufführung stattfinden soll. Dann hieße es: Soll oder soll ich nicht? Er kann sich fragen, ob er selber, Hamlet, dulden oder im Widerstand enden, sein soll oder nicht, ferner, ob es ein Leben und welch ein Leben es nach dem Tode gibt, schließlich, ob das Böse, die Fäulnis, bestehen oder enden soll. Da dies alles vielleicht mitschwingt, bietet sich im Deutschen doch nur die freilich allzu «ontologisch» anmutende und deshalb nicht unbedenkliche Fassung «Sein oder Nichtsein». Doch insofern scheint sie angezeigt, als ja, im Sinne des Monologs, die Frage nicht nur «hier» besteht, wie Schlegel hinzugefügt hat, sondern auch einen Zweifel enthalten dürfte, der jeden Menschen angeht. Das ganze eigentümlich fluktuierende, jede scharfe begriffliche Scheidung meidende Denken Hamlets entquillt der ersten Zeile als einem in Tiefen der Seele dämmernden Zwielicht. So ist sie mit Recht, wenn auch nicht deutlich faßbar, zur vielzitierten Formel der neuzeitlichen Menschheit geworden, einer Menschheit, die unerhörte Triumphe des denkenden Geistes gefeiert, den Geist aber auch als «Widersacher der Seele», daß heißt im biologischen Sinn als Krankheit aufzufassen gelernt hat. Hamlets Monolog, obwohl er zwanglos aus dem Kontext der Tragödie hervorgeht, ist als frühes und zugleich als dichterisch mächtigstes Dokument des Zweifels am Wert der Reflexion ein weltgeschichtliches Ereignis.

Aber gerade weil er das ist, weil Hamlets Geist mit einer in seiner Bedrängnis fast unbegreiflichen Ruhe – der Todesruhe der Melancholie – sich über den Lastcharakter des Daseins im Ganzen und über die wahre Bestimmung des in vitale Kraft und krankes Denken zerteilten Menschen ergeht, wird man sich fragen, ob er von einer solchen Warte aus sich noch zu etwas Besonderem aufraffen oder, besser gesagt, noch dazu herablassen kann.

Wir glauben, in dem Selbstgespräch den «wahren» Hamlet erblickt zu haben, die Wirklichkeit seines Innern, die durch keine Rücksicht auf seine Umgebung, kein Spiel und keine Maske entstellt wird. Deshalb können wir auch nicht glauben, er wisse, daß Polonius und der König ihn versteckt belauschen.

Mit einer solchen bei aller Dichte der Aussage beinah lyrischen Schwermut spricht niemand, der sich beobachtet weiß, und spricht auch Hamlet nie, wenn er die Nähe von Spionen vermutet. Er ist zwar «heimlich herbestellt» worden. Dennoch haben wir uns den Monolog als im Innern gesprochen, vom Gürtel der Einsamkeit umgeben zu denken. Umso schmerzlicher ist dann der Umschlag in das alte Spiel, sobald er Ophelias Anwesenheit bemerkt.

Es ist auf der Bühne Tradition, daß Hamlet alsbald auch den lauschenden König und Polonius entdeckt. Die Worte, die er zu Ophelia spricht, wären dann ebenso an die Adresse der beiden Spione gerichtet zu denken; und daß er zweimal das Zimmer verläßt, um sofort wieder umzukehren, hätte den Sinn, daß er die Lauscher zu überführen hofft. Wenn dies zutrifft, dann kann man sich nur wieder darüber verwundern, wie unzweckmäßig auch hier sein Verhalten ist. Er beschimpft Ophelia ins Gesicht. «Nunnery» ist ein zweideutiges Wort; mit dem «Nonnenkloster» kann auch ein «Haus von üblem Ruf» gemeint sein[25]. Er gibt ihr, wenn sie heiraten sollte, den Fluch mit, es werde ihr nicht gelingen, der Verleumdung zu entgehen; und er schmäht das falsche Gebaren der Weiber, ihre kosmetischen Künste, ihre Ziererei und erkünstelte Unschuld. Dies alles ist nicht für die Lauscher berechnet, sondern verrät nur, daß er die üble Rolle durchschaut, die Ophelia spielt. Er schmäht aber auch sich selbst – um die Geliebte ganz von sich wegzuscheuchen? um mit den Verbrechen, die er sich zuzutrauen behauptet, dem König zu drohen? Eindeutig an den König gerichtet ist die Erklärung: «Wer schon verheiratet ist, alle außer einem, soll das Leben behalten.» Erfüllt von seinem gefährlichen Vorsatz, prellt er, wie er dies schon öfter getan hat, zur Unzeit halbwegs vor und warnt geradezu den König, als ob er selbst das «Wagstück hohen Flugs und Werts» vereiteln wollte. Die Warnung führt denn auch dazu, daß Claudius beschließt, den unheimlichen Neffen nach England zu senden, wohl noch nicht in der Absicht, ihn dort ermorden zu lassen, aber doch, ihn loszuwerden und das beunruhigende düstere Gesicht nicht mehr sehen zu müssen.

Bevor es dazu kommt, wird jedoch die «Ermordung Gonzagos» aufgeführt. Wir nähern uns der hochkomplizierten, von Shakespeare mit einer schwindelerregenden Virtuosität gestalteten Szene, die, in theatralischer Hinsicht, den Höhepunkt der Tragödie bildet. Hamlet tritt mit den Schauspielern auf und hält ihnen einen längeren Vortrag über die Anforderungen, die an gute Mimen zu stellen sind. Man hat sich alle Mühe gegeben, diese, auch von Goethe bewunderten, klassischen Regeln der Schauspielkunst auf die Absicht, den König Claudius zu entlarven, abzustimmen. Doch offensichtlich gelingt das nicht. Hamlet ruft zum Beispiel auch die Träger der Narrenrollen zur Ordnung; ein Narr kommt aber in dem Stück, das aufgeführt werden soll, nicht vor. Auch was er sonst an Ermahnungen und Ratschlägen mit großer Beredsamkeit austeilt, es mag noch so überzeugend und wie für alle Zeiten gesprochen sein, hat praktisch nicht die geringste Bedeutung. Es ist vollkommen gleichgültig, ob das Stück gut oder schlecht aufgeführt wird, wenn nur der König sein Verbrechen auf der Bühne zu sehen bekommt. Shakespeare aber ereifert sich auch bei diesem Anlaß für sein Metier und darf es sich gestatten, da bei einem künstlerischen Mittel den Zweck zu vergessen Hamlets Art entspricht.

Noch eine zweite Schwelle müssen wir vor dem Spiel im Spiel überschreiten: Hamlets Gespräch mit Horatio. In dieser Tragödie, deren Hauptgestalten alle redselig sind, fällt auf, wie wortkarg Horatio ist. Das muß in einem Kreis, in dem die meisten die Sprache brauchen, um ihre Gedanken zu verbergen, Vertrauen erwecken. Vertrauen erweckt auch die Skepsis, mit der Horatio dem Geist entgegensieht. Und dem Publikum im Theater, das sich zurechtfinden muß, empfiehlt es den seltsam schillernden Hamlet von vornherein, wenn ein so nüchtern-kritischer Mann wie Horatio sich zu ihm bekennt. Für Hamlet aber ist Horatio der einzige Halt, der einzige redliche, ehrliche Mensch unter lauter Heuchlern. Horatio allein gehört für ihn zu der Wirklichkeit, die nur im Inneren ist. Dort, «im Herzensgrund», ja, in «des Herzens Herzen» will er ihn hegen:

> I will wear him
> In my heart's core, in my heart of heart.

Wer von der deutschen Literatur herkommt, ist zu glauben geneigt, solche Worte seien erst in der innigen Seelenkultur der Goethezeit möglich. Bei Goethe begegnen sie uns denn auch in dem Gedicht «An Mignon», wo die in jeder Strophe leicht variierte kurze Zeile – «tief im Herzen», «still im Herzen», «fest im Herzen» – in der vierten Strophe durch «Herz im Herzen» überboten wird. Das Gedicht «An Mignon» ist aber 1797, kurz nach dem Abschluss des «Wilhelm Meister», entstanden, setzt also die genaue Kenntnis von Shakespeares Tragödie schon voraus. Man mag die Brücke von Hamlet zu Mignon, die so entsteht, zufällig finden. Vielleicht ist es aber nicht unangebracht, für einen flüchtigen Augenblick die beiden Gestalten zusammenzudenken. Beide sind Fremdlinge in der Welt, beide genötigt, sich in ihre Innerlichkeit zurückzuziehen und dort das Reine zu finden, das ihr Adel nicht entbehren kann.

An Horatio wendet sich Hamlet in einer längeren Rede zum ersten Mal jetzt, da die Aufführung der «Ermordung Gonzagos» vor Claudius unmittelbar bevorsteht. Nur daraus können wir erraten, daß er sich – obwohl er soeben noch als eifriger Regisseur gesprochen hat – der Gefahr durchaus bewußt ist. Denn die Bitte, er möge mit ihm zusammen auf den König achten, dürfte doch eher ein Vorwand sein; Hamlet könnte sich sehr wohl auf seine eigenen Augen verlassen. Er will sich aber des Freundes versichern, oder besser, da er ihm ohnehin vertraut, in dieser Stunde sich sein Bild vergegenwärtigen. Dabei scheint er fast zu besorgen, daß er schon durch die Beredsamkeit, die er dabei entfaltet, Horatio ein Unrecht antun und ihn gleichsam in die redselige Welt des Scheins hinüberziehen könnte. Denn unmittelbar nachdem er sein geheimstes Innerstes, sein Herz enthüllt hat, bricht er ab: «Schon zu viel davon» – «Something too much of this». Die männliche Seelenkeuschheit Hamlets berührt uns nirgends so tief wie hier.

Und nun beginnt die mit so großer Sorgfalt vorbereitete

Szene. Abgesehen von dem in schwülstig-weitläufigem Stil gehaltenen Spiel im Spiel ist sie für den Leser sehr kurz. Sie umfaßt bis zum Aufbruch des Königs, die Tragödie abgerechnet, drei Seiten. Doch auf der Bühne nimmt sie mit allen Ereignissen einige Zeit in Anspruch. Wir machen uns zunächst klar, was geschieht[26].

Der Hof zieht ein mit Pauken und Trompeten, wie es unter der Regierung des Claudius üblich ist. Man gruppiert sich und wählt einen Platz. Hamlet muß so sitzen, daß er alles, was er vorhat – wozu nicht nur die Beobachtung des Königs gehört –, unbehindert bewältigen kann. Die Pantomime beginnt, die man heute auf dem Theater immer ausläßt. Solche Pantomimen waren an sich zu Shakespeares Zeiten üblich. Daß aber die ganze Tragödie stumm vorausgespielt wird, ist ungewöhnlich. Wir können nicht leicht einen Sinn darin finden. Auch die Erklärung, die man versucht hat, daß ein Publikum im Theater, das seinen «Hamlet» noch nicht kennt, auf das Kommende vorbereitet werden sollte, befriedigt nicht. Hamlet hat seine Absicht bereits am Schluß des zweiten Akts in seinem Monolog ausführlich entwickelt und überdies soeben noch Horatio mitgeteilt, was bevorsteht. Man sollte meinen, das genüge. Die Schwierigkeit kommt hinzu, daß der König das stumme Spiel nicht sehen darf. Wie könnte er sonst seine Fassung bewahren und später fragen: «Habt Ihr den Inhalt gehört? Wird es kein Ärgernis geben?» Wir werden ihn uns also während der Pantomime im Gespräch mit seinen Leuten, der Königin oder Polonius zu denken haben. Und nun tritt gar noch der Prolog auf und verkündet den Beginn des Spiels mit einem albernen Spruch. Man möchte meinen, daß sich Shakespeare mit alle dem eine Parodie auf ein Konkurrenzunternehmen gestattet. Das wäre dann wieder ein Beispiel seiner kaum mehr vorstellbaren Freiheit inmitten eines tragischen Aufruhrs, der uns die Besinnung zu rauben droht. Denn was ereignet sich unterdessen?

Wir haben ein in mehrfacher Hinsicht potenziertes Theater vor uns, das Spiel im Spiel zunächst mit aller künstlichen Übersteigerung und Ziererei, die dazu gehört. Zu den Zuschauern auf der Bühne gehört aber einer, der gleichfalls Theater spielt: Hamlet mit seinem fingierten Wahnsinn, der sich mehr denn je in kaum verständlichen oder vieldeutigen Reden und höchst zweideutigen, ja sogar eindeutig obszönen Scherzen äußert. Er ist gespannt, flackrig und kaum imstande, seinen Zustand zu meistern. Dabei entfaltet er aber in der Bewältigung seines schwierigen Programms eine ungeheure Virtuosität. Er muß den König im Auge behalten, zugleich aber auf die Königin achten, die er ebenfalls prüfen will. Er muß seine Absicht verbergen, sich harmlos stellen und deshalb gegen Ophelia seine anstössigen Reden führen, auch um Polonius in dem Glauben zu bestärken, es sei unglückliche Liebe, was ihn verrückt gemacht habe. Und vor allem wird er das Schauspiel mit größter Aufmerksamkeit verfolgen, halb weil er auch jetzt seine künstlerischen Interessen nicht ganz auszuschalten vermag, halb weil er meint, es hange viel von einer guten Aufführung ab. Dabei ist er selber manchmal nahe daran, das ganze Spiel zu verderben. Er müßte den größten Wert darauf legen, daß die Vergiftung des schlafenden Königs Claudius wie ein Donnerschlag trifft. Statt dessen plaudert er vorzeitig aus: «Sie spaßen nur, vergiften sich im Spaß», und nennt seinem Oheim, der schon Verdacht schöpft, als Titel des Stücks «Die Mausefalle». Wenn er ihn hätte mahnen wollen, auf der Hut zu sein, so hätte er es nicht besser machen können. Sogar in dem Augenblick, da der Mörder das Gift eingießt, kann er nicht schweigen:

«Er vergiftet ihn im Garten um sein Reich. Sein Name ist Gonzago: die Geschichte ist vorhanden und in ganz auserlesenem Italienisch geschrieben, Ihr werdet gleich sehen, wie der Mörder die Liebe von Gonzagos Gemahlin gewinnt.»

Ein vor Erregung fiebernder Hamlet ist es, der sich so benimmt. Er sieht, als sollte die Gorgo sich enthüllen, der Entscheidung entgegen und mimt zugleich nach allen Seiten: den Narren, den lüsternen Schürzenjäger, den Hofmann, den ehrerbietigen Sohn. Und wie er sein Ziel erreicht, der König verstört den Saal verlassen hat, was sind die ersten Worte, mit denen er sich über das Geschehene äußert? Ein übermütiges kleines Lied, das seinen Triumph in hektischer Heiterkeit verbergen soll – vor Horatio und ihm selber; denn sonst ist niemand mehr auf der Bühne – und dann in einer Frage, die, obwohl wir ihm bereits viel zutrauen, doch alle Erwartungen übertrifft:

«Sollte nicht dies und ein Wald von Federbüschen (wenn meine sonstige Anwartschaft in die Pilze geht) nebst ein paar gepufften Rosen auf meinen geschlitzten Schuhen mir zu einem Platz in einer Schauspielergesellschaft verhelfen?

Horatio O ja, einen halben Anteil an der Einnahme.
Hamlet Nein, einen ganzen.»

Mit einem halben Anteil an der Einnahme war ein elisabethanischer Schauspieler hoch eingestuft. Hamlet nimmt einen ganzen in Anspruch. Das erste woran er denkt, ist seine stupende schauspielerische Leistung, die Virtuosität, die er im Spiel nach allen Seiten entfaltet hat. Er beweist sein künstlerisches Naturell auch jetzt, da er in größter Gefahr schwebt und jeden Augenblick eine seine Freiheit oder sein Leben bedrohende Maßnahme zu gewärtigen hat. Er verlangt Musik, die seinen rauschhaften Zustand instrumentieren soll. Er treibt mit Rosenkranz und Güldenstern, später auch mit Polonius, ein übermütig-höhnisches Spiel, und erst, wie ihn alle verlassen haben, wie er endlich wieder allein ist, schlägt die Stimmung um; er beschließt die Szene mit einer düsteren Besinnung:

> Nun ist die wahre Spükezeit der Nacht,
> Wo Grüfte gähnen und die Hölle selbst
> Pest haucht in diese Welt. Nun tränk' ich wohl heiß
>   Blut
> Und täte Dinge, die der bittre Tag
> Mit Schaudern säh'. Still! Jetzt zu meiner Mutter!
> O Herz, vergiß nicht die Natur! Nie dränge
> Sich Neros Seel' in diesen festen Busen!
> Grausam, nicht unnatürlich, laß mich sein;
> Nur reden will ich Dolche, keine brauchen.
> Hierin seid Heuchler, Zung', und du, Gemüt:
> Wie hart mit ihr auch meine Rede schmäle,
> Nie will'ge drein, sie zu versiegeln, Seele!

Hamlet ist zu seiner Mutter gebeten worden. Die ersten vier Verse mit ihrer an den «Macbeth» erinnernden Mörderstimmung drängen uns aber eher den Gedanken auf, er sei nun endlich entschlossen, Claudius umzubringen. Er selber traut es sich in der nächtlichen Stunde zu:

> Nun tränk' ich wohl heiß Blut
> Und täte Dinge...

Ich «tränke», ich «täte» – wenn ich jetzt unterwegs zu meinem Oheim und nicht zu meiner Mutter wäre. Er spricht im Irrealis; er redet vom Handeln in der Phantasie. Unsere Erwartung wird aber doch gesteigert und, scheinbar, richtig gelenkt. Wenn in der nächsten Szene Claudius auftritt und sich seines unheimlichen Neffen zu entledigen sucht, hat jedermann den Eindruck: jetzt wird, jetzt muß es geschehen; sonst ist es zu spät. Und wenn der König dann niederkniet, dem eintretenden Hamlet den Rücken zukehrt, so scheint sich alles auf den großen tragischen Augenblick zuzuspitzen – das Publikum hält den Atem an; und siehe da: es geschieht wieder nichts. Wenn irgendwo, so möchte man hier das Xenion unterschreiben, mit dem sich Schiller über Friedrich Schlegels Deutung der Tragödie lustig machte:

> Endlich ist es heraus, warum uns Hamlet so anzieht:
> Weil er, merket das wohl, ganz zur Verzweiflung
> uns bringt[27].

Der Schock, wenn Hamlet sein Schwert wieder einsteckt, der König aufsteht und unangefochten das Zimmer verläßt, ist ungeheuer und muß für Shakespeares Zeitgenossen, die auf die Bestrafung des Brudermords lauerten, fast unerträglich gewesen sein. Zum Verzweifeln ist die Szene, gewiß: ist sie aber auch unbegreiflich? Wäre es denkbar, vorstellbar, daß Hamlet in diesem Augenblick sich zu dem tödlichen Streich aufrafft und Claudius das Schwert in den Rücken stößt? Shakespeare hat in den zweieinhalb Akten, die nun vorüber sind, alles getan, um diese Vorstellung für jeden, der eine dichterische Gestalt in ihrer komplexen Individualität zu erfassen imstande ist, auszuschließen. Aus den ersten zweieinhalb Akten muß sich der Auftritt, so sehr er alle Erwartung zu verhöhnen scheint, mit jener inneren Notwendigkeit ergeben, die zum Wesen eines echten, großen Kunstwerks gehört. Der Dichter hätte versagt, wenn wir die Erklärung anderswo suchen müßten, in einem Geheimnis, das er verschwiege, oder gar, wie man auch zu behaupten gewagt hat, selber nicht verstünde, in möglichen politischen Folgen, von denen nirgends die Rede ist, oder was man auch immer angesichts dieses Skandalons des dramatischen Schrifttums vorgebracht haben mag.

Der Grund, den Hamlet selber für sein Verhalten angibt, ist unglaubwürdig. Er dürfte dem gehaßten Oheim kein begnadetes Gebet zutrauen und auch im Ernst nicht meinen, daß sich der Himmel durch eine fromme Gebärde in letzter Stunde versöhnen lasse. Laertes hat keine solche Bedenken. Er ist bereit, den Mörder seines Vaters in der Kirche zu erwürgen. Ob er feige sei, braucht sich Hamlet bei diesem Auftritt kaum zu fragen. Shakespeare hat dafür gesorgt, daß dieser Verdacht hier nicht aufkommen kann: Man muß kein Held sein, um einem Feind von hinten das Schwert durch den Leib zu rennen. Und wenn man an die Lage denkt, in die sich Hamlet bei den Dänen als Mörder des Königs bringen könnte, so wäre zu erwidern, daß von zu erwartenden Schwierigkeiten in dem Stück überhaupt nie die Rede ist. Im Gegenteil! Claudius hat vor Hamlet Angst gerade auch deshalb, weil der Prinz der erklärte Liebling des Volkes ist. Und später zeigt der Aufstand, den Laertes vom Zaun bricht, wie leicht es wäre, den unbeliebten König zu stürzen. Wenn Hamlet ihn jetzt töten würde, so hätte er nicht mehr viel zu befürchten. Die Frage «Sein oder Nichtsein» im Hinblick auf den eigenen möglichen Tod kann es nicht sein, was ihn bewegt, das Schwert wieder in die Scheide zu stecken. Ist es sein Gewissen, was ihn abhält, einen Menschen und gar einen König zu ermorden? Schückings Korrektur von Schlegels Übersetzung, von der die Rede war, gewinnt hier die größte Bedeutung. Daß «Gewissen» Feige aus uns allen mache, leuchtete den deutschen Pietisten der Goethezeit ein. «Conscience» heißt hier aber «Bewußtsein». Ein Gewissen, wie es die bürgerliche Moral verlangt, hat Hamlet nicht. Daß er Polonius aus Versehen umbringt, geht ihm nicht zu Herzen. Es macht ihm auch nichts aus, seine Jugendfreunde Rosenkranz und Güldenstern, ohne daß er dazu genötigt wäre, in den Tod zu schicken. Wir brauchen deshalb noch kein Monstrum in ihm zu sehen; die adligen Züge seines Wesens werden durch solche Taten nicht ausgelöscht. Sie mögen uns nur an das rauhere sittliche Klima der Renaissance erinnern.

Was ist es dann aber, was den Arm des Rächers in diesem Augenblick hemmt? Nicht diese oder jene Rücksicht, sondern sein Wesen im Ganzen, wie es sich uns als lebendige Einheit im Mannigfaltigen allmählich dargestellt hat. Wir werden uns während der kurzen Szene nicht aller Gedanken und Leiden bewußt, die wir seit seinem ersten Auftritt aus seinem Munde vernommen und in seinen Zügen beobachtet haben. Aber sein Bild ist uns in einer Tiefe der Seele eingeprägt, in der alles Einzelne «aufgehoben», doch immer bereit ist, sich dem diskursiven Verstand zur Entfaltung seines Reichtums wieder darzubieten.

Wir haben gesehen, wie Hamlet vom Einzelnen immer ins Allgemeine geht. Die Schuld seiner Mutter genügt ihm, um das ganze weibliche Geschlecht zu verdammen. Die Botschaft des Geistes beschränkt sich für ihn nicht auf die Ermordung seines Vaters; die ganze Zeit ist aus den Fugen. Das «Herzweh und die tausend Stöße», unter denen er leidet, werden für ihn zu «unsres Fleisches Erbteil», zum menschlichen Schicksal überhaupt. Es ist seine bewegliche Phantasie, die das Gegenwärtige überfliegt und die bestimmten, begrenzten Daten zu einem Gesamtbild erweitert, das seine abgründige Melancholie rechtfertigt – dieselbe Phantasie, die so gern mit schwerelosen, sich jedem Wunsch bequemenden Vokabeln spielt, sich in der Literatur ergeht und heimisch ist in der Welt des Theaters. Je härter sich im Raum die Sachen stoßen, desto lieber zieht er sich in den Bereich zurück, wo die Gedanken leicht beieinander wohnen, und sei es auch nur, um diese Gedanken zu seiner Qual in sich zu hegen: es ist doch *seine* Qual, die er leidet; er bleibt mit ihr allein in seinem Innern, das er einzig noch als wahre Wirklichkeit anerkennt, zumal nachdem ihm durch die Offenbarung der furchtbaren anderen Welt die sichtbar-irdische zu einem Phantom und Schatten geworden ist. Sein Geisterblick dringt durch die glitzernde, aber trügerische Oberfläche der Dinge. Er durchschaut sie bis auf den Grund in ihrer Nichtigkeit: «Alles ist eitel.» So haben wir ihn kennen gelernt, und so steht er nun da und betrachtet den Rücken seines betenden Oheims. Wie soll er, sobald er nur einen Augenblick Zeit hat, zur Besinnung zu kommen, die Weite seines Bewußtseins auf dieses jämmerliche Stück Fleisch begrenzen? Endet das Herzweh, wenn dieser «Lumpenkönig» aus der Welt geschafft ist? Kann die aus den Fugen geratene Zeit dann wieder eingerenkt werden? Lohnt es sich, auch nur den Arm zu heben? Solche Gedanken sind Hamlet zuzutrauen. Er äußert sie nicht, er weicht aus in eine fadenscheinige Begründung. Doch wie man sich auch im Einzelnen ausmalen mag, was ihm durch den Kopf gehen dürfte: es ist das ungeheure Mißverhältnis zwischen seinem in allen Dimensionen schweifenden, alles bis zu Ende denkenden Geist und einer konkreten, scharf umrissenen, stupid-aufdringlichen Gegenwart, was ihn beirrt; er müßte eine allzu große Kluft überspringen, ja gleichsam von einer Welt, die für ihn die Wirklichkeit ist, in die andre, die er als Schein durchschaut, hinüberwechseln. Handeln ist dumm und gelingt nur in einem Anfall von Geistesabwesenheit. Oder, maßvoller ausgedrückt mit einem Satz aus «Wilhelm Meisters Lehrjahren», der sich freilich nicht oder doch nicht unmittelbar auf Hamlet bezieht:

«Der Sinn erweitert, aber lähmt; die Tat belebt, aber beschränkt»[28].

Von da aus wird auch erst verständlich, daß Hamlet sich seit der Erscheinung des Geistes in einer zwiespältigen Lage befindet, die er mit seinen tückischen, aber zugleich verhüllten, für die Betroffenen rätselhaften Provokationen vergeblich zu bewältigen sucht. Der Monolog des ersten Akts ist nicht zwiespältig. Hamlet hat nur den einen Wunsch, sich zu Tode zu grämen, mit niedergeschlagenen Augen, ganz in seine Innerlichkeit vertieft. Geschähe weiter nichts, er gäbe es wohl bald auf, mit bitteren Wortspielen seiner Empörung Luft zu machen. Es bliebe bei der Resignation, in die die Betrachtung mündet:

> Brich mein Herz! Denn schweigen muß mein Mund.

Der Auftrag des Geistes erlaubt dies nicht. Er fordert die Tat, die belebt und beschränkt und die ihm eben deshalb, weil sie belebt und beschränkt, unmöglich ist. So prellt er denn vor und zieht sich zurück, erhebt den Arm und läßt ihn sinken, unfähig, die Weite seines Geistes auf etwas Einzelnes, wodurch er festgelegt würde, einzuschränken, aber auch außerstande, sich dem fürchterlichen Befehl zu entziehen.

Die psychoanalytische Deutung der Szene[29] und allgemein des Verhaltens Hamlets König Claudius gegenüber ist damit nicht berücksichtigt worden, aus Gründen, die kurz berührt werden müssen. Was sich da als Deutung ausgibt, ist offensichtlich nur Postulat der psychoanalytischen Theorie – so etwa Hamlets verdrängte Identifikation mit seinem Oheim, sein heimliches Schuldgefühl ihm gegenüber, da er selber gern das Verbrechen begangen hätte, das er ihm vorwirft, die Feindschaft gegen den eigenen Vater, die sich hinter seinen ehrfurchtsvollen Worten verbergen soll. Mit keiner Silbe deutet Shakespeare solche Hintergründe an. Und wenn man dann gar erklärt, sie seien Shakespeare selber nicht bewußt, gerät man erst recht ins Bodenlose. Man konstruiert das Unbewußte der Seele eines Menschen, dessen Lebensgeschichte man nicht kennt und, mit höchst zweifelhaftem Recht, aus seinem Werk glaubt erschließen zu dürfen. Überdies erlaubt es der Begriff der Verdrängung jederzeit, aus gegensätzlichem Verhalten dieselben Folgerungen zu ziehen. Haß des Sohnes ist unchiffriert; Bewunderung ist verdrängter Haß. Fest steht bei solchen Behauptungen nur die psychoanalytische Lehre; alles Übrige hat sich nach ihr zu richten. Noch übler ist eine andere Folge. Wer Hamlet verstanden zu haben glaubt, wenn er über seinen «Komplex» Bescheid weiß, blendet die ganze Tragödie ab auf einen psychiatrischen Fall. Die Problematik des Handelns, der Reflexion, die Gedanken über den Lastcharakter des Daseins, die Innerlichkeit, die in einer zerrütteten Welt überwiegt, das Verhältnis ästhetischer Schau zu den konkreten Forderungen des Tages, des lähmenden Sinns zur beschränkenden Tat – alle diese geistigen, ideellen Fragen, die die Tragödie aufwirft, kommen nicht in Betracht oder doch nur als Indiz für eine psychische Konstellation, die immer und überall in einer bestimmten Gestalt vorausgesetzt wird. Wir möchten Shakespeares Werk verstehen, nicht eine fragwürdige Illustration zu einer fragwürdigen Lehre liefern.

Mit dieser Absicht treten wir auch an die folgende Szene heran, die von der Psychoanalyse meist als stärkstes Argument in Anspruch genommen wird. Die inzestuösen Gelüste, die man bei Hamlet postuliert, scheinen schon dadurch bestätigt zu werden, daß Mutter und Sohn sich angeblich im Schlafzimmer treffen. Der Schauplatz ist aber «the queen's closet». Und «closet», das Wort, das nicht nur in der Szenenangabe, die nicht von Shakespeare stammen würde, sondern schon in der Ankündigung des Polonius steht («he's going to his mother's closet»), bedeutet «Privatgemach», «Kabinett»[30]. So ist auch unter dem «night-gown» des Geistes kein «Nachtgewand» zu verstehen, sondern, im Gegensatz zu der Rüstung, ein «Hauskleid».

«Mutter! Mutter! Mutter!» (III, 4) ruft Hamlet, bevor er das Zimmer betritt. Es ist ein Schrei – erschütternd bei ihm, der früher «der Sitte Spiegel», «der Bildung Muster» gewesen ist – der etwas wie die völlige Hilflosigkeit des verlassenen Kindes verrät, das Leiden des «armen Manns wie Hamlet» in seiner geheimsten Gestalt, vor dem ihn auch die Flucht in den bösen Witz und in die Schönheit der Dichtung nicht schützt. Eben deshalb gipfelt der Akt nicht in der Szene mit dem betenden König, der nur widerlich ist, ein verächtliches Werkzeug der Schmach und Schande, sondern in dem Auftritt mit der Mutter, die verachten zu müssen für ihn sich selber preisgeben heißt.

Da man in dieser Tragödie immer wieder Grund hat, mißtrauisch zu sein, ist auch behauptet worden, Hamlet wisse, daß hinter der Tapete Polonius, nicht der König, stecke, und habe seine heimlichen Gründe, den Vater Ophelias umzubringen. Auch damit geht man entschieden zu weit. Hamlet handelt überstürzt (sonst könnte er überhaupt nicht handeln); und ebenso unüberlegt, überstürzt ist seine Frage: «Ist es der König?» Dann, wie er den Toten vor sich sieht, sagt er: «Ich nahm dich für 'nen Höhern.» Wie könnte er darauf verfallen, diese Verwechslung vorzutäuschen? Er hat sich ohnehin durch die Tat in die übelste Lage gebracht und weiter von seinem Ziel entfernt als je: der König ist nun berechtigt, ja verpflichtet, ihn unschädlich zu machen. Doch darum kümmert er sich jetzt nicht, so wenig wie um sein jähes Vergehen:

> Du kläglicher, vorwitzger Narr, fahr wohl!
> Ich nahm dich für 'nen Höhern: nimm dein Los!
> Du siehst, zu viel Geschäftigkeit ist mißlich.

Das ist seine ganze Leichenrede. Nachträglich erklärt er immerhin noch: «Für diesen Herrn tut es mir leid.» Doch wenn die Königin später behauptet, daß Hamlet um das Geschehene weine, so nimmt sie damit vermutlich nur den geliebten Sohn vor dem König in Schutz. Es ist sogar nicht anders möglich, wenn wir die Einteilung in Akte, die von Rowe stammt[31], hier ablehnen. Und dies scheint unumgänglich zu sein. Shakespeares Meinung war offenbar, daß Claudius die nach Hamlets Abschied noch immer schluchzende Königin überrascht und dabei die Worte spricht, mit denen jetzt, etwas seltsam, der vierte Akt beginnt:

> In diesen tiefen Seufzern ist ein Sinn.

Trifft dies zu, so steht auch fest, daß die Königin Hamlets Weinen erfindet. Denn von der Bluttat bis zu seinem Abschied hat er anderes zu tun, als an den närrischen Alten zu denken: Er hält Gericht über seine Mutter.

Sie weicht ihm aus, wie sie überall ausweicht, scheint nicht mehr zu wissen, daß sie selbst in ihrer hastigen Heirat den Grund seines Wahnsinns vermutet hat, und bringt es sogar zu einem Vorwurf gegen den tobenden Jüngling, der sich vor seiner Mutter so wenig beherrscht:

> Was tat ich, daß du gegen mich die Zunge
> So toben lassen darfst?

Und noch einmal, nun aber schon ohne Vorwurf, spielt sie die Ahnungslose:

> Weh! welche Tat
> Brüllt denn so laut und donnert im Verkünden?

Mit solchen Mitteln ist nicht aufzukommen gegen die lange gestaute Empörung, die nun aus Hamlet hervorbricht. Daß er dabei alles Maß verliert, den ermordeten Vater vergöttert, den Oheim «Beutelschneider» und «Hanswurst» nennt, daß also auch bei dieser Konfrontation seine Phantasie mitspielt, sei nicht vergessen, obwohl die Königin nicht widerspricht, ja eigentlich zustimmt. Sie stimmt nur zu, um so bald wie möglich dem schlimmen Auftritt ein Ende zu machen, einer Begegnung von Mutter und Sohn, wie sie peinlicher nicht ausfallen könnte. In einer Welt, die, mag es noch so fürchterlich in ihr zugehen, doch urmenschliche Sitten des Umgangs kennt, wird jeder Sohn, und hieße er Orest, sich scheuen, vor seiner Mutter von sexuellen Dingen zu sprechen. Hamlet tut es; und er redet nicht nur ohne Scham von irgendwelchen geschlechtlichen Intimitäten. Es sind die Bettgeheimnisse eben dieser seiner Mutter, die er hervorzerrt und bis in Einzelheiten ausmalt. In einer echten, glücklichen Liebe ist alle Sinnlichkeit, im Hegelschen Sinne des Wortes, aufgehoben, das heißt, als eigenständiges Element verschwunden, als Moment in einem höheren Ganzen bewahrt. Wo Sexualität sich emanzipiert, da meldet sich eine Zerrüttung des Lebens, die tiefste, aus der für Hamlet, ohne daß es ihm selber deutlich zu werden braucht, alle anderen Übel entspringen. So ruft er denn «des Himmels Antlitz», diese «Feste», das «Weltgebäu» als Zeugen seiner Verzweiflung an.

Doch damit handelt er gegen das ausdrückliche Gebot des Geistes, der Mutter nicht zu nahe zu treten. Der Geist erscheint, um ihn an seine wahre Aufgabe zu erinnern und die bedrohte, offenbar noch immer geliebte Gattin zu schützen.

Daß ihn die Königin selbst nicht sieht, ist kaum, wie man unter Berufung auf eine ähnliche Situation in einem älteren Stück behauptet hat[32], aus ihrem Ehebruch zu erklären, der es ihr nicht erlauben würde, das Antlitz des toten Gatten zu sehen. Der Geist erkennt auch nicht erst jetzt, daß seine Gemahlin sich für alle Zeiten von ihm geschieden hat. Nicht deshalb stiehlt er sich gramvoll weg. Er weiß schon bei seinem ersten Auftritt über ihre Untreue Bescheid; und wenn er sich jetzt vor ihr verbirgt, geschieht es nur, um sie zu schonen. Was ihn bekümmert, ist das ungehorsame Betragen seines Sohns.

Dieser hört nicht auf seine Mahnung:

> Doch schau'! Entsetzen liegt auf deiner Mutter;
> Tritt zwischen sie und ihre Seel' im Kampf.

Ja, Hamlet holt erst jetzt zu seinen fürchterlichsten Vorwürfen aus. Dabei fallen einige seltsame Worte:

> Vergebt mir diese meine Tugend; denn
> In dieser feisten, engebrüstgen Zeit
> Muß Tugend selbst Verzeihung flehn vom Laster,
> Ja kriechen, daß sie nur ihm wohltun dürfe.

Man fragt sich, was das heißen soll. Das Einfachste ist wohl anzunehmen, Hamlet fühle sich durch seine Tugend von seiner Mutter geschieden und bitte sie deshalb um Verzeihung, eine Anerkennung ihrer Macht über sein Gemüt, die nicht überboten werden könnte und sich mit der Erklärung berührt, er werde um ihren Segen bitten, sobald sie erst selbst nach Segen verlange. Das klingt, wie wenn sich Sohn und Mutter vielleicht einmal wieder verständigen könnten, was immer auch zwischen Hamlet und König Claudius weiter geschehen mag.

> Für diesen Herrn
> Tut es mir leid: der Himmel hat gewollt,
> Um mich durch dies und dies durch mich zu strafen,
> Daß ich ihm Diener muß und Geißel sein.
> Ich will ihn schon besorgen und den Tod,
> Den ich ihm gab, vertreten. Schlaft denn wohl!

Zur Grausamkeit zwingt bloße Liebe mich;
Schlimm fängt es an, und Schlimmres nahet sich.

Das Couplet, die gereimten Verse, scheinen, wie bei Shakespeare üblich, das Ende der Szene anzukündigen. Schlimmes wird noch geschehn; wie wäre dies anders möglich? Wir glauben aber doch einigermaßen aufatmen zu dürfen, da Hamlet seine maßlose Erregung überwunden zu haben und seine Sendung, wenngleich in unsäglicher Trauer, endlich gerecht zu ermessen scheint. Wir täuschen uns. Mit einem jähen Ruck reißt Shakespeare das Steuer herum. Man stelle sich das auf der Bühne vor! Hamlet steht in edler Leidensgestalt der Mutter gegenüber, ohne Maske, einmal nicht von dem ungeheuren Ekel verzerrt. Und plötzlich fährt es ihm durch die Glieder:

Ein Wort noch, gute Mutter!

Er scheint noch immer milde gestimmt zu sein. Nun aber folgt die Palinodie auf alle Vernunft und alle Versöhnung, der Katarakt der entsetzlichen Verse, in denen Hamlet seine Mutter erbarmungslos in den Schmutz zurückstößt und sie in gellendem Hohn auffordert, ihn zu verraten und selber dabei zugrundezugehen. Wie kommt es zu diesem jähen Umschwung? In dem flüchtigen Augenblick der Besinnung, der ihm vergönnt gewesen ist, hat er auch wieder klarer als je erkannt, wie aussichtslos seine Lage ist, wie kaum etwas anderes übrig bleibt, als alles über Bord zu werfen. Wir mögen damit erraten oder verkennen, was eigentlich in ihm vorgeht. Es mag sogar gerade die unbegreifliche seelische Wahrheit sein, die uns so erschrocken zurückfahren läßt. Wie dem auch sei – wir geben am Schluß der Szene alle Hoffnung auf. Hamlet schleift den Wanst des toten Polonius aus dem Zimmer heraus. Das muß geschehen, da die Bühne Shakespeares keinen Vorhang kennt und der Tote nicht liegen bleiben darf, wenn sich der Schauplatz – sei es jetzt oder erst eine Szene später – verändert. Doch niemand kommt auf den Gedanken, daß der Dichter eine technische Schwierigkeit zu bewältigen habe. Nach seinem letzten Ausbruch schreitet Hamlet über alles hinweg. Auch wenn er sein

Versehen bedauert – der tote Mensch da auf dem Boden bedeutet ihm so wenig wie ein Sack, der nicht hierhergehört. Er kommt nicht in Betracht bei all dem, was noch immer auf dem Spiel steht und der Entscheidung entgegendrängt:

Hamlet und der König können sich keiner Täuschung mehr hingeben. Der König ist bisher bedrückt und von bösem Gewissen geplagt gewesen, hat aber doch immer noch das Ansehen eines überlegenen Herrschers behauptet. Jetzt schnürt ihm das Grauen vor Hamlets unbegreiflichem Wissen die Kehle zu.

> Entsetzen ist
> In meiner Seel' und innerlicher Zwist. (IV, 1)

Dem innerlichen Zwist folgt der Entschluß, auf der Bahn des Verbrechens fortzuschreiten. Das Licht des Himmels, um das er in seinem Gebet umsonst gerungen hat, weicht einer vollkommenen Finsternis. Er trägt eine eisige Ruhe zur Schau. Nur die Königin läßt er ahnen, wie fürchterlich ihm zumute ist, sie, die von seinem Frevel nichts weiß, die auch nicht wissen darf, daß er bereits gewillt ist, Hamlet beiseitezuschaffen. Das Schicksal des Bösen, undurchdringliche Einsamkeit, bricht über ihn herein.

Auch Hamlet kann sich nicht mehr mit einem halben Vor und Zurück behelfen. Er spielt den Wahnsinn zwar noch weiter und treibt seine Scherze mit Tod und Verwesung, doch nicht mehr mit der Virtuosität von ehedem; seine Reden sind matt. Was könnte er sich noch von Reden versprechen? Ein einziges Wort glänzt auf und kündigt eine innere Wandlung an:

> *König*   Drum rüste dich: das Schiff liegt schon
>   bereit,
>   Der Wind ist günstig, die Gefährten warten,
>   Und alles treibt nach England auf und fort.
> *Hamlet*   Nach England?
> *König*   Ja, Hamlet.
> *Hamlet*   Gut.
> *König*   So ist es, wenn du unsre Absicht wüßtest.
> *Hamlet*   Ich sehe einen Cherub, der sie sieht. (IV, 3)

Hamlet ergibt sich angesichts des drohenden Todes in den Willen einer höheren, nicht mehr zweifelhaften, sondern eindeutig himmlischen Macht. Das fieberhafte Gebaren, mit dem er uns so lange irritiert hat, wird allmählich einer tiefen, nur manchmal noch von echter Erregung unterbrochenen Ruhe weichen. Wir haben den Schluß der dritten Szene des vierten Akts und damit eine klarere Zäsur als am Schluß des dritten Akts erreicht.

*

Die Tragödie scheint zu erlahmen, was in den Hauptgestalten angelegt war, entwickelt, erschöpft zu sein. Der König, zu Beginn des Stücks von einem freilich verdächtig betonten Eifer für seine Aufgaben erfüllt, ist ein gebrochener Mann und kann nur noch an die eigene Sicherheit denken. Hamlet hat seinen Witz verbraucht und die Künstlerlust an der Maskerade, die ohnehin nichts mehr taugt, verloren. Die Königin verharrt in ihrer uns längst bekannten Undeutlichkeit. Das Übel frißt im Stillen weiter; die Darstellung seines stetigen Wachstums scheint aber eher in einen Roman als in ein dramatisches Werk zu gehören. In diesem kritischen Augenblick betritt die Bühne Fortinbras, der schon in der ersten Szene mit Respekt erwähnte norwegische Prinz, der weiß, was er will, und der was er will mit nüchterner Energie durchsetzt. Uns ist zumute, als träten wir nach langem Aufenthalt in einem von Modergeruch erfüllten Zimmer ins Freie hinaus. Kein Geschwätz, keine Heimlichkeiten und keine hinterhältigen Reden! Klare Erkenntnis der Situation, kurze, von keinen Bedenken und keinen Reflexionen gestörte Befehle, kein zögerndes, aber auch kein überstürztes Handeln: «Rückt langsam vor!» Wir werden aufgerichtet durch das Beispiel gesunder Kraft, die Gegenwart eines Jünglings, der keinen «Sinn» hat, der «erweitert und lähmt», der «Tat» aber fähig ist, die «belebt und beschränkt». Hamlet erkennt sogleich den Gegensatz zu seiner eigenen Art und überläßt sich – zum vierten Mal – einer langen einsamen Meditation.

Dieser letzte Monolog setzt die Betrachtung fort, die in «Sein oder Nichtsein...» mit einem tiefen Argwohn gegen das

Denken geendet hat. Man sollte meinen, der Argwohn könne nur bestätigt werden durch den Anblick des jungen Kriegers, der, offenbar ohne sich viel Gedanken zu machen, seine Ziele verfolgt. Doch Hamlet sinnt zunächst darüber, daß ihm ein Mensch begegnet, der handelt und durch sein Handeln sich von einem unvernünftigen Tier unterscheidet. Einzig noch Schlafen und Essen zu kennen, nennt er «viehisches Vergessen» (IV, 4). Vor einem solchen unwürdigen Zustand bewahrt den Menschen die Denkkraft, die sein Schöpfer ihm verliehen hat. Wäre sie ihm verliehen, wenn er keinen Gebrauch von ihr machen sollte? Damit nimmt Hamlet das frühere Wort von «des Gedankens Blässe» zurück. Doch alsbald besinnt er sich wieder darauf, wohin «zu genaues Bedenken» führt, zu bangem Zweifel nämlich, der ebenso lähmt wie viehisches Vergessen. Nicht ausgesprochen, aber angedeutet wird, daß die aristotelische Mitte zwischen den beiden Möglichkeiten doch wohl das Richtige wäre und Fortinbras sich offenbar in dieser richtigen Mitte hält. Er billigt ihm wahre Größe zu und vergleicht damit seine eigene Schwäche, nun aber nicht mehr so wild-verzweifelt, wie er seinerzeit die pathetische Rede des Mimen beantwortet hat. Der Ton ist für seine Verhältnisse maßvoll, fast nur noch eine Erinnerung der früheren Raserei gegen sich selbst. Der «Cherub», den er gesehen hat, scheint die Flügel über ihn auszubreiten.

Für längere Zeit verschwindet er nun vom Schauplatz. Wenn er wieder auftritt, ist seine innere Wandlung vollendet. Wir glauben einem reiferen, ja sogar einem Mann zu begegnen, der älter ist, als die verstrichene Zeit es erlaubt. Das kann der Einbildungskraft des Theaterpublikums zugemutet werden, weil sich in der Zwischenzeit so viel Schreckliches und Ergreifendes abspielt, daß niemand dazu kommt nachzurechnen.

Wir haben die stille Ophelia nach der Aufführung der Tragödie, der sie zugeschaut hat, fast vergessen. Wir denken auch kaum mehr daran, daß der erschlagene Polonius ihr Vater ist; so gar nicht scheint sie zu ihm zu gehören. Nun tritt sie, ohne daß wir irgendwie darauf vorbereitet worden wären, als Wahnsinnige auf, erschreckendes Zeichen, daß das Unheil nicht auf

Hamlet, die Königin und den König beschränkt bleibt, sondern weiterfrißt und hervorbricht, wo niemand es erwartet hätte. Wir sind verstört, wir raffen uns auf und fühlen, ohne noch zu begreifen, wie weit das Ausmaß der Verderbnis unsere Voraussicht übertrifft. Verwirrend ist die Frage, ob wir in dieser Ophelia die Gestalt der ersten drei Akte wiedererkennen. Goethe hat im «Wilhelm Meister» den umgekehrten Weg eingeschlagen und aus den Liedern, die sie singt, aus diesen für die Empfindsamkeit seines Jahrhunderts so anstößigen Versen, auf ein schon bei seinem ersten Erscheinen in «reifer, süßer Sinnlichkeit» schwebendes Wesen geschlossen:

«Wissen wir doch gleich zu Anfange des Stücks, womit das Gemüt des guten Kindes beschäftigt ist. Stille lebte sie vor sich hin, aber kaum verbarg sie ihre Sehnsucht, ihre Wünsche. Heimlich klangen die Töne der Lüsternheit in ihrer Seele, und wie oft mag sie versucht haben, gleich einer unvorsichtigen Wärterin, ihre Sinnlichkeit zur Ruhe zu singen mit Liedchen, die sie nur mehr wach halten mußten. Zuletzt, da ihr jede Gewalt über sich selbst entrissen ist, da ihr Herz auf der Zunge schwebt, wird diese Zunge ihre Verräterin, und in der Unschuld des Wahnsinns ergötzt sie sich, vor König und Königin, an dem Nachklange ihrer geliebten losen Lieder: vom Mädchen, das gewonnen ward; vom Mädchen, das zum Knaben schleicht, und so weiter»[33].

Wir «wissen» das nicht; es wird nicht gesagt. Wir geben aber gerne zu, daß uns die Interpretation, die dichterische Einbildungskraft hier wagt, überzeugt, ja, daß wir nun kaum mehr imstande sind, uns Ophelia anders vorzustellen. Doch auch in Shakespeares Text steht genug, was die Einheit ihrer Gestalt verbürgt. Horatio kündigt sie an mit den Worten:

> Sie ist sehr dringend; wirklich, außer sich;
> Ihr Zustand ist erbarmenswert...
> Sie spricht von ihrem Vater; sagt, sie höre,
> Die Welt sei schlimm, und ächzt und schlägt die Brust;
> Ein Strohhalm ärgert sie; sie spricht verworren,
> Mit halbem Sinn nur: ihre Red' ist nichts,

> Doch leitet ihre ungestalte Art
> Die Hörenden auf Schlüsse; man errät,
> Man stückt zusammen ihrer Worte Sinn,
> Die sie mit Nicken gibt, mit Winken, Mienen...
>   (IV, 5)

Die Übersetzung von «indeed distract» mit «wirklich außer sich» geht ein wenig zu weit und läßt eine tobende Irre erwarten. Dahin deutet freilich auch «und ächzt und schlägt die Brust», was ungefähr dem Original entspricht: «and hems and beats her heart». Doch die Ophelia, die dann auftritt, bietet einen ganz anderen Anblick. Sie scheint noch eine wehmütige Erinnerung an ihre früheren Tage zu haben:

> «Wir wissen wohl, was wir sind, aber nicht, was
> wir werden können».

Sie hadert aber nicht mit dem Schicksal: «Wir müssen geduldig sein.» Ihre Tränen kann sie nicht hemmen, aber sie singt, und es hieße den Auftritt ganz mißverstehen, wenn man sich ihren Gesang zerrüttet, heiser, von Schreien unterbrochen, ja auch nur unschön vorstellen würde:

> Schwermut und Trauer, Leid, die Hölle selbst
> Macht sie zur Anmut und zur Artigkeit. (IV, 5)

So verteilt sie auch die Blumen und weiß damit, ohne die allzu deutlich benennenden Worte brauchen zu müssen, in einer für Shakespeares Zuhörerschaft noch unmittelbar verständlichen Zeichensprache zu klagen und auszudrücken, wie tief sie erfaßt hat, was um sie vorgeht. Rosmarin oder Vergißmeinnicht, die Blumen des Gedenkens, gibt sie Laertes; er soll sie nicht vergessen. Die Raute, die Reue bedeutet, überreicht sie vermutlich der Königin. Veilchen, Zeichen der Treue, hat sie keine mehr zu vergeben; sie sind, sagt sie, beim Tod ihres Vaters verwelkt; die Hoffnung der Liebenden ist dahin. Manche Bedeutungen sind umstritten. Wir können auf eine Erklärung verzichten. Was uns ergreift, ist die Grazie, mit der Ophelia ihre unsäglichen Leiden in Musik und Blumen verwandelt. Sie leistet keinen Widerstand; sie schmiegt sich in ihren Wahnsinn ein. Darin erkennen wir das fügsame Kind der früheren Szenen wieder. Keine Härte ist an ihr. Wir nehmen an, sie könne sich nur in zarten Undulationen bewegen. So deutet alles auf das Element ihres Todes, das Wasser, voraus. Die Königin nennt sie

> ein Geschöpf, geboren und begabt
> Für dieses Element. (IV, 7)

Als «Nymphe» hat sie Hamlet schon am Anfang des dritten Aktes begrüßt. Es ist aber auch nicht denkbar, daß Ophelia ihren Tod durch einen entschlossenen Sturz ins Wasser finde. Sie gibt nur nach, wie sie überall nachgibt, und treibt nun dahin, von Wasser umspült, noch immer singend, mit Blumen bekränzt – für Jahrhunderte Gegenstand der Phantasie von Malern und Dichtern, Urbild des romantischen Todes, in der Tragödie ein fast unschuldiges, nur durch ihre Fügsamkeit fehlbares Opfer der Fäulnis im Staate Dänemark.

Was ihr mangelt, besitzt ihr Bruder im Übermaß: rücksichtslose Tatkraft. Shakespeare hat ihn mit einer ungewohnten Deutlichkeit, fast schematisch, als Gegenbild Hamlets dargestellt. Hamlet selber weist darauf hin:

> In dem Bilde seiner Sache seh' ich
> Mein Gegenstück. (V, 2)

Auch Laertes hat einen Vater zu rächen. Er wird aber nicht durch Bedenken gelähmt. Die Tat, die er vorhat, belebt und beschränkt ihn, den ohnehin schon Beschränkten, noch mehr. Ohne sich nach materiellen oder moralischen Hindernissen umzusehen, stürmt er daher, an der Spitze einer Meutererschar, in der sich das fatale Wesen aller Revolutionen verkörpert:

> Gleich als finge
> Die Welt erst an, als wär' das Altertum
> Vergessen und Gewohnheit nicht bekannt,
> Die Stützen und Bekräft'ger jedes Worts,

> Schrei'n sie: Erwählen wir! Laertes werde König!
> Und Mützen, Hände, Zungen tragen's jubelnd
> Bis an die Wolken: König sei Laertes! (IV, 5)

Man fühlt sich an die «schweißigen Mützen» des Pöbels im «Julius Cäsar» erinnert. Zugleich erkennen wir, wie grundlos Hamlets Scheu vor den möglichen Folgen seiner Tat gewesen ist – sofern ihn wirklich auch diese Scheu von der Rache zurückgehalten hat. Wenn schon Laertes, der durch seine Herkunft und seine Persönlichkeit nicht im mindesten ausgewiesene Jüngling, den König Claudius wohl im ersten Anlauf beiseitezuräumen vermöchte, wie hätte das nicht dem beliebten Prinzen und legitimen Erben der dänischen Krone gelingen sollen? Die Überlegung stößt freilich ins Leere. Denn Hamlet an der Spitze eines Meutererhaufens ist unvorstellbar. Der Ekel hätte ihn übermannt, bevor er aufgebrochen wäre. Und so verhalten sich die beiden Naturen immer entgegengesetzt. Hamlet ängstigt die Frage, ob der Geist ein Sendling der Hölle sei. Die «Furcht vor etwas nach dem Tod» macht es ihm schwer, sein Leben zu wagen. Laertes schert sich um Tod und Teufel nicht im geringsten; er trotzt der Verdammnis:

> Ich schlage beide Welten in die Schanze,
> Mag kommen, was da kommt! Nur Rache will ich
> Vollauf für meinen Vater. (IV, 5)

Hamlet hat sich nicht entschließen können, den betenden König zu töten. Laertes will den Mörder seines Vaters «in der Kirch' erwürgen» (IV, 7), sturer Täter, der alle hemmenden Gedanken abweist, sofern er überhaupt von Gedanken bedrängt werden sollte. Darin unterscheidet er sich auch von Fortinbras, der besonnen handelt und neben den beiden extremen Gestalten nur umso heller als Mann der Mitte, des Menschlich-Wünschenswerten aufglänzt.

Hamlet ist vom Schauplatz verschwunden; Fortinbras hat sich uns eingeprägt; Laertes beherrscht eine Zeitlang die Szene. So wird die Aktivität verstärkt, die Präzipitation gesteigert im selben Maß, in dem das seelische Drama an Interesse verliert und unsre Beklommenheit, die fast schon unerträglich geworden ist, in eine Art von dumpfer, müder Verzweiflung überzugehen droht. Aber noch führt uns Shakespeare nicht in gerader Linie dem Ende zu. Er schaltet die Kirchhofszene ein, auf deren Ort im Rahmen des Ganzen wir uns zuerst besinnen müssen.

«Triumph des Todes» könnte sie heißen. Die Tragödie ist mit der Erscheinung eines Toten eröffnet worden. Hamlet hat in seinem ersten Selbstgespräch den Tod begehrt und sich das Ende als Auflösung des Fleisches «in einen Tau» gewünscht, eine märchenhafte Vorstellung, auf die er nicht mehr zurückkommen wird. Später braucht er das Gleichnis von den Maden in einem toten Hund. In «Sein oder Nichtsein...» sinnt er darüber nach, was «Sterben» eigentlich heißt, «Sterben» als Übergang von diesem Leben in ein andres gedacht, als ein Ereignis also, das der *Seele* des Sterbenden widerfährt. Die physischen Folgen des Todes vergegenwärtigt er sich bei Polonius, der unter der Galerie verwest. Die wüste Sinnlichkeit, der die Mutter nach seinem Urteil erlegen ist, der Ekel vor der Sexualität, der sich daraufhin seines Gemüts bemächtigt, und nun die Art, von einer zerfallenden Leiche zu sprechen, gehören zusammen. Hier wie dort widert die Aufdringlichkeit des aus der lebendigen Einheit von Leib und Seele gelösten Fleisches ihn an. Die hohe Zeit der antiken Klassik kennt weder das eine noch das andre. Auch in dem Weltbild der Renaissance, das Hamlets Jugend bestimmt hat, werden Geschlecht und Tod nicht so statuiert. Und nicht zufällig leitet Lessings «Wie die Alten den Tod gebildet», diese milde Schrift von dem so gar nicht scheußlichen Bruder des Schlafes, die Humanität der Goethezeit ein. Wohl aber begegnen wir allen erdenklichen Äußerungen des Grauens und Ekels im Spätmittelalter und im Barock. Wie «Sein oder Nichtsein» die moderne Skepsis gegen den Geist eröffnet, so präludiert die Kirchhofszene das schauerliche Momento mori, in dem sich unzählige Maler und Dichter der nächsten Jahrzehnte zur Erbauung der christlichen Welt überbieten werden.

Es sind aber «Clowns», die zuerst auftreten, zwei Totengräber, die, als rohe Gesellen niederen Standes, dem Bereich der Komödie angehören und damit jenen Ausweg aus dem tragischen Irrsal zeigen, der zwar unwürdig, doch immerhin möglich ist: die Lust am Unflätigen und Gemeinen, die, wenn ein Bewußtsein der höheren Sphäre erhalten bleibt, zu Zynismus wird. Nur uns, den Betrachtern, bietet sich freilich der Zynismus als Ausweg an. Die beiden Kerle sind nicht zynisch. Der eine ist ein vollkommener Dummkopf; der andre, unangefochten von allem, was in den oberen Rängen vorgeht, übt sich in seinem sophistischen Witz und einer blödsinnig-scharfen Logik, als wollte er «des Gedankens Blässe» mit seiner robusten Person widerlegen. Von Hamlets und Horatios Auftritt nimmt er vorläufig keine Notiz. Er schaufelt und stimmt ein derbes Lied an.

Hamlet Hat dieser Kerl kein Gefühl von seinem Geschäft? Er gräbt ein Grab und singt dazu.
Horatio Die Gewohnheit hat es ihm zu einer leichten Sache gemacht.
Hamlet So pflegt es zu sein: je weniger eine Hand verrichtet, desto zarter ist ihr Gefühl. (V, 1)

In diesem Streiflicht erscheint das zarte Gefühl und damit auch das Leiden, das «Herzweh und die tausend Stöße», als Privileg der müßigen Stände – ein Gedanke, den früher zu fassen Hamlet nicht fähig gewesen wäre. Er kann seine Qualen zwar nicht abschütteln; er sieht aber, daß auch sie bedingt sind und nicht bestünden, wenn er harte tägliche Arbeit leisten müßte und mit dem unanfechtbaren Zustand des Totengräbers gesegnet wäre.

Er ist es nicht und vertieft sich darum in jene makabren Phantasien, die schon der Gedanke an die Leiche des Polonius aufgeregt hat. Diese ganze weitläufige Betrachtung über die Toten, die verwesen, in Staub zerfallen und zuletzt vielleicht als Lehm ein Spundloch verstopfen, treibt ein im Begriff des Stoffs befangenes Spiel mit der Identität der Person. Anders denkt der platonische Sokrates, der auf die Frage Kritons, wie er begraben zu werden wünsche, mit ruhigem Lächeln erwidert:

«Wie ihr wollt, wenn ihr mich nur wirklich haben werdet und ich euch nicht entwischt bin»[34].

Tatsächlich kündigt sich in den Todesorgien des Barockzeitalters, so religiös sie sich geben mögen, bereits der Materialismus an, den die Aufklärung dann nur noch mühsam verleugnet. Man täuscht sich noch über die Folgen hinweg, weil ja der Mensch nur deshalb auf den Stoff, aus dem er besteht, reduziert wird, damit man hinter dem trügerischen Äußern seine Hinfälligkeit erkenne. Nur dahin zielt auch die Kirchhofszene. Hamlet prägt sich immer wieder die Eitelkeit alles Irdischen ein. Auf den Grundton «Vanitas vanitatum» ist alles abgestimmt, auch das Gespräch mit dem toten Yorick, das nicht vernachlässigt werden darf, weil sich die Romantik den melancholischen Prinzen am liebsten so vorgestellt hat: schwermütig, in den Anblick des Schädels versunken, den er in der Hand hält. Auf die weiche, sentimentale Note in manchen romantischen Darstellungen verzichten wir freilich gern, nicht aber auf die Schwermut, mit der er dem knöchernen Bild der Vergänglichkeit zunickt. Denn diese Schwermut ist nicht nur schmerzlich. Auch in ihr gewinnt Hamlet Distanz von seinem Schicksal, sogar von der Mutter. Er bittet den grinsenden Toten, in die Kammer der gnädigen Frau zu gehen und ihr zu sagen,

«wenn sie auch einen Finger dick auflegt: so'n Gesicht muß sie endlich bekommen.»

Wir erinnern uns, wie er sich vor Ophelia über die kosmetischen Künste der Weiber beschwert hat. Selbst diese Vorstellung von der verwesenden Mutter wird aber noch weit überboten durch den Kampf mit Laertes im Grab Ophelias. Als Kampf in dem unermeßlichen Grab, zu dem die Erde seit Jahrtausenden geworden ist, stellt sich dem Wissenden alles Wollen und Ringen der Sterblichen dar. Es wird zunichte vor der unerbittlichen Majestät des Todes. Immer schon gegenwärtig, spürbar in der stummen Beklommenheit der Königin, in dem Erstarren des Königs, in Hamlets Reden, in seiner Lähmung angesichts der belebenden Tat: nun endlich ragt sie in ihrer wahren, alles beschattenden Größe empor. Wir glauben in ihr den Schlüssel für das so lange wohlverwahrte Geheimnis der Tragödie gefunden zu haben. Als ihr Protagonist erscheint uns nun der allgegenwärtige Tod.

Man hat die Aufrichtigkeit in Hamlets Beteuerung seiner Liebe bezweifelt. Es gehe ihm nur darum, den prahlerischen Redeschwall zu verhöhnen, mit dem Laertes seine Schwester beklagt. Er spreche ja später nie mehr von Ophelia, er scheine sie ganz zu vergessen. Gerade der Hohn auf die Phrasen des Bruders ist aber doch nur aus einer echten und tiefen Liebe zu erklären; und wenn er später mit keiner Silbe mehr der Toten gedenkt, so gehört dies zu jener schicksalsbewußten Erhebung über seine persönlichen Leiden, die sich bereits in der Vision des Cherubs angekündigt hat und nun, in den letzten Szenen, vollendet. Der Mann, der über seine Reise nach England und seine Rückkehr berichtet, ist reifer, gelassener, weiser, frömmer als der Komödiant des Wahnsinns und Virtuose sprachlicher Scherze. Er hat sich plötzlich entschlossen, seinen Begleitern das geheime Schreiben des Königs zu stehlen und ohne Rücksicht auf feinere Lebensart («forgetting manners»; V, 2) zu erbrechen. Diesem in keiner Weise vorbedachten Entschluß verdankt er sein Leben – eine Erfahrung, die er mit seinem früheren Bedenken und Zögern vergleicht. Dabei gelangt er nicht nur zu der Einsicht, daß jähes Handeln erfolgreicher sein kann als lang und gründlich geplantes. Es geht ihm auch auf, daß eben dieses unablässige Bedenken und Planen dem Menschen zu viel zutrauen heißt und Hybris heißen muß vor Gott.

> Rasch –
> Und Dank dem raschen Mute! – Laßt uns einsehn,
> Daß Unbesonnenheit uns manchmal dient,
> Wenn tiefe Plane scheitern; und das lehr' uns,
> Daß eine Gottheit unsre Zwecke formt,
> Wie wir sie auch entwerfen – (V, 2)

Noch einmal, im Hinblick auf den Zufall, daß er das Siegel seines Vaters zur Hand hat, dankt er «des Himmels Vorsicht.»

Die Abkehr von dem Denken, das seine Jugend bestimmt

hat, von dem Stolz auf die Würde des Menschen und dem Vertrauen auf seine Kraft, führt damit, wie in den religiösen Strömungen des Jahrhunderts, zum Vertrauen auf eine höhere Macht. Vielleicht befremdet es uns heute, daß derselbe Hamlet, der sich so der Gottheit anvertraut, unnötigerweise Rosenkranz und Güldenstern dem Tod ausliefert. Er hätte in dem gefälschten Brief eine andere Ausflucht finden können. Auch Horatio scheint befremdet, wenn er bei aller Ehrerbietung, die er dem Prinzen entgegenbringt, mit ironisch-gleichgültiger Wendung feststellt:

> und Güldenstern und Rosenkranz gehn drauf.
>
> So Guildenstern and Rosenkrantz go to't.

Es ist aber nicht mehr der Jugendfreund, der die beiden Höflinge in den Tod schickt. Nachdem er das «Bubenstück» aufgedeckt hat, fühlt er sich, befreit von allen Zweifeln und Fragen, als dänischer König. Schon auf dem Kirchhof hat er sich den Titel zugeeignet, der dem König gebührt: «Ich, Hamlet, der Däne!» Und in der Antwort auf den angedeuteten Vorwurf Horatios gesellt er sich mit ruhigem Selbstbewußtsein zu den Großen der Erde, die keine Rücksicht auf unbequeme Störefriede zu nehmen gewohnt sind:

> Ei, Freund, sie buhlten ja um dies Geschäft.
> Sie rühren mein Gewissen nicht; ihr Fall
> Entspringt aus ihrer eignen Einmischung.
> 's ist mißlich, wenn die schlechtere Natur
> Sich zwischen die entbrannten Degenspitzen
> Von mächtgen Gegnern stellt.

Er läßt sich sogar von seinem noch immer wachen «prophetischen Gemüt» nicht beirren:
«... Du kannst dir nicht vorstellen, wie übel es mir hier ums Herz ist. Doch es tut nichts.
Horatio Nein, bester Herr –
Hamlet Es ist nur Torheit; aber es ist eine Art von schlimmer Ahnung, die vielleicht ein Weib ängstigen würde.» (V, 2)

Ein Weib, auch den verstörten Jüngling von ehedem wohl, aber ihn, den Gereiften, in Gottes Willen Geborgenen nicht.

«Ich trotze allen Vorbedeutungen: es waltet eine besondere Vorsehung über den Fall eines Sperlings. Geschieht es jetzt, so geschieht es nicht in Zukunft; geschieht es nicht in Zukunft, so geschieht es jetzt; geschieht es jetzt nicht, so geschieht es doch einmal in Zukunft. In Bereitschaft sein ist alles. Da kein Mensch wirklich besitzt, was er verläßt, was kommt darauf an, frühzeitig zu verlassen? Mag's sein!»

Wer so die Gegenwart der Zukunft und die Zukunft der Gegenwart gleichstellt, hat gelernt, die Zeit sub specie aeternitatis zu betrachten. Damit fällt alles dahin, was ihn früher gelähmt, geängstigt und aufgeregt hat. Er prüft nicht mehr, ob er berechtigt sei, den Tod seines Vaters zu rächen; der König selbst hat ihn dessen enthoben. Er wägt nicht mehr seine Aussichten ab und verzichtet darauf zu fragen, was er hier oder dort zu erwarten habe. Den Abschied von der Erde hat ihm das Gespräch mit Yoricks Schädel, die tiefe Erfahrung des Todes, erleichtert. Er späht auch nicht mehr nach dem Moment, in dem er sein Vorhaben ausführen könnte; die Gelegenheit überläßt er Gott, ohne doch bei solcher Ergebung die Hände in den Schoß zu legen. Das Teil des Menschen heißt Bereitschaft, Bereitschaft in der günstigen Stunde, die er nicht selbst herbeiführen kann. Das ist der Weisheit letzter Schluß, zu dem Hamlet gelangt. Sein Denken ist mit dem Problem der Tat zu Rande gekommen. Shakespeare legt uns nahe anzunehmen, daß er nun im entscheidenden Augenblick nicht mehr zögern würde.

Er kommt aber nicht dazu, es zu beweisen, oder doch nur auf eine Art, die den moralischen Wert seines Handelns ebenso im Zwielicht läßt, wie sein Zögern im Zwielicht geblieben ist.

Shakespeare hat die letzte Szene umständlich vorbereitet. Schon die Verabredung zwischen Claudius und Laertes verliert sich in Einzelheiten, die unnötig sind, sofern es sich nur darum handelt, ein Ende herbeizuführen, und die sich überdies schwer mit dem Charakter Hamlets vereinigen lassen. Ein Normanne –

Lamond oder Lamord; der Name des in allen Leibeskünsten ausgezeichneten Ritters ist nicht genau überliefert – hat dem Prinzen gegenüber die Fechterkunst des Laertes gepriesen. Das Bildnis des Franken an dieser Stelle, wo alles schon der Entscheidung zudrängt, ist wohl nur so zu erklären, daß Shakespeare auf eine bekannte Persönlichkeit anspielt. Das Lob des Laertes aus dem Munde Lamonds hat Hamlet neidisch gemacht. Wann? Man könnte sich denken, daß dies in Wittenberg geschehen wäre. Ausdrücklich heißt es aber, Lamond habe Laertes während seiner Abwesenheit in Paris gerühmt.

> ...dieser sein Bericht
> Vergiftete den Hamlet so mit Neid,
> Daß er nichts tat als wünschen, daß Ihr schleunig
> Zurückkämt, um mit Euch sich zu versuchen. (IV, 7)

Damit dürfte das jedem Dramatiker zuzubilligende Eigenrecht einer Szene denn doch überschritten sein. Wir trauen Hamlet vor und nach der Reise nach England mancherlei zu, nicht aber naiven sportlichen Ehrgeiz und Neid auf die Trefflichkeit eines andern. Und der König muß doch die Wahrheit sagen, da er ja einen Plan darauf gründet. Shakespeare gewinnt damit freilich die Möglichkeit, Hamlet an seinem eigenen Edelmut zugrundegehen zu lassen:

> Er, achtlos, edel, frei von allem Arg,
> Wird die Rapiere nicht genau besehn;
> So könnt Ihr leicht mit ein paar kleinen Griffen
> Euch eine nicht gestumpfte Klinge wählen
> Und ihn mit einem wohlgeführten Stoß
> Für Euern Vater lohnen.

Doch damit hat es noch nicht sein Bewenden. Laertes will sicher sein und zu dem Endzweck seinen Degen mit einem unfehlbar tödlichen Mittel salben. Dem König genügt auch dies noch nicht:

> Wenn ihr vom Fechten heiß und durstig seid
> (Ihr müßt deshalb die Gänge heft'ger machen)

> Und er zu trinken fordert, soll ein Kelch
> Bereit stehn, der, wenn er davon nur nippt,
> Entging' er etwa Eurem gift'gen Stich,
> Noch unsern Anschlag sichert.

Wie könnte dieser Anschlag verborgen bleiben, wenn Hamlet, nachdem er getrunken hat, unverwundet zusammenbräche? Dazu kommt die schwer verständliche Wette des Königs mit Laertes, die der erbärmliche Osrick in einem Auftritt erklärt, der sich lange hinzieht und die uns aus den ersten Akten wohlbekannten, aber nun innerlich kaum mehr begründeten Scherze Hamlets mit den Höflingen wieder aufnimmt. Die Umstände sind so ausgetüftelt, daß jedermann mißtrauisch werden müßte, selbst wenn sich der Vorgang nach dem Willen des Königs Claudius abspielen würde. Nun sollen aber Laertes und Hamlet, die Königin und der König sterben. Das ist nur möglich, wenn der König so unvorsichtig ist, den Becher mit dem vergifteten Trunk in der unmittelbaren Nähe der Königin zu dulden, und wenn die beiden Fechter in der Hitze des Kampfs die Rapiere tauschen. Fechtmeister mögen uns erklären, daß und wie dies nach den Gepflogenheiten der Fechtkunst möglich sei. Das ändert nichts daran, daß nur eine Reihe von Unwahrscheinlichkeiten und Zufällen zu der tabula rasa führt, auf die es hinauslaufen soll. Sogar der Tod des Königs, auf den wir seit der Erscheinung des Geistes warten, erscheint nur wie ein Glied in der Kette der unvorhergesehenen und sich überstürzenden Unglücksfälle: die sterbende Königin kann Hamlet noch sagen, daß der Trunk, der auch für ihn bereitsteht, vergiftet ist; Laertes verrät den Mordanschlag, zu dem ihn der König bewogen hat und der sich nun gegen ihn selber richtet.

> *Hamlet*   Die Spitze auch vergiftet?
>   So tu denn, Gift, dein Werk.
>   (Er ersticht den König)
> *Osrick und Herren vom Hofe* Verrat! Verrat!
> *König*   Noch helft mir, Freunde! ich bin nur verwundet.

Hamlet
Hier, mördrischer, blutschändrischer, verruchter Däne!
Trink diesen Trank aus! – Ist die Perle hier?
Folg' meiner Mutter.
　　　(Der König stirbt) (V, 2)

Auf der Bühne wirkt dies gewaltiger als bei der stillen Lektüre. Wenn Hamlet dem König sogar noch den vergifteten Trank in die Kehle schüttet, so fühlt man sich an die Ermordung Gonzagos und des alten Hamlet gemahnt und von einem Gedanken an Sühne gestreift. Wir kommen aber nicht zur Besinnung. Wir werden uns – als Zuschauer im Theater – nicht einmal klar darüber, ob der zu Tode verwundete Hamlet nun endlich den Auftrag des Geistes ausführt oder nur seinen eigenen Tod rächt. Man hat das Letztere manchmal behauptet. Der achtsame Leser kann aber bemerken, daß Hamlet Claudius «mördrischer, blutschändrischer, verruchter Däne» zuruft, sich also auch jetzt der beiden Frevel bewußt bleibt, die er rächen soll. Dennoch handelt er nicht besonnen, sondern ebenso kopflos, wie er einst den Polonius umgebracht hat. Seine Tat geht nicht aus der ruhigeren, reiferen Gesinnung hervor, die er sonst seit der Rückkehr beweist. Für uns, die wir so lange über sein «Geheimnis» nachgedacht haben, ein unbefriedigendes Resultat!

Nicht nur unbefriedigend, sondern ein grober Fehler wäre es im Rahmen der Theorie des Tragischen, wie sie die Philosophie des deutschen Idealismus entwickelt hat und wie sie in einigen Dramen der Goethezeit und mit vollem Bewußtsein von Friedrich Hebbel durchgeführt worden ist. In solchen Bühnenstücken nämlich kommt es – im buchstäblichen Sinne des Wortes – auf das Ende an. Die Handlung hat den Charakter eines Prozesses, in dem das Weltgesetz – wie der Dichter es sieht – sich offenbart. Goethes «Iphigenie auf Tauris» bringt mit dem letzten Wort, «Lebt wohl!», den geforderten Sieg der Humanität. Kleists «Prinz Friedrich von Homburg» demonstriert die unerfindliche Einheit von Gefühl und Gesetz, auf der das wahre Heil eines Staates beruht, und krönt die Bemühung mit dem siegesgewissen Ruf der Offiziere. Hebbel zeigt in den meisten Tragödien den nach seiner Weltanschauung unvermeidlichen Untergang einer in ihrem Glauben erstarrten Gesellschaft oder des Einzelnen, der sich, nur schon weil er ein Einzelner ist, vermißt. Scheint um der künstlerischen Vollendung willen oder zu Ehren Gottes (Theodizee) ein versöhnlicher Ausgang wünschbar, so muß der tragische Held mit seinem Tod eine unvermeidliche, in der Beschaffenheit der endlichen Welt begründete Schuld zu büßen haben. Wenn der Zuschauer folgen und die schwierige Rechnung, den gerechten Spruch des Schicksals, würdigen will, so muß er imstande sein, alles Einzelne auf das Ganze zu beziehen und angesichts des Ausgangs in seiner Einbildungskraft zusammenzufassen. Dies wiederum gelingt nur, wenn das Drama übersichtlich gebaut ist. Die aristotelische Regel von der Einheit der Zeit, des Orts und der Handlung gewinnt damit einen tieferen Sinn. Die deutschen Klassiker nehmen sie zwar nicht so wörtlich wie die Franzosen. Sie sorgen aber doch auf ihre Weise für Konzentration: Die Einheit der Handlung wird als selbstverständlich betrachtet; die Einheit des Orts und der Zeit bleibt wenigstens innerhalb der einzelnen Akte meist gewahrt. Auch so entstehen Gefüge, in denen jeder Teil auf den andern verweist und alles darauf berechnet ist, daß zuletzt die «Idee», die sämtliche Schritte geregelt und das ganze Geschehen durchwaltet hat, zutagetritt.

Man wird gestehen, daß auch auf dieser Basis Kunstwerke entstanden sind, deren Wirkung nicht zu verachten ist. Sie reißen uns nicht so hin wie die vor allem mit den Affekten Furcht und Mitleid operierende Tragödie, zu der sich noch Lessing bekannte und die in Schiller, wider seinen eigenen Willen, ihren bis heute unübertroffenen Meister fand. Der Prozeß, der sich da abspielt, der Anblick der unvermeidlichen Schuld und ihrer unvermeidlichen Sühne kann uns erschüttern, ja versteinern wie das Antlitz der Meduse oder uns, bei versöhnlichem Ausgang, mit tiefem, beseligendem Vertrauen in das Walten einer strengen, fernhin wirkenden, Nacht in künftiges Licht verwandelnden Gottheit erfüllen.

Uns beschäftigt hier besonders, was für die Interpretation daraus folgt. Auch das genaueste tragische Kunstwerk, in dem die Funktionalität der Teile nichts zu wünschen übrig läßt, bedarf noch eines Spielraums des Beliebigen und Zufälligen, da es sonst überhaupt kein Kunstwerk wäre. In diesem Bereich bleibt der Interpret auf seinen Takt, auf seinen Sinn für bewegliche Ordnung angewiesen. Sonst aber findet er sich, wo alles so fest ineinander verstrebt ist, geführt. Er weiß im Hinblick auf die Idee, die der Tragödie zugrundeliegt, wie er einen Charakter einzuschätzen, den Gang der Handlung aufzufassen und die Akzente zu setzen hat. Sofern es sich nur darum handelt, den metaphysischen Kalkül nachzurechnen und seine Verwirklichung zu prüfen, kann man Tragödien Friedrich Hebbels begabten Anfängern überlassen. Ob man eine solche Transparenz der Idee, der tragischen Notwendigkeit als Vorzug betrachte oder finde, daß alles dichterische Leben darin zu verblassen drohe, braucht uns hier weiter nicht zu bekümmern. Wo die von der idealistischen Ästhetik gemachte Voraussetzung zutrifft, versündigt man sich am Geist der Dichtung nicht, wenn man nach dem «Problem des Tragischen» fragt.

Peinlich dagegen sind die zumal im deutschen Sprachbereich seit Hegel allzu oft angestellten Versuche, das ideelle Gefüge auch dort vorauszusetzen, wo dem Dichter ganz andere Dinge vorgeschwebt haben. Da wird man Zeuge des seltsamen Vorgangs, daß ein gelehrter Leser seine Ergriffenheit – sofern er wirklich ergriffen ist – vor sich selber verleugnet und ängstlich nach einer «notwendigen», Sühne heischenden Schuld zu stöbern beginnt. Fühlt man sich gar verpflichtet, jede Tragödie als Theodizee zu betrachten, jedes tragische Schicksal in einen Heilsplan eingeordnet zu denken, so unterscheidet man sich kaum mehr von einem Frömmler, der bereit ist, die göttliche Vorsehung zu verehren, wenn neben Ungezählten, die schuldlos Leiden und Tod erduldet haben, nur auch der einzige Frevler umkommt, der ihren Tod verschuldet hat. Aus der «Antigone» Tragik im idealistischen Sinne herauszulesen, mochte noch einigermaßen gelingen. Was Hegel und seine Schule dagegen über Shakespeare sagen, wäre unglaublich, wenn man nicht wüßte, zu welcher Torheit Theorien manchmal auch eminenteste Köpfe verleiten[35]. Denn Shakespeare hat nun offensichtlich mit dieser von der deutschen Schulästhetik hundert Jahre lang postulierten Tragik nichts zu schaffen. Es hielte schwer, in seinen Tragödien eine Theodizee zu finden. Gewiß, Macbeth und der ruchlose König Richard III. gehen zugrunde. Zugrundegegangen ist aber auch König Duncan und sind die unzähligen Opfer des schließlich von Richmond besiegten «Bluthunds». Selbst dieser Sieg bedeutet nicht, daß eine höhere Stufe in einem dialektischen Weltprozeß erreicht sei, wofür zu sterben und leiden sich lohne. Wir haben ihn nicht als metaphysische Notwendigkeit, sondern als Glück zu betrachten und allenfalls, da König Heinrich VII. damit auf den Thron kommt, als Huldigung an das Herrscherhaus, dem die Königin Elisabeth entstammt. Auch die Frage nach dem Verhältnis von Schuld und Sühne läßt Shakespeare offen. In seinen Dramen ist alles möglich: Untergang des durch Redlichkeit bewehrten Kämpfers für die Freiheit (Brutus im «Julius Cäsar»), gemeinster, aus keiner Absicht des Weltgeists erklärbarer Frevel, der ungerächt bleibt («Troilus und Cressida»), Leiden und Tod, die nicht durch eine erkennbare Schuld begründet sind («Romeo und Julia», Desdemona im «Othello»).

Wir müssen aber noch weiter gehen. In Shakespeares Tragödien – und Komödien – findet sich nicht nur keine dichterisch durchgeführte Theodizee und keine «tragische Schuld» im idealistischen Sinne des Begriffs. Es gibt überhaupt kein «Problem», das jeden Aufzug, jede Szene, jeden Vers und den Zusammenhang aller Teile so bestimmen würde, wie etwa das Problem der auf den Körper angewiesenen Liebe die «Penthesilea» Kleists oder wie das Problem der realistischen Existenz die «Wallenstein»-Trilogie. Shakespeare scheint in jedem Augenblick, ohne Rücksicht auf das Ganze, aus der Tiefe des Ursprungs zu schöpfen; und nur deshalb kommt doch jedesmal ein Ganzes, das stimmt, zustande, weil seine dichterische Einbildungskraft nie gegen die Wahrheit des Lebens verstößt.

Mit anderen Worten: die Wahrheit gerät bei Shakespeare nicht unter das Joch der Idee³⁶. Wahr ist nicht, was einer a priori gegebenen Ordnung entspricht; wahr ist, was sich dem schöpferischen Blick des Dichters in jedem Augenblick darstellt.

Er braucht darum nicht alle Momente bewußt aufeinander abzustimmen, nicht alles auf ein im voraus geplantes Gefüge des Ganzen auszurichten. Die Einheit ist hinreichend gesichert durch die Gestalt des Protagonisten und durch das Thema: bedrängte Liebe, Eifersucht, verbrecherischer Ehrgeiz. Innerhalb eines solchen Rahmens bewegt sich Shakespeare selber und scheinen sich seine Geschöpfe ganz frei zu bewegen. Mit anderen Worten: strenge Funktionalität der Teile besteht hier nicht. Das hat zur Folge, daß wir immer wieder versucht sind, Shakespeares Gestalten nicht wie Figuren auf dem Schachbrett einer tragischen Handlung, sondern wie wirkliche Menschen zu betrachten. Ein einziges Beispiel mag dies erläutern. Im «Julius Cäsar» besprechen Octavius und Antonius ihren Schlachtplan:

Antonius	Octavius, führet langsam euer Heer
	Zur linken Hand der Ebene weiter vor.
Octavius	Zur rechten ich, behaupt' du die linke.
Antonius	Was kreuzt Ihr mich, da die Entscheidung drängt?
Octavius	Ich kreuz' Euch nicht, doch ich verlang' es so. (V, 1)

Der Einwand des Octavius und seine brüske Art, ihn durchzusetzen, hat keine Funktion im Verlauf der Handlung. Shakespeare bereitet damit nichts vor und kommt auch nicht wieder darauf zurück. Er sieht Octavius aber als künftigen Herrn der Welt, Antonius als Rivalen, der ihm unterliegen wird, und zeichnet mit einem unauffälligen Strich das welthistorische Bild, obwohl es für den Untergang des Brutus, dem wir entgegensehen, nichts zu bedeuten hat, oder doch nichts, was für den Zuschauer, den die Tragödie in ihrem Bann hält, faßbar wäre. Man weiß darum nie genau, wie weit man die Interpretation treiben soll. Der Reichtum in einem Drama Kleists oder Hebbels ist determiniert. Shakespeares Menschenkunde fließt über alle Ränder, die wir in einer Dichtung vorauszusetzen gewohnt sind. Man tut ihm Unrecht, wenn man alles nur im Hinblick auf seine Stelle in einer tragischen Rechnung betrachtet; man gerät ins Uferlose, wenn man jeder Andeutung folgt und den Gehalt zu ermessen versucht, der plötzlich, in einem Streiflicht, aufglänzt.

In einem Drama, in dem nicht jeder Teil nur im engsten Zusammenhang mit dem Gefüge des Ganzen verständlich ist, verliert die aristotelische Einheit des Orts und der Zeit ihren inneren Sinn. Ja, insofern sie alles in ein vorbedachtes Netz einspannt und zu ununterbrochener Übersicht anhält, wäre sie hier sogar abträglich; sie täte dem Leben, das frei aus unbegreiflicher Tiefe quillt, Gewalt. Die losere Folge der Szenen, der häufige Wechsel des Orts der Handlung, das unbekümmerte Schalten mit der Zeit, das von den französischen Klassizisten und von der Ästhetik der Aufklärung so scharf gerügte Verfahren Shakespeares muß freilich historisch aus der Tradition und Eigenart der elisabethanischen Bühne verstanden werden. Es wird zugleich aber auch der Einzigartigkeit dieser Dichtung gerecht, der Großzügigkeit, mit der sie dem flutenden Reichtum des Menschlichen Raum gewährt.

Doch wo die einzelne Szene innerhalb eines Dramas selbständiger wird, da muß sie augenfälliger sein und an sinnlicher Wucht und Drastik gewinnen. In einer antiken Tragödie, bei Racine, Corneille, Ibsen mag auf der Bühne wenig, ja sogar nichts geschehen. Das ist einer Kunst gemäß, in der das Leben mehr bedacht und beurteilt als vergegenwärtigt wird. Shakespeare vergegenwärtigt Leben mit überwältigender Leidenschaft. Sogar sein abgründiges Denken und sein Urteil – sofern es erlaubt ist, ein solches aus seinen Stücken herauszulesen – scheint nicht das Ziel zu sein, auf das seine Darstellung (wie ein Gerichtsprozeß auf den Entscheid) hinauslaufen würde, sondern nur wieder eine Lebensäußerung wie jede andere auch. Deshalb kann, ja muß auf seiner Bühne viel zu sehen sein: Geistererscheinungen, Staatsaktionen, Mord, Theater im Theater. Bestürzendes schaubares Geschehen ersetzt die einheitliche Spannung, mit der eine klassisch gefügte Tragödie wirkt. –

Nachdem wir so mit alten, zumal im deutschen Sprachbereich zähen ästhetischen Vorurteilen aufgeräumt haben, sehen wir die letzte Szene des «Hamlet» in einem anderen Licht. Es geht nicht darum, eine Dialektik zwischen Hamlet und einer Gegenmacht oder – wie Hegel behauptet hat – im Inneren Hamlets aufzulösen. Eine solche Dialektik gibt es nicht. Hamlet steht einer Welt gegenüber, die durch nichts zu rechtfertigen ist. Auch sein innerer Zwiespalt beruht nicht auf dem unversöhnlichen Gegensatz gleichberechtigter höchster Prinzipien, wie etwa die Not der cornelianischen Helden, die das Gebot der Ehre mit dem der Liebe vereinigen sollen. Hamlet geht an seinem ihm selber rätselhaften, durch keine moralischen Gründe erklärbaren Zaudern zugrunde, der dänische Hof an der Fäulnis, die ständig weiterfrißt und, immer erschreckender, hie und da zutagetritt. Beide Vorgänge sind nicht so beschaffen, daß sie sich auf eine jähe, alle Fragen klärende Entscheidung des Schicksals zuspitzen könnten. Doch Shakespeare muß zu Ende kommen und führt das Ende durch einen Auftritt herbei, in dem der Tod seine große Ernte so überstürzt einbringt, daß nur Entsetzen übrig bleibt vor

> Taten, fleischlich, blutig, unnatürlich,
> Zufälligen Gerichten, blindem Mord;
> Vor Toden, durch Gewalt und List bewirkt,
> Und Planen, die verfehlt zurückgefallen
> Auf der Erfinder Haupt... (V, 2)

Daß Hamlet gleichfalls in dem Strudel untergeht, ist unvermeidlich. Man kann sich ihn nicht als Sieger denken. Wenn er überleben würde, wäre sein Herzweh, auch nachdem er die Rache vollzogen hat, nicht zu Ende. Der Tod ist für den aus tausend seelischen Wunden Blutenden eine Erlösung. Ob er «gerecht» sei, fragen wir nicht. Er selbst verbietet die Frage mit seinem letzten Wort:

> Der Rest ist Schweigen.

Damit wird alles in jene Tiefe – des Nichts? der Gottheit? – zurückgenommen, die nicht beredet werden kann und die sich selber von jeher und in alle Ewigkeit weigert, in einer uns verständlichen Sprache zu sprechen.

Alles scheint zu Ende zu sein. Wir meinen, das Theater wie von Grauen gelähmt verlassen zu müssen. Doch nun ertönt ein Marsch hinter der Szene. Fortinbras betritt die Bühne. Sein Erscheinen in diesem Augenblick macht einen ungeheuren Eindruck. Eine morsche Welt zerfällt. Doch unzerstörbar ist der Grund der gesunden Lebenskraft. Er sendet ihn empor, den wir schon kennen, den schon die erste Szene der Tragödie angekündigt hat, der uns auf seinem fraglos-entschlossenen Zug nach Polen begegnet ist, den jungen Helden, dessen besonnenes Handeln das Leben ins Gleichgewicht setzt, in dessen Umkreis alles dahinfällt, was uns so lang zur Verzweiflung gebracht hat. Wir wundern uns einen Augenblick, wenn er den Befehl gibt, Hamlet «gleich einem Krieger» auf die Bühne zu tragen;

>   denn er hätte,
> Wär' er hinaufgelangt, unfehlbar sich
> Höchst königlich bewährt.

Hamlet auf dem Thron? Die Weltgeschichte lehrt uns zweifeln, ob ein solcher Gebieter ein Segen sei. Doch auch mit diesem Zweifel fälschen wir wieder, als Leser, den Eindruck, den uns auf der Bühne die Anerkennung des toten Prinzen macht. Daß Fortinbras ihn, den «armen Mann», den Literaten, den «von des Gedankens Blässe angekränkelten Hans den Träumer» «gleich einem Krieger» ehrt, daß Fortinbras es ist, der ihm die höchsten Herrschertugenden zutraut, bereitet uns eine Genugtuung, die nicht zu übertreffen, aber auch nicht so leicht zu erklären ist. Wir erinnern uns an die Worte, mit denen Ophelia die Zerstörung von Hamlets «edlem Geist» beklagt hat, und finden uns nun durch Fortinbras bestätigt in dem Glauben, den dieses Zeugnis damals in uns erweckt hat: daß nur die verderbte Welt es sei, die Hamlet nicht zur freien Entfaltung seiner Kräfte gelangen lasse. Auch Horatio ist durchdrungen von dieser Erkenntnis. Er wird den Auftrag des Freundes erfüllen und sein Geschick der Nachwelt melden. Dann wird sein Bild den reinen und einfachen Umriß zurückgewinnen, den wir im Stillen immer vorausgesetzt haben. Was unser Mitgefühl bis zu fast unerträglichem Weh gesteigert hat, war – so sehen wir jetzt ein – gerade das Mißverhältnis zwischen Hamlets von der Umwelt abgenötigter, bizarrer, verzerrter Erscheinung und der Wirklichkeit seines Adels, für die in seiner Welt kein Raum war.

*

Verwirrende, unstimmige, ja sogar an inneren Widersprüchen krankende Dichtung kann auf die Gemüter eine Anziehungskraft ausüben, wie sie ein klares, übersichtliches, folgerichtig zu Ende gedachtes Kunstgebilde nie verstrahlt. Es sind, wie Goethe nach dem Abschluß des zweiten Teils des «Faust» erklärt hat, gerade die «offenbaren Rätsel», die «die Menschen fort und fort ergötzen und ihnen zu schaffen machen». Ein solches «offenbares Rätsel» ist auch Shakespeares Tragödie «Hamlet» und zumal ihre Titelgestalt. Hamlet, den sogar der König als «edel, frei von allem Arg» – «most generous and free from all contriving» – anzuerkennen bereit ist, mißtraut – nur Horatio ausgenommen – allen Menschen seiner Umgebung und bemüht sich seinerseits, arglistig und hinterhältig zu sein. Wir trauen ihm, wenn er über die unerträglichen Plagen der Menschheit nachdenkt, angeborene Güte zu; derselbe Mann ist aber auch böse, in Anspielungen und Witzen tückisch, ja manchmal sogar, wie Ophelia gegenüber, empörend ungerecht. Er wird nach der Begegnung mit dem Geist von schwersten Bedenken geängstigt und macht sich kein Gewissen daraus, unnötigerweise Rosenkranz und Güldenstern in den Tod zu schicken. Er, der «des Staates Blum' und Hoffnung» gewesen ist, fühlt sich als «armer Mann», der «edle Geist» bemitleidet sich selbst. Der «Krieger» ist ein Literat. Der Zauderer handelt überstürzt. Der «Träumer» ist sich seiner schwierigen Stellung am Hof genau bewußt. Man könnte noch lange so weiterfahren.

Dennoch stellt sich die Gestalt der Einbildungskraft als Einheit dar. Und wenn wir uns von diesem zwingenden, aber zunächst undeutlichen Eindruck Rechenschaft abzulegen versuchen, so glauben wir alle Widersprüche daraus erklären zu müssen, daß Hamlet mit seiner Welt, mit der Tradition, die seine Jugendjahre bestimmt hat, mit dem hochgemuten Glauben seiner Epoche zerfallen ist. Den Anfang seines Unheils bildet das Zerwürfnis mit der Mutter, dem man eine geradezu symbolische Bedeutung zusprechen möchte, wenn dies nicht gegen Shakespeares ungebrochenen Wirklichkeitssinn verstieße. Die Begegnung mit dem Geist folgt, durch die das Schwergewicht seiner ganzen menschlichen Existenz verlagert, der «treffliche Bau» der Erde für ihn zum «kahlen Vorgebirge» wird, das «majestätische Dach» des Himmels zu einem «verpesteten Haufen von Dünsten». In der Erfahrung des Todes kulminiert der verhängnisvolle Prozeß.

Hamlet findet sich dadurch auf seine verborgene Innerlichkeit, das «Herz im Herzen», zurückgewiesen. Nur diesem Innern billigt er Wirklichkeit zu; die äußere Welt ist Schein, aufdringlich zwar, aber wesenlos.

Die Innerlichkeit gewinnt damit eine Übergewalt, die sein Gemüt aus dem Gleichgewicht bringt. Mit der Erinnerung an den Geist und seine Botschaft verfolgen ihn düstere Gedanken über das Los der Menschheit und über sein eigenes Los. Er ist genötigt, sich unablässig mit seiner neuen erschütternden Welterfahrung auseinanderzusetzen. Sein Gehirn arbeitet unausgesetzt. Und da es ihm fast vor allem, was er einst geliebt und verehrt hat, graust, widersteht er nicht der Versuchung, sich in jene Bereiche zurückzuziehen, die von der Wirklichkeit nicht, oder doch nicht unmittelbar-real berührt sind: zu diesen gehört die Sprache, sofern sie nicht gerade der Mitteilung dient, sondern sich in subtilen Witzen, Spielen und anderen Scherzen gefällt; zu diesen gehört die Literatur und insbesondere das Theater, in dem eine Scheinwelt aufgebaut wird, die sich zu ihrem Scheincharakter bekennt und insofern aufrichtig ist. Der Auftrag des Geistes bringt Hamlet aber in eine Lage, in der ihm ein solcher Rückzug ins Innere nicht erlaubt ist. Daraus ergibt sich jenes Vor und Zurück, jener irritierende Wechsel von halbem Angriff und halbem Rückzug, an dem er selber leidet und das den Zuschauer fast zur Verzweiflung bringt.

So haben wir uns sein widerspruchsvolles Wesen klar zu machen versucht. Shakespeares Zeitgenossen dürften die Einzigartigkeit der Tragödie vor allem darin gesehen haben, daß das Schema des Rachedramas sozusagen ungekehrt wird: statt daß der Rächer über gewaltige Hindernisse mit übergewaltiger Energie dem Ziel zustrebt, ist er es selber, der zurückweicht, lange gar nichts unternimmt und in einem günstigen Augenblick gelähmt die Arme sinken läßt. Wie «bedeutend» – im Goetheschen Sinne des Worts – eine solche Gestalt sei, konnte man damals noch nicht ermessen. Auch im Barockzeitalter ist Hamlet keine repräsentative Figur. Die Friedhofszene, der schwarzgekleidete Jüngling im Gespräch mit dem Schädel, die Vorstellung «Das Leben ein Traum», die sich ihm aufdrängt, der Gedanke an das «Große Welttheater», dem er sich zu nähern scheint: das hätte, meint man, im Jahrhundert Calderóns beispielhaft werden müssen. Es geschah nicht, vielleicht nur deshalb, weil man elisabethanische Bühnenstücke überhaupt noch nicht als eigentliche Literatur auffaßte, vielleicht aber auch, weil das religiöse Moment doch allzu sehr zurücktrat. Die wenigen Hinweise Hamlets auf die Vorsehung hätten nicht ausgereicht, dem Stück, sofern man es überhaupt beachtet hätte, die Würde eines «auto sacramental» oder doch eines geistlich verklärten Spiels zu sichern.

Gerade deshalb gewinnt es nun aber in der Romantik die größte Bedeutung, «Romantik», das Wort in dem Sinn genommen, den man ihm in England, Frankreich, Italien beizumessen gewohnt ist, wonach es einen Zeitraum bezeichnet, der mit Rousseau beginnt und bis in die Mitte des letzten Jahrhunderts reicht. Die Deutschen vor allem werden nicht müde, über Hamlet nachzudenken. Die Ausführungen Herders über «Sein oder Nichtsein, das ist die Frage», die große Betrachtung, die Goethe in den «Wilhelm Meister» eingerückt hat, die Übersetzung August Wilhelm Schlegels, die zahlreichen Hinweise Tiecks bezeichnen die ersten Stationen einer tiefsinnigen, leidenschaftlichen und fragwürdigen Aneignung.

In Hamlet erkennen sich die Geister, für die es keine allgemeine, objektiv gültige Ordnung mehr gibt und keine beglückende äußere Welt, die als «antwortendes Gegenbild» eines reinen Gemüts geschätzt werden könnte, die von dem Reichtum ihres eigenen Innern zu zehren verurteilt sind: die nordischen Hypochonder auf ihren Dunst- und Nebelwegen, die müden Skeptiker, die schmerzlichen Träumer. Es ist vor allem die Einsamkeit Hamlets, auf die man sich gern beruft, an deren Beispiel man sein erschüttertes Selbstbewußtsein aufzurichten versucht. Man fühlt sich angewidert von der Gegenwart, am Rande der Verzweiflung, von Ekel überwältigt und grüßt in Hamlet einen Freund, dessen Leiden das eigene Leiden adelt. Wenn es vor allem Deutsche sind, die sich selber in Hamlet erkennen zu dürfen glauben, so hängt dies mit ihrem politischen Schicksal in diesen Jahrzehnten zusammen. Sie finden sich in kläglichem Zustand, in machtlose kleinste Staaten zerstückelt, einstweilen ohne Hoffnung, den Glanz des Kaiserreichs zurückzugewinnen, und trösten sich mit dem Bewußtsein, «tatenarm und gedankenvoll»[37] zu sein. «Deutschland ist Hamlet» lautet das Schlagwort, mit dem man sich seine Misere zu erklären und zu verklären bemüht[38]. Die Engländer haben mit Recht protestiert. Sie finden das Wesen von Hamlets Gestalt damit verfälscht und eingeengt, eingeengt – wie im eigenen Namen hinzugefügt sei – vor allem auch deshalb, weil die Deutschen hier keinen besonderen Anspruch vorzubringen haben, weil Hamlet in viel allgemeinerem und ungleich tieferem Sinn den heimatlosen, aus seinem Erbe verstoßenen Geist der Neuzeit repräsentiert.

Aber auch damit ist bei weitem noch nicht erschöpft, was Shakespeares «prophetisches Gemüt» in Hamlet angelegt hat. In unserm Jahrhundert achtet man offenbar besonders auf die unselige Lähmung der Tatkraft durch das Denken. Der dänische Prinz erscheint als Urbild des Geschöpfs, das am Geist erkrankt ist, des Menschen, der die Sicherheit der tierischen Triebe eingebüßt hat. Daraus ergibt sich das Gegenteil des von einem unreflektierten und deshalb erfolgreichen Willen zur Macht besessenen, ruchlosen Politikers großen Stils.

Man fragt sich manchmal, ob die wirkliche Leistung des Dichters in einer solchen Ruhmesgeschichte nicht fast verschwinde. Die Frage stellt sich nur bei der Lektüre. Im Theater verstummt sie sogleich und bleibt nur das Erstaunen übrig, mit welcher Elementargewalt uns dieser vergeistigte, passive Held, der aller dramaturgischen Regeln spottet, hinzureißen vermag.

Manzoni

Die Verlobten

Von dem sechsundachtzigjährigen Alessandro Manzoni berichtet Giovanni Visconti Venosta, ein Mailänder Schriftsteller, der ihn persönlich kannte:

«In seinen letzten Jahren, ich glaube 1871, ging er gegen seine Gewohnheit eines Abends ins Theater, um sich eine Komödie anzusehen, die damals beliebt war. Man hatte ihn kaum erblickt, da erhoben sich alle von ihren Sitzen, schwenkten ihre Taschentücher und riefen ihm zu. Dann warteten sie auf ihn am Ausgang und brachten ihm eine begeisterte Huldigung dar...

Eine andere öffentliche Huldigung fand im Sommer desselben Jahres statt. Eines Abends, nach dem gewohnten Spaziergang, kam er später heim als gewöhnlich. Die Freunde erwarteten ihn im Salon; er versuchte seine Verspätung mit einer beliebigen Entschuldigung zu erklären. ‹Glaubt ihm nicht›, warf Abbate Ceroli ein, der ihn begleitet hatte. ‹Ich will euch sagen, warum er zu spät kommt. Wir waren im Stadtpark. Don Alessandro betrachtete neue Anpflanzungen. Man erkannte ihn und flüsterte: ‹Manzoni! Manzoni!› Die Leute standen still. Dann liefen ringsum alle herbei, die im Garten waren. Und alsbald befand sich Don Alessandro mitten in einer Menge von Männern, Frauen und Kindern. Alle wollten ihm die Hand drücken oder doch sein Kleid berühren. Frauen baten ihn, ihre Kinder zu segnen. Don Alessandro konnte nicht entrinnen. Er war ganz rot geworden. Aber mit seiner gewohnten Güte erwiderte er nach Kräften den Druck der Hände und streichelte die Kinder. Nach einer guten halben Stunde machte man ihm Platz, und er konnte endlich den Heimweg antreten zwischen zwei Reihen von Menschen, die ihn begeistert grüßten und schrien: ‹Es lebe Manzoni!› Kurz, es war eine Ovation, eine richtige Ovation!»[1]

Im Theater und im Stadtpark war es das Volk von Mailand, das dem alten Mann seine Verehrung darbrachte. Zwei Jahre später, bei der Bestattung, huldigte ganz Italien dem in allen Kreisen beliebten, von Hoch und Niedrig, gewiegten Literaten und einfachen Leuten bewunderten Dichter. Die amtliche Todesnachricht begann:

«Der Tod Alessandro Manzonis erfüllt die ganze Nation mit Trauer. Mailand, seine Heimatstadt, trägt zugleich Leid im eigenen Haus. Aufs tiefste bewegt beschließen die Behörden für den erlauchten Toten einstimmig feierliche Ehren»[2].

Der Tote wurde denn auch auf damals einzigartige Weise geehrt. Eine unübersehbare, dichte Menge säumte die Straßen der Stadt, durch die sich der Kondukt bewegte. Ein Vertreter des Königs und vier königliche Prinzen waren zugegen. Die Gebete im Dom sprach der Erzbischof. Ein Jahr darauf wurde in Mailand das von Verdi eigens für diesen Anlaß bestimmte Requiem uraufgeführt. Noch im letzten Viertel des letzten Jahrhunderts also galt Manzoni – neben dem König und dem schon 1861 gestorbenen Cavour – als der eigentliche Schutzgeist der Nation und überdies als Dichter höchsten Ranges und unübertroffener Meister der neueren italienischen Sprache.

Ein solcher Ruhm scheint ein stattliches Werk und eine souveräne, allen Schwierigkeiten des Lebens gewachsene Persönlichkeit vorauszusetzen. So glaubte ihn denn offenbar auch Hugo von Hofmannsthal sehen oder gleichsam postulieren zu müssen, wenn er in seinem Aufsatz über die «Promessi sposi» schrieb:

«Man ahnt die Haltung, in der dieser große Herr, der der berühmteste Schriftsteller seines Landes war, später fortlebt bis an sein achtundachtzigstes Jahr: wie er die Vertraulichkeit der Nachbarbauern, deren Streitigkeiten er schlichtet, ohne jede innere Umstellung mit der Vertraulichkeit der Gelehrten, der Priester oder der Adeligen vertauscht, und wie er vier Dezennien lang, einfach durch sein Leben – und fast ohne Metapher – das Herz des wiedererstandenen Italien ist»[3].

Die Wirklichkeit sah anders aus. Manzoni konnte freilich im Kreis vertrauter Freunde vortrefflich sprechen. Geistreich und beweglich ging er von einem Thema zum anderen über und setzte seine Hörer mit seinem unfehlbaren, weite Bereiche der italienischen, französischen und lateinischen Literatur umfassenden Gedächtnis in Erstaunen. Er war bestrebt, auf die Eigenart seiner Besucher einzugehen und jedem sein Recht widerfahren zu lassen. Doch seinem guten Willen, seiner Bereitschaft, jedem entgegenzukommen, ihm das Seine zu gönnen und sich herzlich einzuordnen, waren enge Grenzen gesetzt. Er litt an einer mit schweren Angstzuständen verbundenen Nervenschwäche, deren er mit aller Energie und mit vernünftigster Überlegung nicht Herr zu werden vermochte, die ihn befiel, sobald er sich nicht ganz geborgen fühlte, ein unbekanntes Gesicht gegenüber sah oder auch nur zu schwere Kleider trug. Schon 1816 schreibt er darüber an seinen Freund Claude Fauriel:
«Zustände der Unruhe und Beklemmung entmutigen mich seltsam. Immer wenn keine Hilfe nahe ist, fürchte ich, ohnmächtig zu werden und befinde mich in unerträglicher Aufregung, so, daß mein Leiden auch das einzige wirksame Heilmittel, lange Spaziergänge, ausschließt. Ich weiß genau, wie sehr die Einbildung an meinen Ängsten beteiligt ist. Aber um diesen Feind zu besiegen, genügt es nicht, ihn zu erkennen»[4].
Die Furcht war nicht unbegründet. Manzoni war einige Male, als er sich ohne Hilfe wußte, ohnmächtig geworden, so 1815 in einer mailändischen Buchhandlung, als er die Nachricht von dem Ausgang der Schlacht bei Waterloo hörte. Seither hatte er Bedenken, ohne Begleitung auszugehen. Andere Übel kamen dazu. Er litt an einer Sprachhemmung, die zwar verschwand, sobald er sich mit vollem Vertrauen unterhielt, gelegentlich sich aber bis zu leichtem Stottern steigern konnte. Wie sehr ihm dies alles zu schaffen machte, wie schwer es sich mit seinem ungeheuren Ansehen vereinigen ließ, erhellt aus einem Brief, den der Fünfundsiebzigjährige schrieb, als ihm die Wahl zum Senator bevorstand:
«Wenn nun dieses Unglück auf mein Haupt hereinbräche,

fände ich mich in der unerträglichen Lage, weder annehmen noch ablehnen zu können. Eine Ehre ablehnen, die auch eine edle Pflicht ist, zu der mich mein König beriefe, diese Regierung, der alle meine Gefühle gehören und meine Dankbarkeit als Italiener, Untertan und Privatmann, das hieße wahrhaftig étonner le monde avec l'excès de mon ingratitude. Andrerseits ist es mir schlechthin unmöglich anzunehmen. Ich lasse beiseite, daß es nicht wenig bedeutet, mit fünfundsiebzig Jahren zu reisen, Wohnsitz und Lebensgewohnheiten zu wechseln, sich von einer kranken Gattin und einer Familie zu trennen, die mich nicht begleiten könnte. Es gibt Schlimmeres. Ich kann überhaupt nicht daran denken, im Senat zu sprechen. Ich stottere ja, und am meisten dann, wenn ich aufgeregt bin. So würde ich die Leute hinter meinem Rücken zum Lachen bringen, auch wenn ich nur auf die Schwurformel antworten wollte ‹Ich schwö.., schwö.., schwöre›. Auch in den Senat zu gehen, um zu schweigen, ist ungeheuer schwierig für jemand, der seit vierzig Jahren mit seinen Nervenattacken nicht einmal sein Haus allein zu verlassen wagt. Schließlich scheint es ein Scherz zu sein, in einem Saal auszuhalten, wo vierzig oder fünfzig Personen versammelt sind. Aber da hilft nichts. Das Unternehmen geht über meine Kräfte. Es ist nur zu wahr, was mir oft widerfährt, wenn ich sonntags in die Messe gehe und einige Leute in der Kirche sind, daß ich mich nicht beherrschen kann und ohne weiteres hinausgehen muß. Es bliebe die Möglichkeit, anzunehmen und nicht in den Senat zu gehen. Aber wer sieht nicht, daß dies eine schiefe und wenig würdige Stellung wäre, dem König, dem Land, der Regierung und mir selbst gegenüber?»[5]

Zuletzt entschloß er sich dennoch anzunehmen, und wagte es wenigstens zweimal, einer Sitzung beizuwohnen.

Unsere Zeit versucht, Erklärungen für das seltsame, diesem «großen Herrn», der Manzoni ja wirklich auch war, so unangemessene Leiden zu finden. Zarteste Vorsicht ist aber geboten. Es sagt uns nichts, daß der Großvater des Dichters, Cesare Beccaria, einer der führenden Geister der italienischen Aufklärung des achtzehnten Jahrhunderts, bereits mit schwachen Nerven begabt und durch die unerfreuliche Person der Großmutter, Teresa Blasco, die Aussicht auf gesunde Kinder noch enger eingeschränkt worden war. Wir möchten erfahren, wie sich alles, was wir von Manzoni wissen, zur Individualität zusammenfügt, und haben dabei zunächst auf seine eigenen Äußerungen zu achten.

Er sprach mit Freunden oft von seinen Beschwerden, nicht um zu klagen, das lag ihm fern, aber um sich selber herabzusetzen und, meist mit Humor oder doch mit leisem Lächeln, die Hinfälligkeit des Menschen zuzugeben. So hören wir denn auch von ihm selbst, das Übel habe 1810 in Paris am Tage der Vermählung Napoleons mit Marie Louise begonnen; in einem Tumult auf der Place de la Concorde sei seine junge Gattin von der Menge weggerissen worden; er habe befürchten müssen, sie sei tot, und habe sich in eine Kirche geflüchtet und gebetet: «Gott! wenn es dich gibt, offenbare dich mir! Laß mich Enrichetta wiederfinden!»[6]. Wie immer es mit der Chronologie der Ereignisse auch bestellt sein mag, ob Manzoni schon früher leidend war und ob die Wandlung, die man als seine Konversion zu bezeichnen pflegt, an diesem Tage plötzlich, wie er es später zu sehen liebte, eintrat oder längst durch eine innere Unrast vorbereitet war – wir halten nur fest, daß für ihn selbst die Krankheit mit einer religiösen Erschütterung zusammenhing, und glauben, diesen Zusammenhang durch sein ganzes Leben bestätigt zu finden. Beklommenheit und Angst der Kreatur vor dem allmächtigen Schöpfer; die Furcht, in der Öffentlichkeit vor unbekannten Menschen zu versagen, und tiefe Scheu vor jedem, auch dem geringsten Verstoß gegen Gottes Gebot; das Bedürfnis, im häuslichen Kreis geborgen zu sein, und die Anerkennung der Kirche als allgemeiner Heimat der Menschen: es ist kaum möglich, die Dinge sich nicht auf diese Art zusammenzureimen, obwohl das Ergebnis abermals wenig dem erwarteten Bild der souveränen Persönlichkeit entspricht. Der Glaube mochte Manzoni immer wieder vor innerem Ungemach retten; als eine das ganze Dasein beglänzende franziskanische Heiterkeit wirkte die frohe Botschaft sich nicht aus. In dem Haus an der Via Morone in

Mailand und in dem nahen Landhaus Brusiglio waltete in der Regel eine eher melancholische Stimmung. Man nahm auf den kränklichen Hausherrn Rücksicht, trat leise auf und gab sich Mühe, jede Störung zu vermeiden, umso mehr, als sich Manzoni durch sein Leiden zwar nicht beim Lesen, wohl aber beim Schreiben behindert fühlte. In guten Stunden kam zwar dies und jenes glücklich und rasch zustande. Oft aber brachte er tagelang keine einzige Zeile zu Papier. Dann war er im Garten beschäftigt, zumal mit seinen geliebten Maulbeerbäumen, still verbündet mit Vergil, dem Dichter der «Georgica». Oder er ging, behütet von den Seinen, stundenlang spazieren, um seine Bedrängnis loszuwerden. Alles schien sich gegen eine bedeutende Leistung zu verschwören. Dennoch vermochte Manzoni bis zum Jahre 1827 die ganze Reihe von Werken zu schaffen, auf denen sein Ruhm als Dichter beruht. Er zählte zweiundvierzig Jahre, als die «Promessi Sposi» erschienen. Sechsundvierzig Jahre mühseligen Lebens standen ihm noch bevor. Er verbrachte sie damit, den Roman in die Sprache zu übersetzen, die er als gültig anerkannte oder, genauer ausgedrückt, als anzuerkennende erst erschuf. 1840 lag das Hauptwerk in der endgültigen Fassung vor. Daneben und später entstanden ästhetische, historische und politische Schriften. Der Dichter verstummte und bekannte sich sogar ehrlich, aus tiefer sittlicher Überzeugung, zu diesem Verstummen.

Eine einzigartige und schwer verständliche Entwicklung! Sie ist noch schwerer zu begreifen, wenn wir uns die Folge seiner sämtlichen Werke vor Augen führen. Die frühen Gedichte hat er später selbst in Bausch und Bogen verworfen. Sie bleiben künstlerisch im Bann Vincenzo Montis und Parinis und sind von jenem Geist der Aufklärung geprägt, dem sich Manzoni in seinen Pariser Jahren verschrieb. Es fällt uns schwer, in diesen Versen seine Züge bereits zu erkennen. Man muß aber wissen, daß er damals in einem Kreis verkehrte, der den freiesten Lebensstil zur Schau trug, daß er zu seiner Mutter hielt, die, längst von ihrem Gatten getrennt, mit Carlo Imbonati lebte, dem reichen Mailänder Patrizier, der bei seinem von Manzoni in einem langen Gedicht betrauerten Tod der

Geliebten sein ganzes Vermögen vermachte; daß zwar nicht feststeht, wie weit der junge Dichter sich von der Libertinage seiner Umgebung verführen ließ, wohl aber, daß er später seine Jugend glaubte bereuen zu müssen und daß er bemüht war, aus seiner Nähe alles zu entfernen, was ihn zu freundlich an sie erinnert hätte.

Nachhaltiger war für ihn der Einfluß der französischen Literatur. Der reife Manzoni scheint mit Voltaire und Diderot wenig zu schaffen zu haben. Vorbildlich blieb für ihn aber und spürbar zumal in den theoretischen Schriften ist ihre rationale Schärfe, die Klarheit des Gedankengangs, die logische Argumentation. So distanzierte er sich denn auch, bei aller Verehrung, zeitlebens von Pascal, weil er bei ihm die Vernunft unterschätzt fand. Der Hintergrund des 18. Jahrhunderts kann bei Manzoni nie weggedacht werden.

Das eigentliche Schaffen aber beginnt doch erst mit seiner Konversion. Es kann sich hier nicht darum handeln, den theologischen Standort genau zu bestimmen und etwa die noch heute viel erörterte Frage zu prüfen, ob er Jansenist gewesen sei und inwiefern er die Beschlüsse des Tridentinischen Konzils für schlechthin verbindlich gehalten habe. Er war von der unumstößlichen Wahrheit der christlichen Lehre tief überzeugt und hielt dafür, daß die Kirche bestellt sei, diese Lehre zu verwalten und der Menschheit zu verkünden. Das hinderte ihn aber nicht, ihre weltlichen Machtansprüche zu verwerfen und über die Forderungen, die allzu eifrige Priester an ihn stellten, nach eigenem Ermessen zu entscheiden. Er ehrte die Kirche als Institution und blieb sich der menschlichen Schwächen hoher und niedriger Würdenträger bewußt. Fremd war ihm im Umgang mit anders Gesinnten jede Art von Intoleranz. Er sprach seine Überzeugung aus, unerschrocken – seine nervöse Ängstlichkeit spielte da nicht mit –, und wenn man ihm widersprach, so ließ er es gern bei sanftem Bedauern bewenden. Dogmatische Fragen scheinen ihn überhaupt nicht tiefer berührt zu haben. Die sittliche Lehre Christi war es, die ihm zu Herzen ging und der er jeden Tag und jede Stunde innigst nachzuleben bemüht war. So heißt es schon im Eingang der an Sismondi gerichteten «Osservazioni sulla morale cattolica»:

«Ich bin der schwache, aber aufrichtige Apologet einer Sittenlehre, deren Zweck die Liebe ist, überzeugt, daß in dem guten Willen eines einfältigen Menschen mehr Adel und Würde sei als in dem Scharfsinn eines großen Denkers (persuaso che nella benevolenza del fatuo, c'è qualcosa di più nobile e di più eccellente che nell'acutezza d'un gran pensatore)»[7].

In dem guten Willen der Einfalt erblickt Manzoni Adel und Würde. Auf diesen Ton ist die ganze wahrhaft evangelische Schrift gestimmt, deren Milde – bei aller logischen Konsequenz – man Unrecht täte, wollte man sie polemisch nennen. Als Sünde, die dem Menschen in immer neuer Gestalt auflauert, gilt der Hochmut, die superbia. Ihr hält Manzoni die christliche Demut, wie die Kirche sie lehrt, entgegen. Und seltsam, auch da verleugnet sich sein aristokratisches Wesen nicht:

«‹Die Bescheidenheit›, heißt es, ‹ist eine der liebenswertesten Gaben des höheren Menschen›. Wie wahr! Man kann sogar allgemein bemerken, daß die Bescheidenheit nach Maßen der Überlegenheit wächst. Und dies läßt sich vortrefflich mit den Ideen der Religion erklären. Überlegenheit ist nichts anderes als ein großer Fortschritt in der Erkenntnis und in der Liebe der Wahrheit. Die Erkenntnis macht den Menschen demütig, die Liebe macht ihn bescheiden»[8].

Immer wieder finden wir Rationalismus, Christentum und Noblesse so untrennbar ineinander verflochten, etwa auch in den folgenden Sätzen:

«Man kann sich kein lasterhaftes Gefühl vorstellen, das, nach dem Evangelium, nicht ein falsches Urteil voraussetzt. Fragst du einen Christen, welches in jedem Fall die vernünftigste und nützlichste Entscheidung sei, so wird er antworten müssen: die ehrenhafteste und edelmütigste»[9].

Auf italienisch läßt sich dergleichen allerdings viel natürlicher sagen:

«Non si potrà immaginare un sentimento vizioso, che secondo il Vangelo, non supponga un falso giudizio. Sè domandi a un cristiano quale sia in ogni caso la risoluzione più ragionevole e più utile; dovrà rispondere: la più onesta e la più generosa.»

Wenn irgendwo, so scheint hier ein christlicher Sokrates das Wort zu ergreifen. Und diese Gesinnung im Ganzen bedeutet uns in unserm Zusammenhang mehr als jedes einzelne Argument, mit dem Manzoni Sismondis Angriff auf die Kirche widerlegt. Wir müssen vor allem die Folgen für sein dichterisches Schaffen ins Auge fassen und haben zunächst ein naheliegendes Mißverständnis abzuwehren. Manzoni gilt als Romantiker. Als solchen hat er sich selber in dem Aufsatz «Über den Romantizismus» von 1823 verstanden, und einige frühe Bildnisse, die aber meist nicht nach dem Leben gemalt sind, zeigen ihn in jener Aura von Ahnung, Schwärmerei und Geheimnis, der wir auch bei Byron, Lamartine, Tieck und Foscolo begegnen. Nach den in der deutschen Literaturgeschichte festgelegten Begriffen gehört Manzoni aber nicht zur Romantik; auch menschlich steht er den meisten romantischen Zeitgenossen fern. Sogar sein christlicher Glaube, den er als Gegensatz zu dem heidnisch orientierten klassischen Denken empfand, ist in unserem Sinn nicht romantisch geprägt. Manzoni schwelgt nicht in dem poetischen Zauber der Ferne des Mittelalters. Die heilige Stimmung eines katholischen Gottesdienstes ergreift ihn vielleicht, wird aber dichterisch kaum je fruchtbar. Das sittliche Interesse herrscht vor, und diesem liegt die in unserem Sinn ganz unromantische, ja entschieden klassische Überzeugung zugrunde, daß die Natur des Menschen sich von den ältesten Zeiten bis zur Gegenwart immer gleich geblieben sei. Diese Überzeugung wird auch durch Manzonis gründliche historische Studien nicht erschüttert. Manzoni liest die Geschichte nicht als Buch der unendlichen Zeit, in der sich eine individuell bestimmte Lebensgestalt an die andere reiht und jede nur in ihrem eigenen Geist gedeutet werden darf, ohne Bezug auf eine ewige Ordnung, eine Dauer im Wechsel, sondern eher wie Schiller, der die bunte Fülle des historischen Wandels als Kolorit einer unvergänglichen Zeichnung willkommen hieß. Vor allem ist ihm aber fremd, ja im innersten Herzen zuwider alles, was sich die Willkür der romantischen Subjektivität im Geist des recht oder falsch verstandenen Fichte herausnimmt: das freie Spiel der Phantasie, der Unendlichkeitstaumel, die Ironie, die mit Vorbehalt setzt und beliebig aufhebt. Ihm war es Ernst mit der christlichen Demut. Er war entschlossen, in allen Bereichen des Lebens zu prüfen, ob er im Geiste Christi lebe, fühle, denke. Also stellt er auch die Frage nach der Auffassung des Dichters, seinem Selbstverständnis und seinem Anspruch an die Öffentlichkeit. Der Dialog «Über die Erfindung» beginnt damit, daß sich zwei Freunde über die Leistung des Dichters streiten. Der eine behauptet, der Dichter «schaffe» (crea). Der andere schüttelt ernst den Kopf und will das Wort nicht gelten lassen. Nun gibt der erste nach und besteht nur noch darauf, daß der Dichter «erfinde» (inventa). Auch dies genügt aber dem zweiten nicht:

«Hättet Ihr vorher dieses Wort statt des ruchlosen ‹schaffen› (quello sciagurato creare) gebraucht, so hätte es gut passieren können. Nun aber taugt es uns nicht mehr»[10].

Statt von «Erfinden» dürfe nur von «Finden» die Rede sein; denn alles Erdenkliche, Aussprechbare sei von vornherein gedacht in Gott.

Der Dialog «Über die Erfindung» beruft sich auf Rosmini und ist zu Beginn der vierziger Jahre entstanden, in einer Zeit, in der Manzoni der Poesie überhaupt bereits mit Argwohn gegenüberstand und seine dichterische Kraft erschöpft war. Aber schon 1823 hat er sich in der «Lettre à M. Chauvet» ähnlich ausgesprochen, nicht ganz so unbedingt freilich, doch immerhin eigenartig und deutlich genug. Es geht um die scheinbar harmlose Frage der Einheit des Orts und der Zeit im Drama. Manzoni hat sich in seiner Tragödie «Il conte di Carmagnola» über die klassische Regel hinweggesetzt und ist deswegen von einem (im Übrigen heute nicht mehr bekannten) französischen Dichter angegriffen worden. In seiner Antwort weist Manzoni unter anderem darauf hin, daß die Einheit des Orts und der Zeit den Dichter nötigen könne, unwahr zu werden. Er muß in kürzester Zeit zu einem eindrucksvollen Ende gelangen und deshalb die Leidenschaften forcieren. Gerade deshalb hatte Chauvet die aristotelischen Regeln verteidigt. Manzoni bemerkt dazu:

«‹Es ist schon so›, behaupten Sie, ‹daß die Grenzen der Kunst der Einbildungskraft des Künstlers erst den Auftrieb geben und ihn zwingen, Schöpfer zu werden›. Gewiß, das ist, ich gebe es zu, die wahre Folge dieser Regel. Und die oberflächlichste Kenntnis der Bühnen, die sie übernommen haben, beweist uns überdies, daß sie die Wirkung nicht verfehlt. Ein großer Vorteil, nach Ihrer Ansicht. Ich wage es, anderer Meinung zu sein und die Wirkung, um die es sich handelt, im Gegenteil als den schwersten Nachteil der Regel anzusehen, aus der sie hervorgeht. Ja, diese der Kunst willkürlich auferlegte Notwendigkeit: zu erschaffen (creare) lenkt sie von der Wahrheit ab und gereicht ihr zum Schaden in ihrem Ergebnis wie in ihren Mitteln»[11].

Wie eigenartig, daß Manzoni gerade die Auflösung der Form, die sonst die romantische Freiheit fördert, als Garantie der Wahrheit und Demut vor dem wirklichen Leben auffaßt!

Einige Seiten später verwahrt er sich noch entschiedener gegen die freche Willkür des einsamen Schöpferkauzes, der sich nicht um die Geschichte kümmert, und stellt ihm das Beispiel Racines entgegen:

«Sogar bei Stoffen aus der Sage fühlte er, daß alles, was zu einer Tradition gehörte und Glaube des ganzen Volkes war, immer eine Art und einen Grad von Bedeutsamkeit erreicht, die nie erzielt werden kann von der vereinzelten und beliebigen Erfindung eines Menschen, der sich in sein Zimmer einschließt, um, nach eigenem Geschmack und Bedürfnis, kleine Stückchen Geschichte zusammenzuklittern»[12].

Ganz spricht hier freilich Manzoni dem Dichter das Recht auf Erfindung noch nicht ab: Der weite Bereich des Innern, von dem die Geschichte nichts meldet, steht ihm offen; und unbenommen bleibt es ihm, geschichtliche Lücken auszufüllen, ja Gestalten einzuführen, in denen sich der bekannte Geist einer Zeit besonders deutlich darstellt. Dies alles hat aber so zu geschehen, daß die Erfindung zur Wirklichkeit stimmt, die Wirklichkeit durch die Erfindung nur noch klarer zutagetritt.

Eine sittliche Ästhetik ist es, die Manzoni damit gegen alles romantische Wesen vertritt. Der Dichter soll sich nicht einreden, er sei der schaffenden Gottheit ähnlich. Er soll sich dem Gegebenen fügen; er soll der gottgewollten Wahrheit dienen und damit auch den Menschen.

Noch allgemeiner, schärfer und bittrer, äußert sich Manzoni an einer Stelle, wo man es nicht erwartet. Für die «Promessi Sposi» war ursprünglich eine Untersuchung des ungeheuerlichen Prozesses bestimmt, in dessen Verlauf Unschuldige als satanische Verbreiter der Pest gefoltert und am Ende qualvoll hingerichtet worden waren. Um in alle Zukunft an den Arm der Gerechtigkeit zu erinnern, hatte man auf dem Platz, auf dem das Urteil vollstreckt worden war, eine Säule – «colonna infame» – aufgerichtet. Parini, der von Manzoni hochverehrte Dichter des 18. Jahrhunderts, erwähnt sie einmal und scheint den Abscheu der Bevölkerung Mailands vor den vermeintlichen Übeltätern zu teilen. Dazu bemerkt Manzoni:

«War dies wirlich Parinis Meinung? Man weiß nicht. Daß er sie ausgesprochen hat, entschieden allerdings, aber in Versen, wäre dafür kein Argument. Denn damals galt der Grundsatz, die Dichter hätten das Privileg, aus allen Glaubensartikeln Nutzen zu ziehen, wahren und falschen, wenn sie nur geeignet seien, einen starken oder gefälligen Eindruck zu machen. Das Privileg! Die Menschen im Wahn erhalten und erhitzen, ein Privileg! Darauf entgegnete man, ein solcher Nachteil könne nicht erwachsen, da im Grunde doch niemand glaube, was Dichter sagen. Darauf ist nichts zu erwidern. Man kann es nur seltsam finden, daß die Dichter mit dieser Erlaubnis und ihrer Begründung zufrieden waren»[13].

«Damals» sagt Manzoni und spricht im Präteritum, ironisch natürlich; er weiß gut, daß es in der jüngsten Zeit nicht anders geworden ist.

Wer Dichtung so beurteilt, wird vieles nicht mehr anerkennen, was Jahrhunderte lang gerühmt worden ist. Manzoni vermied es aber lieber, die Dichter im Einzelnen zu zensieren.

Seinen Unmut über Alfieri sprach er gelegentlich aus. Sonst zog er es in der Regel vor zu schweigen, wo er nicht billigen konnte. Vor allem darf man ihm keine Pedanterie und Zimperlichkeit zutrauen. Auch vor dem Grauenhaften und Entsetzlichen schreckte er nicht zurück, sobald er es als wahr erkannte. So hat er Zeit seines Lebens Shakespeare als einen der größten Dichter bewundert. Ihm «superbia» vorzuwerfen, wäre ihm nie eingefallen. Alles Verstiegene aber, alles «giocar colla fantasia»[14] war ihm ein Ärgernis.

Und nun schränkte sich für sein eigenes Schaffen der Kreis noch weiter ein. Er hat sich, so viel ich sehe, darüber nie im Zusammenhang ausgesprochen, es geht aus seiner allgemeinen Schätzung des Dichters aber hervor und wird uns insbesondere durch sein eigenes Schaffen nahegelegt: daß er auch in dem subjektiven Bekenntnis, dem dichterischen Werk als «Bruchstück einer großen Konfession», einen Akt der Eitelkeit und damit gleichfalls ein Zeugnis der «superbia» sah. Es ist indes wohl richtiger, hier nicht gleich von vornherein auf die religiöse Bedeutung hinzuweisen. Manzoni hält sich in dieser Hinsicht nämlich schon in den vor der Konversion entstandenen Versen zurück. Ein Sonett wie das «Selbstbildnis» von 1801, das also der Sechzehnjährige geschrieben hat, stellt eine Ausnahme dar. Noch viel erstaunlicher aber ist es, daß wir von Manzoni, wieder von einer Ausnahme abgesehen («Auf seine Herrin», 1802), keine Liebesgedichte besitzen. Religiöse Bedenken mögen da freilich später mitgespielt haben. Doch auch der junge Dichter, der sich in einer frivolen Umwelt bewegt und ihr Gehaben nicht anstößig findet, schreibt keine erotische Poesie; und später hätte er immerhin der innigen Liebe zu seiner Gattin poetischen Ausdruck geben können, ohne sich deshalb der Verbreitung sündiger Gefühle zeihen zu müssen. Er tat es nicht. Wir suchen wieder, ratlos zunächst, nach einer Erklärung. In einem Brief an Fauriel vom 19. März 1807 erzählt Manzoni von einer Liebe, die ihn 1801, also als Sechzehnjährigen, heimgesucht habe, und bezeichnet sie als «Leidenschaft, die vielleicht die Kräfte, die meine Seele für solche Gemütsregungen besaß, erschöpft hat»[15]. Auch davon würde die tiefe, oft, wenngleich meist indirekt bezeugte Liebe zur Gattin nicht betroffen. Es bleibt kaum etwas anderes übrig als anzunehmen, daß Manzoni in allem, was ihn persönlich betraf, von jeher schamhaft gewesen sei und daß sich später diese Scham zu der christlichen Demut läuterte, die ihm zu bekennen Bedürfnis war. Seine Abneigung, sich malen oder photographieren zu lassen, seine ehrliche Scheu vor allem Ruhm, vor allem überhaupt, was die Aufmerksamkeit auf seine Persönlichkeit lenkte, sei hier erwähnt. Wir sehen den greisen Manzoni vor uns, der sich der lästigen Camera wieder einmal nicht hat entziehen können, in seiner schlichten, von jeder Pose freien Haltung und mit dem scharf geschnittenen, edlen, aber auch höflich ablehnenden Antlitz und glauben zu verstehen, wie sich in diesem Mann nervöse Scheu, Diskretion, Scham und sittliche Kraft vereinigen konnten.

Doch welche Folgen hatte diese Scheu für sein poetisches Schaffen? Er war Italiener. Die italienische Lyrik ist noch in höherem Maß als die der andern europäischen Völker durch Petrarca bestimmt, Petrarca, der unablässig seine eigene Individualität umkreiste, für den auch die Liebe und der Glaube, sogar die Reue und Buße vor allem interessante Erfahrungen waren, die er mit sich selber machte, der also in mancher Hinsicht als das – alle Späteren freilich weit überragende – Urbild des modernen subjektiven Geistes aufglänzt. Manzoni hat sich über Petrarca nur selten ausgesprochen und dann in einer Weise, die deutlich zeigt, wie fremd er ihm gegenüberstand. So nahm er sein Sündenbekenntnis als eine den Dichter selbst verpflichtende Wahrheit und kam überhaupt nicht auf den Gedanken, daß es ebenso nur literarisches Experiment gewesen sein könnte wie die bereute Liebe auch. In der späteren italienischen Lyrik, auch wenn sie immer noch unter Petrarcas übermächtigem Einfluß steht, verschwinden die religiösen Vorbehalte meist oder sie verlieren, sofern sie überhaupt noch vorgebracht werden, ihren ursprünglichen Sinn, so in dem Canzoniere Tassos, des Dichters, den Manzoni von allen Großen der italienischen Literatur am schärfsten verurteilt hat. Die in ungezählten Gedichten blühende, manchmal schon barocke schwüle Erotik mochte ebenso seinen Zorn heraufbeschwören wie die höfisch prunkenden, im Gegensatz zu Ariost aber ernst gemeinten und anspruchsvollen Fabeleien der «Befreiung Jerusalems».

Es fragt sich nun aber nachgerade, was Manzoni, einem Dichter vom Anfang des letzten Jahrhunderts, an poetischen Möglichkeiten noch bleibt. Er bekennt sich zur Kirche, so unbedingt, daß er sogar die längst zur Gewohnheit gewordene dekorative Verwendung der Mythologie als Idolatrie verwirft. Er findet es bedenklich, ja blasphemisch, das Dichten, mit einem Seitenblick auf Gott, ein «Schaffen» zu nennen, und sieht sogar in dem freien Spiel der Phantasie eine Anmaßung. Und schließlich gilt ihm alles, was «Bruchstück einer großen Konfession» ist, als Dokument der Eitelkeit. Und daß er je zur Feder gegriffen habe, ohne sich diese Bedenken vor Augen zu halten, ist bei seinem immer wachen Gewissen schwer vorstellbar. Einmal hat er es immerhin getan, in der Ode «Der fünfte Mai». Die Nachricht von Napoleons Tod bewegte ihn so tief und suchte ihn mit einer solchen Flut gewaltiger Vorstellungen heim, daß er, ganz gegen seine Art – er pflegte langsam und schwer zu schreiben – das lange Gedicht vom achtzehnten bis zum zwanzigsten Juli des Jahres 1821 zustandebrachte. Es ist uns wertvoll zu wissen, daß er einer solchen unreflektierten dichterischen Erschütterung fähig war. Sein Gesamtwerk rückt damit von vornherein in ein anderes Licht. Es erscheint – was nach den Voraussetzungen vielleicht bezweifelt werden könnte – nicht als Ergebnis einer ängstlich kultivierten, sondern einer gebändigten elementaren Kraft.

Wo aber konnte sich diese Kraft noch frei entfalten? Wo glaubte er sein Dichtertum noch verantworten zu können?

Auf zwei Bereiche sah er sich verwiesen: die vaterländische und die religiöse Poesie. Da ging es nicht um seine Person. Da sah er sich Überlieferungen und Mächten gegenüber, auf die sich eine Gemeinschaft verpflichtet hatte und denen er mit aller Leidenschaft seines edelmütigen Herzens zu dienen fähig und bereit war.

Religiöse Dichtung liegt uns in den «Inni sacri» vor. Keine

privaten Gebete oder Bekenntnisse sind es, sondern Hymnen, ganz dem Göttlichen zugewandte Festgesänge auf heilige Tage, Weihnachten, Karfreitag, Ostern, Pfingsten, oder auf den Namen Maria und eine erste Kommunion. Manzoni selbst hat seine Absicht in einem Brief an Fauriel 1816 mit den Worten umschrieben:

«J'ai tâché de ramener à la religion ces sentiments grands, nobles et humains, qui decoulent naturellement d'elle»[16].

«Grands, nobles» – die beiden Begriffe geben bereits zu verstehen, daß Manzoni sich von der ganzen weichen, tändelnden religiösen Lyrik der letzten Jahrhunderte distanziert und eher den längst vergessenen Geist des Mittelalters erneuern will. Dahin weisen auch die hart gemeißelten Strophen und die Verse, die auf allen Schmelz verzichten, die Reime, die nicht sonor sein wollen, sondern eher die scharfe metrische Gliederung noch unterstreichen. «Humains» aber – damit deutet der Dichter seine von Ideen der Aufklärung bestimmte Gesinnung an, das Erbe des achtzehnten Jahrhunderts, das er auch hier nicht verleugnen will. Ein Interpret aus deutschem Sprachbereich tut immer wohl daran, bei der Würdigung italienischer Lyrik Vorsicht walten zu lassen. So sei denn hier das Urteil eines in der Sprache und Literatur des Landes Heimischen angeführt:

«Ein neuer Gehalt – ein christlicher, demokratischer, volkstümlicher, zum mindesten in dem Sinn, der den von dem Volk geteilten Gefühlen entsprach – wurde noch in aristokratischen Formen ausgedrückt, denen das Volk mit seinem Mangel an Kultur und seinem andern Geschmack notwendig fremd gegenüberstand.»[17].

Manzoni wäre es demnach in den «Inni sacri» noch nicht geglückt, die gegensätzlichen Kräfte seiner Natur zusammenzuschließen und eine einheitliche Wirkung hervorzubringen.

Man wird dies auch von seinen beiden Tragödien nicht behaupten wollen. Bei «Il conte di Carmagnola» befremdet uns zunächst der Stoff: Ein Condottiere, der mit seinem ursprünglichen Herrn zerfallen ist und seine Dienste dem Gegner anbietet, der nach einer, wie Manzoni versichert, damals herrschenden Gewohnheit die Kriegsgefangenen freigibt und deshalb als Verräter verurteilt und schuldlos hingerichtet wird – der Fall ist zu speziell, als daß er allgemein interessieren könnte. Er setzt Vertrautheit mit politisch-militärischen Konventionen einer vergangenen Zeit voraus. Nur der Chor im zweiten Aufzug ergreift den Leser unmittelbar, die lyrische Schilderung eines Kampfs, die in die Klage über das zerrissene, fremden Kriegerhorden ausgelieferte Italien mündet. Seit dem Einfall Karl von Anjous, seit Machiavelli und Guicciardini hat dieses Schicksal die patriotisch Gesinnten immer wieder verdüstert und zur Empörung aufgerufen. Auch der Schwung des Risorgimento, zu dem Manzoni auf seine Weise gehört, ist nur aus dem seit Jahrhunderten lastenden Unglück zu verstehen. Carmagnola wurde 1432 hingerichtet. Manzoni führt den Lesern und Hörern die italienische Renaissance mit ihren endlosen Machtstreitigkeiten zwischen einzelnen Städten als Anfang der nationalen Not vor Augen, wie dies schon die beiden großen Autoren des Cinquecento tun. In der zweiten Tragödie, «Adelchi», geht er aber noch weiter, ins achte Jahrhundert, die Zeit der Langobarden, zurück. Grundsätzlich ändert sich damit nichts. Manzoni denkt von Rom aus und sieht in dem Niedergang und Sturz des römischen Reichs die Wurzel allen Übels. So hat er die Langobarden ebenso als Fremde betrachtet wie die Franken unter Karl dem Großen, dem die Langobarden erliegen. Davon handelt der berühmte Chor am Ende des dritten Aufzugs, der zur Losung der italienischen Patrioten geworden ist: Aus den Ruinen Roms und muffigen Grüften ersteht das enterbte Volk und glaubt, in dem nahenden fränkischen Kaiser seinen Befreier begrüßen zu dürfen. Aber der neue Eindringling verbindet sich nur mit dem älteren; Italien hat nun zwei fremde Herren statt einen; und die Nachfahren der Römer bleiben, wie sie seit dem fünften Jahrhundert n. Chr. gewesen sind, entwürdigt,

Un volgo disperso che nome non ha.

Manzoni hat das Verhältnis der Langobarden zu den Eingesessenen falsch gesehen, obwohl er sich gründlich um die historische Wahrheit bemühte. Die gegenwärtige österreichische Fremdherrschaft, die die französische abgelöst hatte, und die frühere spanische stand ihm vor Augen und trübte seinen sonst unbestechlichen Blick. Bei einem andern Dichter würde man von dergleichen kein Aufhebens machen. Manzoni aber legte auch in den Tragödien Wert darauf festzustellen, was Dichtung und was Geschichte sei, und nahm sich in dem Personenverzeichnis zum «Carmagnola» sogar die Mühe, historische Gestalten ausdrücklich von den erfundenen zu unterscheiden. Darüber hat sich Goethe in «Teilnahme Goethes an Manzoni» geäußert. Er meint, Manzoni habe nicht aus «eigenem Gefühl und Überzeugung» so gehandelt, sondern aus Rücksicht auf ein «krittelndes Publikum», und glaubt darum so fortfahren zu dürfen:

«Da wir unsere unbedingte Zufriedenheit mit seiner Arbeit ausgesprochen, so erlaube er uns hier ihn zu bitten, daß er jenen Unterschied niemals wieder gelten lasse. Für den Dichter ist keine Person historisch, es beliebt ihm, seine sittliche Welt darzustellen, und er erweist zu diesem Zweck gewissen Personen aus der Geschichte die Ehre, ihren Namen seinen Geschöpfen zu leihen»[18].

Aber gerade davon, daß der Dichter wirklichen Gestalten eine Ehre erweise, indem er seinen Geschöpfen ihren Namen leihe, wollte Manzoni nichts wissen. In seiner Antwort an Goethe scheint er zwar aus Höflichkeit und Ehrerbietung zuzustimmen. Im Grunde – wie seine späteren Ausführungen über den historischen Roman bezeugen – bleibt er aber bei seiner Ansicht.

Immerhin bedeutet der «Adelchi» gegenüber dem «Carmagnola» einen entschiedenen Fortschritt. Keine kaum verständliche militärische Ermessensfrage bildet nun den Kern der Handlung. Es geht um die Pietät gegenüber einem unbesonnenen Vater, die Trauer einer verstoßenen Gattin, gegründete Macht und Hochverrat, den ein Emporkömmling begeht, um leicht zugängliche menschliche Probleme von allgemeiner Bedeutung. Dennoch weiß man wieder nicht recht, woran man sich halten soll. Eindeutige Sympathie erwecken der Schmerz und die Weltflucht Ermengardas. Recht und Unrecht Desiderios werden nicht so herausgearbeitet, daß wir Anteil nehmen könnten. Und vollends schwanken wir in unserm Urteil über Karl den Großen. Lauter Folgen von Manzonis gewissenhafter Absicht, keiner Gestalt der Geschichte Unrecht zu tun. In der «Lettre à M.C'''» scheint er dies allgemein von einem Tragiker zu verlangen, der sich mit historischen Stoffen befaßt:

«Sicher, mit Hilfe der Wahrheit zu interessieren, wird er sich nicht mehr genötigt glauben, dem Zuschauer Leidenschaften einzuflößen, um ihn zu fesseln; es liegt nur an ihm, auf diese Weise der Geschichte ihren ernstesten und am meisten dichterischen Zug zu erhalten: die Unparteilichkeit»[19].

Und noch deutlicher in den folgenden Sätzen:

«Nicht dann, das muß gesagt sein, empfindet man den höchsten Grad von Erregung, wenn man die Raserei und die Ängste, die Begierden und den Stolz der Gestalten einer Tragödie mitmacht; das geschieht vielmehr *über* dieser engen und unruhigen Sphäre in den reinen Regionen der interesselosen Betrachtung.»

«Nicht indem er in ruhigen Gemütern die Stürme der Leidenschaften aufzuregen versucht, entfaltet der Dichter seine größte Macht. Indem er uns herabzieht, macht er uns irre und verdüstert uns. Wozu so viele Mühe für eine solche Wirkung? Verlangen wir von ihm nur Wahrheit und die Einsicht, daß die Leidenschaften nicht dann, wenn wir sie teilen, uns auf eine förderliche und erfreuliche Weise bewegen, sondern wenn sie in uns die Entwicklung der moralischen Kraft begünstigen, mit deren Hilfe man sie bezähmt und richtet.»

Die «interesselose Betrachtung» und die «Entwicklung der moralischen Kraft» erinnern uns an Schiller. Nur daß Schiller als Bühnendichter, im Widerspruch zu seiner ästhetischen Theorie, das Erregen von Leidenschaften, Begeisterung und Empörung so natürlich war, daß er die Wirkung über die Rampe selten verfehlte. Manzoni dagegen, der einmal sogar erklärte, «die Vorstellung von Leidenschaften, die keine Sympathie erregen, sondern gefühlte Überlegung (riflessione sentita), ist dichterischer als jede andere»[20], konnte nicht auf das Theater rechnen. Er dachte auch nicht daran. «Il conte di

Carmagnola» und «Adelchi» sind nicht für die Bühne bestimmt. Es fragt sich aber, ob sie auch nur als Lesedramen erreichen, was sich der Dichter mit ihnen vorgesetzt hat. Er kann uns seine Gestalten einzig in Rede und Gegenrede zeigen und muß auf vieles, was ihn lockt, vor allem auch auf die Darstellung ihrer leibhaftigen Wirklichkeit verzichten. Fast ganz beraubt er sich aber der Möglichkeit, auf die er doch so großen Wert legt, ein Zeitgemälde zu entwerfen, Gebräuche und Sitten zu schildern. Auch Kulissen und Kostüme wären für seinen Willen zu historischer Treue ein schwacher Ersatz. Wenn selbst diese noch fehlen, bewegen sich seine Gestalten im leeren Raum. Die geplante Erneuerung der Tragödie im Geiste Shakespeares ist mißglückt. Beide Stücke, zumal «Adelchi», werden ihren Platz in der italienischen Literatur, wo sie so einzigartig sind, behaupten und um ihrer Würde und Schönheit im Einzelnen willen bewundert werden. Man darf sich darin mit Goethe einig wissen, wird aber nicht verkennen, daß Manzoni die Gattung verfehlt hat.

Er war zum Epiker bestimmt. Einen epischen Dichter, Vergil, hat er schon früh von allen Dichtern der Welt am meisten verehrt und geliebt und mit der Zeit fast auswendig gewußt. Er verehrte die römische Größe Vergils, die Treue gegenüber der sakralen und mythischen Tradition, die ruhige Würde seiner für das lateinische Schrifttum vorbildlichen Sprache, die Prägkraft der Verse, die Pietät des Helden Aeneas, und liebte die zarte, ja fast ängstliche Zurückhaltung in erotischen Szenen, und in allem «una contemplazione animata e serena»[21]. Wahrscheinlich fühlte er sich auch mit dem Menschen Vergil verwandt, dem redescheuen Mann mit der schweren Zunge, der die Öffentlichkeit nicht liebte und den Leuten, die ihm nicht innerlich nahestanden, lieber auswich.

Aber wie wäre es möglich gewesen, Vergil als Dichter nachzufolgen? Die Zeit des Epos – im engeren Sinn – war in Italien längst vorüber. Es fehlte durchaus an einem Stoff, der mit der Gründung Roms sich einigermaßen hätte vergleichen lassen. Und wie Goethe in «Hermann und Dorothea» und in der «Achilleis» antike Formen nachzuahmen, also, mit Nietzsche zu reden, als «Philologendichter» aufzutreten, war für ihn undenkbar. Das hätte für ihn eine ungebührliche Akzentuierung des Stils bedeutet, ein Aufspielen literarischer Bildung. Es gab nur *eine* Stilregel für ihn:

Verbaque provisam rem non invita sequentur.

(Ist die Sache beschafft, so folgen willig die Worte)[22].

Die Sprache, die am anspruchslosesten nur der Sache folgt, ist Prosa. Ein geschichtliches Epos in Prosa, bescheidener: ein geschichtlicher Roman, das war es, was sich endlich als die aussichtsreichste Möglichkeit bot. In Italien gab es dafür kein Vorbild. Im englischen Sprachbereich hatte sich Scott auf diesem Gebiet hervorgetan. Scott aber nahm es mit der historischen Wahrheit nicht genau und liebte das farbenprächtige Abenteuer. Manzoni tadelte die Willkür in der Erfindung einer Gestalt wie Löwenherz in «Ivanhoe» und lehnte den «esprit romanesque» im Gefüge der meisten Romane ab. Eine künstliche Einheit, die man im wirklichen Leben nicht finde, komme auf diese Weise zustande. Seine eigene Absicht umschreibt er in einem Brief an Fauriel so:

«Die charakteristischen Züge einer Epoche der Gesellschaft sammeln und sie in einer Handlung entwickeln, die Geschichte benutzen, ohne mit ihr konkurrieren zu wollen, ohne den Anspruch zu erheben, das zu machen, was sie besser macht, das scheint mir der Dichtung noch erlaubt zu sein und das, was sie ihrerseits einzig zu leisten vermag»[23].

Und über die historischen Romane bemerkt er im Besonderen:

«Ich fasse sie auf als Darstellung eines gegebenen Zustands der Gesellschaft mit Hilfe von Fakten und Charakteren, die der Wirklichkeit so ähnlich sind, daß man sie für eine wahre, eben erst entdeckte Geschichte halten könnte»[24].

*

Es galt, den geschichtlichen Zustand zu finden, in dem der Dichter erzählen konnte, was ihm seit Jahren am Herzen lag.

Er suchte ihn in seiner Heimat, in der geliebten Lombardei, und er wählte eine Zeit, die schon so weit zurücklag, daß sie bereits überblickt werden konnte, aber auch wieder so nahe war, daß es nicht an historischen Quellen fehlte. Dabei geriet er in die Jahre 1628-31, eine Epoche, in der er sich nicht heimisch fühlte, die ihm verderbt, entartet vorkam. Aber sich heimisch zu fühlen in der Welt, von der er erzählen wollte, war auch keineswegs seine Absicht. Er suchte «des Lebens Fremde» auf, weil sich nur da Gelegenheit bot, das Walten der sittlichen Kräfte zu zeigen und über die Erde hinauszuweisen. Auch darin erinnert er wieder an Schiller, der für seine tragischen Helden gern einen düsteren Schauplatz wählte, das Mittelalter des hundertjährigen Krieges, das sechzehnte und siebzehnte Jahrhundert in Spanien, Deutschland, England, Rußland.

Wie viele Romanschriftsteller der Zeit versichert Manzoni, er habe seine Geschichte nicht erfunden, sondern nur einen alten Text für neuere Leser eingerichtet. Die ersten Seiten will er wörtlich seiner Vorlage entnommen haben. Sie parodieren italienische Prosa des Barockzeitalters. Manzoni, dem die erst zu schaffende wahre, reine Sprache vorschwebt, der jedes ungehörige Wort schon fast als sittlichen Makel empfindet, führt uns damit in die zerrüttete Welt ein, die er zu schildern gedenkt. Er wartet mit rhetorischen Künsten und mythologischen Namen auf; obsolete Vokabeln, manchmal auch spanische, werden eingemischt, was ungefähr dasselbe bedeutet wie französische Elemente in deutschen Texten des Rokoko. Der Stil als solcher drängt sich auf. Offenbar will der fingierte Verfasser mit literarischer Bildung prunken. Er macht aber auch den schuldigen Bückling vor dem spanischen König und dem spanischen Gouverneur von Mailand. Später, erklärt Manzoni, verliere sich diese pompöse Manier. Dafür werde die Sprache dann plump. Es wimmle von lombardischen Idiotismen. Der Satzbau sei mangelhaft. Wir finden uns also per contrarium dort auf eine wahre, hier auf eine reine Sprache verwiesen.

Derselbe Geist wie in der Einleitung begegnet uns später

in der Gestalt des gelehrten Don Ferrante, der auf Aristoteles schwört, sich in der Astrologie auskennt und in magischen Machenschaften Bescheid weiß. Zu seinen Lieblingsautoren gehören aber auch Machiavelli und Tasso. Manzoni gibt damit stillschweigend sein literarisches Urteil ab. Machiavelli scheint er als ruchlosen Politiker abzulehnen, Tasso, hier, im Hinblick auf seine höfisch-ritterliche Gesinnung. Über den ritterlichen Ehrenkodex ereifert sich auch Don Rodrigo. Die ständischen Ehrbegriffe tragen wesentlich zu dem Unglück bei, das sich im Lauf der Geschichte ereignet. Der von den Ideen der französischen Revolution bestimmte Demokrat und Aufklärer Manzoni spricht. Er ist ganz unempfänglich für den archaischen Reiz der barocken Kultur. In Don Rodrigo wird sie verdammt, in Don Ferrante belächelt.

Zwanglos verbindet sich damit Manzonis nationaler Schmerz. Die fremden spanischen Herren tragen die Hauptverantwortung für das unnatürliche Zeremoniell, in dem sich das Leben der Öffentlichkeit abspielt. Schon auf den ersten Seiten lernen wir die umständlichen Titel kennen, mit denen sie angeredet sein wollen. Was die Hohen sich anmaßen, ahmen die Niedern im Kleinen nach. Mit jener Ironie, die Manzoni sich in der Regel nur dann gestattet, wenn ihm weh zumute ist, wird den Eindringlingen das schlichte italienische Volk gegenübergestellt:

«In der Zeit, in der sich die Ereignisse abspielten, die wir erzählen wollen, war dieser Ort... befestigt und hatte überdies die Ehre, einen Kommandanten zu beherbergen, und den Vorteil, von einer Garnison spanischer Soldaten belegt zu sein, die den Mädchen und Frauen des Landes Bescheidenheit beibrachten, hie und da einem Gatten oder Vater auf die Schulter klopften und am Ende des Sommers nicht verfehlten, sich in den Reben zu verbreiten, um die Trauben zu lichten und den Bauern die Mühe der Weinlese zu erleichtern»[25].

Diese Soldaten sind Sendboten der europäischen Geschichte. Im Norden wütet der Dreißigjährige Krieg. Der Name Wallenstein fällt. Wir hören von der Eroberung La Rochelles durch Richelieu und Spinolas erfolglosem Feldzug gegen Casale. Der

Hintergrund des Geschehens ist ganz von kriegerischen Ereignissen ausgefüllt. Den lombardischen Bauern kann es gleichgültig sein, ob deutsche, französische oder spanische Heere vorüberziehen. Sie haben nicht mitzusprechen, nichts zu gewinnen und wenig mehr zu verlieren und tragen alles lange mit einer seit Jahrhunderten an unverschuldete Plagen gewöhnten Geduld, wieder, wie im Mittelalter

un volgo disperso che nome non ha.

Erst die grimmige Hungersnot in Mailand führt zu einem Aufstand. Manzoni ist gerecht genug, die Schuld an dieser Katastrophe sowohl der Unvernunft des Volks wie den Behörden zuzuschreiben. Ebenso erklärt er die unaufhaltsame Ausbreitung der Pest. Sie ist von Soldaten eingeschleppt worden und insofern eine Folge des der Lombardei aufgenötigten Kriegs. Begünstigt wird sie aber durch die Selbstverblendung der breiten Masse, abergläubische Vorstellungen und schwere Fehler der Beamten. Man weiß, daß Goethe diese Partien des Romans mißfallen haben. Er hat sein Urteil damit begründet, daß hier der Historiker in Manzoni über den Dichter triumphiere. Dasselbe ließe sich aber mit gleichem Recht von andern Kapiteln behaupten, so gleich zu Beginn von der genau belegten Abschweifung über die Bravi, die Söldner der Verbrechen des Adels. Vermutlich war ihm mehr das Thema, die grauenhafte Seuche, zuwider. Tatsächlich schreckt Manzoni vor nichts zurück. Er schildert den Zerfall des Lebens im Ganzen ebenso wie schauderhafte Einzelheiten. Dies war es wohl, was Goethe verdroß. Wir haben die Naturalisten hinter uns – von jüngerem Schrifttum zu schweigen – und gestehen: es ekelt uns nicht. Warum? Manzoni würde gewiß die paradoxe Behauptung wagen, die naturalistische Kunst sei unwahr; sie stelle nur das Gemeine dar; deshalb, nicht weil sie sich Ekelhaftes zu schildern getraue, errege sie Abscheu. Nun verstehen wir, warum ihn auch und gerade die Pest bewog, sich dieser Epoche zuzuwenden. Sie bot ihm Gelegenheit, die Menschen in ihrer fürchterlichsten Verrohung ebenso wie in ihrer stummen leiderfahrenen Größe zu schildern und darzutun, wie weit nach unten und nach oben die Wahrheit reicht. Die Pest erlaubt dem Dichter, ja zwingt ihn mit einem unüberbietbaren Ernst, das irdische Leben darzustellen, wie er es sieht, als Stätte der Prüfung. Über dem vaterländischen Schicksal wölbt sich der Himmel des christlichen Glaubens.

Manzonis christlicher Glaube gründete aber in den Lehren und Institutionen der katholischen Kirche. Auch die Kirche mußte deshalb in seiner Geschichte durch eine Gestalt von höchster Würde vertreten sein. Er glaubte sie in dem Kardinal Federigo Borromeo zu finden, der, 1564 geboren, schon in jungen Jahren Erzbischof von Mailand geworden war. In dem Augenblick, da Borromeo auftritt, wird die Erzählung unterbrochen:

«Nachdem wir in unsrer Geschichte so weit vorgerückt sind, können wir nicht umhin, ein wenig innezuhalten – wie ein Wanderer, der traurig und müde ist von einem langen Weg durch dürres und ödes Gelände, ein wenig rastet und sich Zeit läßt im Schatten eines schönen Baumes, auf einer Wiese, nahe einer Quelle lebendigen Wassers. Wir sind auf eine Persönlichkeit gestoßen, deren Namen und Andenken, wann immer wir ihr begegnet wären, unser Gemüt mit einer milden Regung von Ehrfurcht und einem Gefühl beglückender Sympathie erfrischt hätten. Wie viel mehr jetzt, nachdem wir so viele Bilder des Leidens, so mannigfache empörende Verbrechen betrachtet haben! Es ist unerläßlich, darüber einige Worte zu verlieren»[26].

Und nun folgt ein historischer Exkurs oder eher ein Panegyricus, in dem der Kardinal als idealer Kirchenfürst erscheint: gottergeben, mildtätig, unerschrocken vor den Hohen, um das leibliche und seelische Wohl der Armen und Kranken besorgt, unermüdlich in frommem Dienst, der Kirche unbedingt ergeben, dazu ein Gelehrter von hohem Rang und um die Bildung des Volkes bemüht – Manzoni wird nicht müde, Federigo so zu schildern, daß er nahe an seinen Verwandten, den heiligen Carlo Borromeo heranrückt. Bei dem genauen Studium der Quellen entging ihm freilich nicht, daß Federigo diesem Bild in mancher Hinsicht nicht entsprach, daß er in Vorstellungen seiner Zeit befangen blieb, die der Erzähler bei anderem Anlaß streng verurteilt, und sein Verhalten bei der Pest nicht durchaus heiligenmäßig war. Manzoni ist gewissenhaft genug, dies wenigstens anzudeuten, geht aber rasch darüber hinweg. Er brauchte die absolute Gestalt, die über allem steht und über alles zu richten berufen ist; er brauchte sie um seiner künstlerischen und sittlichen Ziele willen und hieß darum den Historiker schweigen.

Dies also ist in großen Zügen der mehr oder minder «gegebene Zustand einer Gesellschaft», von dem Manzoni auszugehen sich entschloß. Er selber hat ihn in einem Brief an Fauriel mit den Worten umschrieben:

«Was uns von dieser Epoche an Erinnerungen geblieben ist, zeigt einen ganz außerordentlichen gesellschaftlichen Zustand: Ein Willkürregiment, verbunden mit Anarchie beim Adel und im Volk; eine Gesetzgebung, die in Erstaunen setzt durch das, was sie vorschreibt, und das, was sie erraten läßt oder berichtet; tiefe, rohe und anspruchsvolle Unwissenheit; Klassen mit ihren Interessen und gegenteiligen Grundsätzen; Anekdoten, die wenig bekannt, aber in sehr glaubwürdigen Schriften überliefert sind und die dies alles in voller Entwicklung zeigen; endlich eine Pest, die unüberbietbaren und schamlosesten Verbrechen Raum gibt, den absurdesten Vorurteilen und der ergreifendsten Tugend usw. usw. Damit läßt sich ein Entwurf ausfüllen, oder vielmehr, das sind die Materialien, die vielleicht nur das Ungeschick dessen offenbaren, der sie ins Werk zu setzen versucht»[27].

Nun mußte er «die charakteristischen Züge in einer Handlung entwickeln». Erst durch eine bedeutende Handlung wurde das Zeitgemälde zur Dichtung. Auf dieser Stufe des Schaffens entschied sich also das künstlerische Gelingen. Wir sind, wie alle Welt, seit langem mit den «Promessi Sposi» vertraut und müssen uns deshalb darauf besinnen, mit welcher Einsicht, mit welchem Glück Manzoni das einzig Richtige traf, das Richtige, das so einfach aussieht, damals aber unerhört war. Er hatte sich klar gemacht, daß die Historie insofern ungerecht verfahre, als sie sich immer nur um die Siege und Niederlagen der

Großen kümmre und von dem niedern Volk, das unter ihnen zu leiden habe, in der Regel nichts zu melden wisse. Als Träger der Handlung setzt er deshalb den jungen Seidenspinner Renzo und seine Braut Lucia ein, zwei Menschen aus einem unansehnlichen Dorf in der Gegend des Comersees. Wir haben uns längst an jede erdenkliche Umwelt einer Erzählung, seit der Mitte des letzten Jahrhunderts auch an Dorfgeschichten gewöhnt und wundern uns weiter darüber nicht. Doch unter Manzonis Zeitgenossen, die Scotts Romane mit ihren Königen und großen Herren vor Augen hatten, waren viele zunächst verblüfft. Man stritt sich im Ernst darüber, wer denn der Held der Geschichte sei, da doch ein unbedeutender Bursche wie Renzo als solcher nicht wohl gelten könne. Es war aber nicht nur der demokratisch gesinnte Manzoni, sondern auch der Dichter, der bei einem so ungewohnten Stoff seinen Vorteil fand. Nur wenn die Haupthandlung auf einer Ebene spielte, auf die die große Geschichtschreibung sich nicht herabließ, konnte er einen historischen Roman nach seinem Sinne schaffen, das heißt, eine Dichtung, die es vermied, mit der Historie zu konkurrieren. Die Zeitumstände und eine Reihe bedeutender Fakten waren gegeben. In der Gestaltung der Geschicke Lucias und Renzos war er frei. Er hatte nur darauf zu achten, daß sie nirgends in Konflikt mit den historischen Daten gerieten.

Doch damit ist kaum angedeutet, welchen Gewinn das Motiv ihm brachte. Nach dem Abschluß von «Hermann und Dorothea» schrieb Goethe an Heinrich Meyer:

«Der Gegenstand selbst ist äußerst glücklich, ein Sujet, wie man es in seinem Leben vielleicht nicht zweimal findet»[28].

Dasselbe hätte mit noch größerem Recht Manzoni sagen dürfen. Inwiefern er, außer durch zeitgenössische Berichte, durch Voltaires Komödie «Le droit du seigneur» angeregt wurde, kümmert uns nicht. Er selber war es, der die unvergleichliche epische Qualität des Motivs der verhinderten Ehe erfaßte. Gleichfalls im Zusammenhang mit «Hermann und Dorothea» kommt Goethe auf die Gesetze des Epos zu sprechen. Er findet, ihm eigentümlich seien besonders «retrograde

Motive»²⁹, solche, will das heißen, die die Handlung von ihrem Ziel entfernen. Als Beispiele nennt er die Ilias, wo der Zorn des Achill die Eroberung Troias in immer weitere Fernen rückt, und insbesondere die Odyssee, wo es den Helden in den ersten zwölf Gesängen immer wieder an entlegene Küsten verschlägt. Man könnte dies für eine jener beliebigen Regeln halten, die Klassizisten glaubten beachten zu müssen. Genau besehen hängt die Forderung aber eng mit dem allgemeiner anerkannten Gesetz zusammen, daß epische Dichtung sich nicht, wie die dramatische, erst im Ziel erfülle, sondern in jedem Punkt der Bewegung, daß die Selbständigkeit der Teile und ihre feste Gegenwart den Hauptcharakter des Epos bilde. Mit anderen Worten: Retrograde Motive verhindern die dem Drama eigentümliche Präzipitation. Wir werden gleichsam gezwungen, uns in jeder Phase des Geschehens niederzulassen und umzusehen. Der Stoff gewährt dem Dichter ebenso wie dem Leser die Möglichkeit, gegenüberzutreten und anzuschauen. Wie sehr gerade Manzoni darauf angewiesen war, hat das Scheitern seiner beiden Tragödien gezeigt. In den «Promessi Sposi» ist dem Dichter als solchem von vornherein wohl; er fühlt sich in seinem Element.

Nun gehen die retrograden Motive daraus hervor, daß eine geplante Hochzeit nicht zustandekommt und sich ein Liebespaar bis gegen das Ende des Romans auf immer hoffnungslosere Weise getrennt sieht. Man spürt – wie bei Homer –, daß alles gut ausgehen wird, und findet sich gerade so weit beruhigt, daß man gern bei jeder Phase des wechselvollen Geschehens verweilt. Andrerseits scheint das Mitgefühl mit einer tiefen und herzlichen, durch ein widriges, ungerechtes Schicksal gestörten Liebe doch wieder so groß, daß der Erzähler – meint man – sich auch in dieser Hinsicht geborgen finde und um den ununterbrochenen Anteil des Lesers sich nicht zu sorgen brauche. Aber gerade da ergibt sich für Manzoni ein Problem. In «Fermo und Lucia», der ersten Fassung der «Promessi Sposi», schaltet er am Anfang des zweiten Buchs eine längere Abschweifung ein. Ein Leser beschwert sich darüber, daß zu wenig von Liebe die Rede sei:

«Ihre Geschichte erwähnt nichts von dem, was die armen jungen Leute empfunden haben, beschreibt den Anfang, das Wachsen und das Geständnis ihrer Gefühle nicht, mit einem Wort: sie zeigt sie nicht als Verliebte.»

Der so gerügte Erzähler scheint sich selber noch mehr ins Unrecht zu setzen, indem er auf das fingierte Manuskript des siebzehnten Jahrhunderts hinweist:

«Verzeihung! Sie läuft von dergleichen über. Ich muß gestehen, das ist der am meisten ausgearbeitete Teil des Werks. Beim Umschreiben und Neugestalten habe ich aber dies alles übergangen.»

Und nun geht das Gespräch so weiter:

‹‹Ein prächtiger Einfall! Und warum? wenns beliebt.›

‹Weil ich denen beipflichte, die sagen, man dürfe nicht so von der Liebe schreiben, daß die Seele des Lesers sie mitempfinde.›

‹Potztausend! Im neunzehnten Jahrhundert noch solche Ideen! Aber Ihre Rücksichten sind umso merkwürdiger, als die Liebe Ihrer Helden ja die reinste, rechtmäßigste, tugendhafteste ist. Wenn Sie durch Ihre Beschreibung die Leser anstecken, so flößen Sie ihnen nichts als eine tugendhafte Empfindung ein.›

‹Wappnen Sie sich mit Geduld und hören Sie zu. Wenn ich es einrichten könnte, daß diese Geschichte nur in die Hände liebender Gatten geriete, am Tag, da sie in Gegenwart des Pfarrers das köstliche Ja gesprochen und vernommen haben, dann ginge es vielleicht an, so viel Liebe wie möglich hineinzustecken. Denn für solche Leser wäre das zweifellos ungefährlich. Ich meine aber, daß es für sie auch wertlos wäre und daß sie diese ganze Liebe sehr frostig fänden, auch wenn sie ein anderer Schriftsteller als ich darstellen würde. Welch ein Buch enthielte die Liebe so, wie ein menschliches Herz sie fühlen kann? Setzen Sie nun aber den Fall, daß die Geschichte zum Beispiel in die Hände eines nicht mehr ganz jungen Mädchens geriete, das eher sittsam als anmutig ist (sagen Sie nicht, das gebe es nicht!), das in bescheidenen Verhältnissen lebt und jeden Gedanken an eine Vermählung sich schon aus dem Sinn geschlagen hat, sein Leben mühsam in Ruhe fristet und sein Herz mit dem Gedanken an seine Pflichten zu beschäftigen sucht, mit dem Trost der Unschuld und des Friedens und mit Hoffnungen, wie sie die Welt weder geben noch nehmen kann – sagen Sie mir doch: was könnte dieses Wesen denn Schönes aus einer Geschichte gewinnen, die alle Gefühle wieder aufrühren würde, die sie so sittsam beschwichtigt hat? Setzen Sie den Fall, ein junger Priester, der mit den schweren Pflichten seines Amtes, mit Geschäften der Nächstenliebe, mit Gebet und Studium über die gefährlichen Jahre hinwegzukommen hofft, die ihm bevorstehen, der alle Sorgfalt darauf wendet, nicht zu fallen, der nicht zu sehr nach rechts und links schaut, um nicht in einem Augenblick der Zerstreuung auszugleiten, setzen Sie den Fall, daß dieser junge Priester sich anschickt, diese Geschichte zu lesen – denn Sie werden doch nicht wollen, daß man ein Buch veröffentliche, das ein Priester nicht lesen soll –, und sagen Sie mir doch, was für einen Vorteil ihm die Schilderung von Gefühlen brächte, die er, so gut es angeht, in seinem Herzen ersticken muß, wenn er sich gegen eine heilige und freiwillig übernommene Pflicht nicht verfehlen will, wenn er in seinem Leben keinen Widerspruch dulden will, der es ganz verfälscht? Beachten Sie, wie viele ähnliche Fälle sich anschließen ließen. Ich ziehe den Schluß, daß die Liebe notwendig ist in der Welt, daß es aber in ihr genug davon gibt und daß es nicht nötig ist, daß man sich um ihre Pflege bemühe und daß man sie, wenn man sie pflegt, entstehen läßt, wo man sie nicht braucht. Es gibt andere Gefühle, die die Welt braucht und die ein Schriftsteller nach seinen Kräften ein wenig mehr in den Herzen verbreiten kann: Mitleid, Nächstenliebe, Milde, Nachsicht, Aufopferung. Davon gibt es nie genug. Und Heil den Schriftstellern, die davon ein wenig mehr in den weltlichen Angelegenheiten unterzubringen suchen. Aber von der Liebe, wie ich Ihnen sagte, gibt es, nach maßvoller Berechnung, sechshundertmal mehr, als nötig ist, um unsere ehrenwerte Gattung zu erhalten. Ich halte es darum für unvorsichtig, sie mit Literatur noch nähren zu wollen. Und davon bin ich so sehr überzeugt, daß ich, wenn mir eines Tages durch ein Wun-

der die sprachgewaltigsten Seiten über die Liebe einfielen, die je ein Mensch geschrieben hat, ich nicht die Feder ergreifen würde, um eine Zeile aufs Papier zu bringen. So sicher bin ich, daß ich es bereuen würde...›
‹So verurteilen Sie alle Schriften...›
‹Die Richter sind es, die verurteilen. Ich für meine Person erkläre Ihnen nur, warum ich alle diese schönen Stellen in meiner Geschichte ausgelassen habe.›»[30]

Wir kennen Manzonis Scheu, persönliche Intimitäten vorzutragen. Hier aber weicht er sogar der Schilderung fremder Liebesgefühle aus, und zwar mit einem Vorwand, der uns in seiner ängstlichen Rücksicht auf einige heikle Leser fast peinlich berührt. Nun, Manzoni hat den Passus in der endgültigen Fassung gestrichen, vermutlich aber nicht, weil er inzwischen anderer Meinung geworden wäre, sondern weil er dadurch den Fluß der Handlung unerträglich gestört fand. Doch fragen wir uns selber: hätten wir überhaupt bemerkt, daß der Erzähler den Gefühlen der Liebe ausweicht, wenn er es uns in seiner Erklärung nicht gestehen würde – so müßten wir ehrlich sagen: nein! Wieder, ohne daß es dem Dichter vielleicht bewußt ist, siegt die Wahrheit über die Konvention des Romans. Ein Liebespaar aus dem einfachen Volk pflegt über die Liebe nicht zu reden, umso weniger, je echter und tiefer seine Liebe ist. Es zeigt sie durch sein Verhalten im Glück und vor allem im Unglück. Und daran fehlt es in dieser Geschichte wahrhaftig nicht. Renzos Gang zu dem Advokaten, die Strapazen seiner Flucht, die Zähigkeit, mit der er sein Lebensziel verfolgt und zu der entschwundenen Geliebten vordringt durch alle Widerstände hindurch bis in das Pestlazarett, Lucias engelhafte Geduld: das überzeugt uns mehr als alle sentimentale Beredsamkeit in zeitgenössischen Romanen, von der Manzonis Diskretion nichts wissen will, ja, die seine Herzensaristokratie wohl gar verachtet. Nur einmal gewährt er uns einen unmittelbaren Blick in das geheime Innere von Lucias Gemüt, nicht in Worten etwa, die sie an den Geliebten richten würde, sondern in einem Selbstgespräch, von dem er sogar erklärt, er habe es nur ungefähr wiedergegeben. Es handelt sich um jene berühmte

Klage am Ende des achten Kapitels. Die beiden Liebenden müssen von ihrer Heimat scheiden. Lucia blickt ins dunkle Wasser und träumt vor sich hin:

»Lebt wohl, ihr Berge, dem Wasser entstiegen, zum Himmel erhöht! Ungleiche Gipfel, dem bekannt, der aufgewachsen ist unter euch, und seinem Inneren eingeprägt nicht minder als das Bild der Nächsten! Ihr Bäche, deren Rauschen er unterscheidet wie die Stimmen der Seinen! Ihr Weiler, auf dem Hang verstreut und weißlich schimmernd wie Gruppen weidender Schafe – lebt wohl! Wie traurig sind die Schritte dessen, der aufgewachsen ist unter euch und der nun in die Fremde zieht. Auch für das innere Auge dessen, der aus freien Stücken scheidet, verlockt von der Hoffnung, anderswo sein Glück zu machen, verlieren in diesem Augenblick die Träume von Reichtum ihren Reiz. Er wundert sich über seinen Entschluß und würde gern noch jetzt umkehren, dächte er nicht, er kehre eines Tages wohlbegütert heim. Je weiter er in die Ebene vordringt, desto öfter blickt er zurück, angewidert und ermüdet von dieser gleichförmigen Weite. Die Luft erscheint ihm schwer und tot. Niedergeschlagen und unachtsam geht er weiter in die lärmenden Städte. Häuser reihen sich an Häuser. Straßen münden in Straßen. Ihm scheint, sie nehmen ihm den Atem. Und vor den Gebäuden, die der Fremde bewundert, denkt er mit unruhiger Sehnsucht an das kleine Stück Land daheim, das Häuschen, auf das er schon vor langer Zeit ein Auge geworfen und das er kaufen wird, wenn er reich zu seinen Bergen zurückkehrt.

Wer aber nie über sie hinaus auch nur einen flüchtigen Wunsch gesandt, in ihrem Umkreis alle Zukunftspläne angesiedelt hat und nun in die Ferne geschleudert wird von einem tückischen Geschick! Wer, aus liebster Gewöhnung herausgerissen und zugleich gestört in seiner liebsten Hoffnung, diese Berge verläßt, um auf die Suche nach fremden Menschen aufzubrechen, die er nie kennen zu lernen begehrte, und wer sich keine bestimmte Zeit für seine Heimkehr vorstellen kann! Leb wohl, Geburtshaus, wo du saßest mit einem heimlichen Gedanken und im Geräusch der vielen Schritte den einen, mit geheimnisvoller Scheu erwarteten, kennen lerntest! Leb wohl, noch fremdes Haus, so oft verstohlen im Vorbeigehen und nicht ohne Erröten betrachtetes Haus, in dem die Gattin ruhig für alle Zeit zu wohnen dachte! Leb wohl, Kirche, wo die Seele so oft in Frieden Einkehr hielt und das Lob des Herrn anstimmte, wo eine heilige Handlung versprochen und schon vorbereitet war, wo das geheime Schmachten des Herzens feierlich gesegnet, die Liebe geboten und geheiligt werden sollte – leb wohl! Der euch so viele Wonne gegönnt hat, ist überall. Er stört die Freude seiner Kinder nicht, es sei denn, um ihnen eine größere und gewissere zu bereiten.

Dieser Art, wenn auch nicht genau so, waren die Gedanken Lucias und wenig verschieden die Gedanken der andern beiden Reisenden, während der Kahn sie nach und nach zum rechten Ufer der Adda führte»[31].

Sogar im Stillen von ihrer Liebe zu träumen, wagt Lucia nur, weil sie hofft, ihr Gefühl durch das Sakrament der Ehe geheiligt zu sehen.

Hier zeigt sich nun aber, daß es fast unmöglich ist, Lucia in berichtender Prosa vorzustellen. Ihr Erröten bei jedem Gedanken an die Ehe, ihre Scham, wie sie, bedrängt von Rodrigo, sogar auf den Rat eines Geistlichen hin, die Hochzeit zu beschleunigen bittet, ihre Frömmigkeit und Reinheit, dies alles wirkt, wenn man davon in eigener Sprache redet, schablonenhaft wie ein Heiligenbildchen, das man ins Gebetbuch einlegt. Wodurch entgeht Manzoni selber dieser Gefahr, der er bei einer solchen makellosen Mädchengestalt, wie wir meinen, erliegen müßte? Vor allem gerade durch die Scheu, mit der er von Lucia spricht. Immer wenn von ihr die Rede ist, scheint er die Stimme leicht zu dämpfen. Wie Renzo in üblem Zustand unter schlimmen Gesellen es doch vermeidet, bestimmte Namen auszusprechen, äußert Manzoni seine Zufriedenheit:

«Wir hätten es denn doch allzu ungern, wenn jener Name, für den auch wir ein wenig Neigung und Ehrfurcht empfinden, durch diese Mäuler gezogen und zum Spielzeug dieser verruchten Zungen geworden wäre»[32].

«Ein wenig» – es ist, als wage er sich sogar vor sich selber nicht weiter hinaus.

Dazu kommen individuelle Züge, die jeden Verdacht, der Erzähler habe ein Ideal konstruiert, zerstreuen. Lucias Frömmigkeit ist – ganz im Geist von Manzonis «Osservazioni sulla morale cattolica» – mit ihrem Herzenstakt, mit ihrem sittlichen Empfinden eins. Es gibt hier keinen Augenaufschlag, durch den ja nur verraten würde, daß Religion etwas anderes, etwas in höheren Sphären Thronendes sei. Lucias Religiosität ist menschlich, auch nicht durch eine Autorität ihr aufgenötigt, sondern Natur. Und dieses sittliche Empfinden, das Frömmigkeit, die Frömmigkeit, die sittliches Empfinden ist, wird im Verlauf der Geschichte durch schwere Leidenserfahrung noch vertieft. Wie ihre Mutter Agnese Don Rodrigo alles Böse wünscht, unterbricht sie Lucia mit den Worten:

«Nein, Mamma, nein!...wünscht ihm kein Leiden! Wünscht es niemandem! Wenn Ihr wüßtet, was Leiden heißt! Wenn Ihr es erfahren hättet!»[33]

Und sie, die das Leiden erfahren hat, spricht nun, nach ihrem Gelübde, das die Ehe auszuschließen scheint, von Renzo als «quel poverino»[34]: Eine schmerzliche, aber unwiderrufliche Distanz, eine nun bereits ins Mütterliche hinüberspielende Liebe vernehmen wir in diesem Wort und insbesondere eine große, tieftraurige Überlegenheit über den jungen Mann, der ihr zu Beginn doch ebenbürtig zur Seite stand und den sie wohl auch jetzt noch mit Bewußtsein als ebenbürtig betrachtet. Ganz zuletzt, wie alles vorüber und glücklich ausgegangen ist, überrascht sie uns noch mit leisem Humor. Renzo zählt auf, was er alles gelernt hat. Sie meint, da fehle noch etwas, und sagt zu «ihrem Moralisten»:

«‹Was wollt Ihr, daß *ich* gelernt haben soll? Ich bin nicht ausgezogen, das Unglück zu suchen; es hat mich gesucht. Wenn Ihr nicht sagen wollt›, fügte sie mit einem lieblichen Lächeln hinzu, ‹mein Fehler habe darin bestanden, daß ich Euch gut gewesen bin und daß ich mich Euch versprochen habe.›»[35]

Und um sie ganz wieder auf die Erde zurückzuholen, erzählt Manzoni, die Leute in der neuen Gegend, in die die Vermählten ziehen, seien von Lucia enttäuscht gewesen; man habe nach der Kunde von ihrer abenteuerlichen Geschichte eine fast überirdische Schönheit erwartet; sie habe aber ausgesehen wie andere Frauen vom Lande auch.

Fast noch schwieriger scheint es, über Renzo etwas auszusagen. Es ist kein Geheimnis um ihn wie um die unberührbare Mädchengestalt. Alles liegt offen zu Tage und läßt sich mit einem raschen Blick übersehen. Von vornherein ginge man fehl, wenn man ihn als tumben Toren auffassen wollte. Das ist er durchaus nicht, im Gegenteil! In seiner eigenen Welt verfügt er über einen gesunden Verstand. Er weiß, was er will, und verfolgt sein Ziel mit Energie, zäher Geduld und Mut. Daß er Rodrigo am liebsten totschlagen möchte, wird man ihm, dem so bitteres Unrecht geschehen ist, gerne verzeihen, umso eher, als er in Mailand sich zwar lebhaft an der Revolte des ausgehungerten Volkes beteiligt, vor jeder Gewalttat, die ans Leben ginge, aber in seiner angeborenen Rechtlichkeit zurückschreckt. Die Sympathie des Erzählers ist in jeder ihm geltenden Zeile spürbar, so etwa in der kleinen Episode der Flucht nach Bergamo: Renzo hat sich entschlossen, in einer Wirtschaft einzukehren. Nun bleiben ihm nur noch wenige Soldi. Diese schenkt er, ohne sich viel dabei zu denken, einer armen Familie, die ihm zufällig begegnet:

«Die Mahlzeit und das gute Werk (denn wir sind aus Seele und Leib zusammengesetzt) hatten ihn gestärkt und alle seine Gedanken ermuntert. Zweifellos, indem er sich seiner letzten Münzen beraubte, gewann er mehr Vertrauen in die Zukunft, als wenn er deren zehnmal so viel gefunden hätte. Denn wenn die Vorsehung an diesem Tag die letzten Batzen eines flüchtigen Fremden, der selbst nicht wußte, wovon er leben sollte, eigens aufbewahrt hatte, um jenen armen Notleidenden auf der Straße zu helfen: wer konnte glauben, daß sie den auf dem Trockenen sitzen lasse, dessen sie sich dazu bedient und dem sie ein so lebhaftes, wirksames und entschlossenes Gefühl ihres Daseins gegeben hatte?»[36]

Niemand wird annehmen, daß Manzonis eigenes Gottvertrauen so naiv gewesen sei. Renzos frische Zuversicht ist dem Erzähler aber wohlgefällig, und mit der heiteren Parenthese über Seele und Leib gibt er uns noch deutlicher zu verstehen, daß ihm an seinem Helden alles recht ist, von seinem Appetit bis zu seiner frohen Ergebung in Gottes Willen. Verblüffend einfach ist dies alles. Die Psychologie hat in den Taten und Worten, sogar in dem Schweigen dieses jungen Burschen nichts zu suchen. Auch seine Intelligenz, obwohl sie respektabel ist, reicht kaum über praktische Anforderungen hinaus. Das zeigt sich besonders ergötzlich am Schluß, wo Renzo selber das Fazit aus seinen Abenteuern zu ziehen versucht und es nicht weiter als bis zu einzelnen engbegrenzten Erfahrungen bringt:

«Ich habe gelernt, mich nicht in einen Aufruhr zu mischen. Ich habe gelernt, keine Predigt auf einem Platz zu halten. Ich habe gelernt, mir den Mann, mit dem ich zu reden habe, anzuschauen. Ich habe gelernt, den Ellbogen nicht zu hoch zu heben»[37]. Und so fort. Man weiß nicht, ob man darüber lächeln oder das helle Behagen unbeirrt gewähren lassen soll. Jedenfalls wird es der rechte Leser mit inniger Überraschung begrüßen, daß Manzoni sich einmal unmittelbar an Renzo selber wendet (nur Renzo wird, soviel ich sehe, diese homerische Gunst zuteil). Es geht dem Armen wieder schlecht; er läßt aber seinen Mut nicht sinken. Da stoßen wir auf die Bemerkung:

«Hoffen hilft, mein lieber Renzo»[38].

Lucia so herzlich anzusprechen, erlaubt Manzoni sich freilich nicht.

Dies also sind die Hauptgestalten. Sie geben keine Rätsel auf, sind unproblematisch, uninteressant. Das einzig Unbegreifliche an ihnen und nun allerdings geradezu ein Wunder ist, daß der Erzähler den Leser mit diesen Figuren so lange zu fesseln vermag. Dürfte es aber anders sein? Wäre ein bedeutender, interessanter Charakter Träger der Handlung, so träte der Zustand der Gesellschaft, auf den es ankommt, nicht rein in Erscheinung. Wir sähen ihn immer nur in einem individuell gebrochenen Licht. Der Anteil des Lesers würde auf eine bestimmte Persönlichkeit gelenkt. Die Erzählung fiele unter die Kategorie des Bildungsromans, einer literarischen Gattung, die mit Manzonis Demut unvereinbar wäre. Lucia und Renzo sind klare Spiegel, gesunde, schlichte, wohlgeratene Menschen, an denen sich die Verderbnis der unseligen Epoche gerade deshalb offenbart, weil ihre Leiden unverschuldet, ja nicht einmal durch eine an sich unschuldige, aber in ihrer Lage verhängnisvolle Eigenschaft begründet sind. Lucia ist – wir hören es – nicht so über alle Begriffe schön, daß ein Rodrigo ihren Reizen unbedingt verfallen müßte. Er stellt ihr zuerst aus Laune, dann aus beleidigtem Stolz und wegen der Wette nach, aber nicht aus Leidenschaft. Renzo verfiele nie darauf, anderen etwas zuleide zu tun, ja sich auch nur zu zeigen, wo er nicht hingehört. Er wird politisch verdächtigt, er weiß selber kaum, wie es dazu kommt, und muß sich mit vollkommen reinem Gewissen in der Fremde verstecken. Von Schuld und Sühne ist bei dem Liebespaar nicht die Rede. Sogar der ungeschickte Versuch, den Pfarrer zu übertölpeln, fällt als Verschuldung kaum ins Gewicht. Die Schuld liegt ganz beim Geist der Zeit, von dem das einfache Volk auf dem Land gerade am wenigsten berührt ist – beim Geist der Zeit, der als historischer Repräsentant der superbia, allgemeiner, des seit dem Verlust des Paradieses auf Erden herrschenden status corruptionis erscheint.

Dem Verzicht auf interessante Psychologie bei den Hauptgestalten entspricht der Verzicht auf eine kunstvoll eingefädelte Handlung und Intrige. Darüber schreibt Manzoni 1822 an Fauriel:

«Was den Gang der Ereignisse und die Intrige betrifft, so möchte ich es nicht wie die anderen machen und halte es in dieser Hinsicht für das Beste, auf die Handlungsweise der Menschen in der Wirklichkeit zu achten, vor allem darauf, inwiefern sie vom Geist der Romane abweicht. In allen Romanen, die ich gelesen habe, glaube ich zu sehen, wie man sich bemüht, interessante und unerwartete Beziehungen zwischen den einzelnen Gestalten herzustellen, um sie damit auf dem Schauplatz zusammenzuführen, um zu Ereignissen zu kommen, die zugleich und auf verschiedene Weise das Schicksal aller beeinflussen, kurz, eine künstliche Einheit, die man im wirklichen Leben nicht findet. Ich weiß, daß eine solche Einheit dem Leser gefällt; aber ich meine, das ist nur aus alter Gewohnheit so. Ich weiß, daß man sie für einen Vorzug hält in einigen Werken, die wirkliche und erstklassige Vorzüge haben. Aber ich bin der Meinung, daß man dies eines Tages beanstanden wird und daß man diese Art, die Ereignisse zu verknüpfen, als Beispiel der Tyrannei der Gewohnheit über die freiesten und gebildetsten Geister oder als Opfer, die man dem herrschenden Geschmack bringt, anführen wird»[39].

Auch in diesen Worten erkennen wir wieder Manzonis Abneigung, sich selbst als Künstler aufzuspielen, seinen erklärten Widerwillen gegen das Machen oder «creare». Er will nicht, daß man die Regie eines «schöpferischen» Erzählers spüre. Er will sich den Gesetzen der Wirklichkeit fügen, was so, wie er dies durchführt, in unserem Sinne nun freilich gerade die höchste künstlerische Weisheit ist.

Die Handlung beginnt damit, daß der Pfarrer Don Abbondio den beiden «Bravi» begegnet, die ihm auflauern und mit einem «Gruß» von Don Rodrigo und der Drohung, daß er sein Leben riskiere, verbieten, Lucia und Renzo zu trauen. Kaum je ist ein Roman einfacher, natürlicher und mit einer weiter reichenden Umsicht eröffnet worden. Manzoni hat einen «prägnanten» Moment gefunden, der einem klassischen Drama Schillers wohl anstünde. In den beiden Bravi, die von Beruf Handlanger der Verbrechen eines entarteten Adels sind, begegnet uns sogleich die heillose allgemeine Verderbnis, vor der es für die Armen und Unschuldigen kein Entrinnen gibt. In einem ersten, mit großer Sorgfalt belegten historischen Exkurs erfahren wir, wie hilflos ihr gegenüber auch die Behörden sind, dieselben spanischen Gouverneure, die mit ihren Titeln und ihrer hochgeschraubten Sprache – im Stil der Parodie des Eingangs – prunken. Wir bangen um das verlobte Paar und können doch nicht einmal dem feigen Don Abbondio ernstlich zürnen. Er ist ein Opfer der Zeit; sie schädigt ihn nicht an Leib und Gut, sie schädigt ihn schwerer, sie drängt ihn, Unrecht zu tun und seine Priesterpflicht zu verletzen. Von katholischer Seite ist dies Manzoni übel genommen worden. Sogar Don Bosco fühlte sich bemüßigt, den Dichter ernstlich zu tadeln und zu erklären:

«Der junge Mann, der seit seinen frühesten Jahren mit der Liebe zu seinen Eltern auch die Liebe zu seinem Pfarrer gelernt hat, muß notgedrungen nach einer solchen Lektüre einen schlimmen Eindruck in seinem Geist und Herzen empfangen»[40].

Eine für einen Heiligen etwas sonderbare Bedenklichkeit, umso sonderbarer, als Don Abbondio ja der Gottesmann Padre Cristoforo gegenübersteht, der vor nichts zurückbebt als vor dem Dämon in seiner eigenen Brust und glücklich ist, sein Leben im Dienst der Pestkranken beenden zu dürfen. Manzoni ließ sich bei aller Kirchentreue von Vorwürfen dieser Art nicht irremachen und gab auch hier der Wahrheit die Ehre, der Wahrheit, daß es unter den Geistlichen ebenso wie bei allen Berufen und Ständen Helden, Laugesinnte und Schwächlinge gibt, und führte den Charakter Don Abbondios mit konsequenter Ausführlichkeit durch. Wir finden ihn rechthaberisch im Gespräch mit seiner Haushälterin, hören, wie er Leute, denen es an den Kragen geht, verurteilt, um sich selber einzureden, daß ihm das nicht widerfahren würde, sehen ihn schlotternd auf dem Maultier sitzen, das auf dem Weg im Gebirge dicht am Rande des Abgrunds geht, nehmen seine verdrossene Hausmoral zur Kenntnis und werden schließlich Zeuge, wie er sich duckt vor dem Kardinal Federigo, der ihn mit aller Strenge verurteilt, und wie er dennoch der Alte bleibt, unbelehrbar, allen Sinns für Würde und Opferbereitschaft bar. In welcher Lage er auch erscheinen mag, wir würden ihn unfehlbar auch ohne Nennung des Namens am ersten Satz, an der ersten Gebärde erkennen. So sicher hat ihn Manzoni als Einheit im Mannigfaltigen dargestellt. Man meint über ihn nichts sagen zu müssen, er spreche sich klar genug selber aus. Gerade an seine Person aber hat sich ein seltsames Mißverständnis geknüpft. Es ist behauptet worden, auch in Don Abbondio stecke Manzoni selbst mit seiner nervösen Ängstlichkeit, mit seiner Scheu vor Unbekannten und seiner Unlust, sich von dem sicheren Frieden des eigenen Hauses zu trennen. Leser deutscher Sprache fühlen sich dabei an C. F. Meyer erinnert:

«Sous une forme très objective et éminemment artistique je suis au dedans tout subjectif et individuel. Dans tous les personnages du Pescara, même dans ce vilain Morone, il y a du C. F. M.»[41].

Aber gerade diese Erinnerung sollte uns eines Bessern belehren. C. F. Meyer maskiert sich wirklich in vielen seiner Gestalten. Er ist in seiner schwierigen Individualität befangen, kann nur von sich selber reden, braucht die historische Maske aber als Schutz und als Mittel prächtiger Stilisierung. Daß auch Manzoni wie jeder Mensch die Welt im Spiegel seiner Individualität auffaßt, versteht sich von selbst. Es ist aber etwas anderes, ob ein Dichter in der Welt sich selbst sucht oder in sich selbst die Welt. Manzoni gehört zu der zweiten Gruppe. Des subjektiven Anteils an seiner Welterfahrung scheint er sich überhaupt nicht bewußt gewesen zu sein. Und wäre er ihm bewußt gewesen, so hätte er ihn als lästig, ja geradezu als Makel empfunden. Das ist das Eine. Aber nun abgesehen von allem Prinzipiellen! Wie kann man Manzonis nervöse Angst mit Don Abbondios Feigheit vergleichen? In den Lagen, in denen Don Abbondio regelmäßig versagt, hätte Manzoni zweifellos, ohne sich zu besinnen, das Rechte getan und seine Ängstlichkeit vergessen. Er könnte sonst kaum so unbefangen von dem unwürdigen Geistlichen sprechen und so lange bei ihm verweilen.

Immer wieder versucht er, den Hasenfuß herauszuarbeiten, der ihn bei aller Kläglichkeit amüsiert: in Gesprächen, in Monologen, in unvergeßlichen Gebärden. Eigentlich ist er aber schon ganz im ersten Auftritt gegenwärtig, bei der Begegnung mit den Bravi, die Manzoni so erzählt:

«Daß die beiden auf jemand warteten, war nur zu klar. Noch mehr mißfiel Don Abbondio aber, daß er aus gewissen Zeichen schließen mußte, der Erwartete sei *er*. Denn als er vor ihnen aufgetaucht war, hatten sie sich angeschaut und die Köpfe gehoben mit einer Bewegung, der man ansah, daß sie beide zugleich gesagt hatten: Er ists. Der rittlings auf der

Mauer gesessen, stand auf, indem er das Bein auf den Weg hinabgleiten ließ. Der andere löste sich von der Mauer, und beide gingen auf ihn zu. Er, immer mit dem offenen Brevier vor sich, als ob er läse, schielte nach oben, um auf ihre Bewegungen aufzupassen, und als er sie gerade auf sich zugehen sah, bestürmten ihn auf einmal tausend Gedanken. Schleunigst fragte er sich selbst, ob er den Bravi rechts oder links ausweichen könne, sah aber, daß dies unmöglich sei. Er stellte in aller Eile eine Prüfung an, ob er sich gegen einen Mächtigen, Rachsüchtigen vergangen habe. Aber das tröstliche Zeugnis seines Gewissens beruhigte ihn sogar in dieser Drangsal ein wenig. Die Bravi kamen indessen näher und betrachteten ihn unverwandt. Er schob den Zeige- und Mittelfinger der linken Hand in die Halskrause, wie um sie zurechtzurücken, fuhr mit den beiden Fingern um den Hals und wandte dabei das Gesicht zurück, verzog den Mund und schaute blinzelnd, so weit er konnte, ob jemand käme; er sah aber niemand. Er ließ einen Blick über die Mauer auf die Felder gleiten: niemand. Einen zaghafteren auf den Weg vor ihm: niemand außer den Bravi. Was tun? Er hatte keine Zeit umzukehren; und davonlaufen hieß so viel wie: verfolgt mich! – oder noch Schlimmeres. Da er der Gefahr nicht entrinnen konnte, ging er ihr entgegen. Denn die Augenblicke der Ungewißheit waren nun so peinlich für ihn, daß er nichts anderes mehr wünschte, als sie abzukürzen. Er beschleunigte seine Schritte, sprach einen Vers laut vor sich hin, machte, so gut er konnte, ein ruhiges und heiteres Gesicht, ja, er gab sich sogar alle Mühe, ein Lächeln zustandezubringen. Und als er sich den beiden Ehrenmännern gegenüber sah, sagte er für sich: da sind wir, und blieb breitspurig stehen»[42].

Das erste Beispiel von Manzonis unerhörter Vorstellungskraft! Kurz darauf finden wir Don Abbondio wieder in einer peinlichen Lage. Renzo steht vor ihm und will wissen, wer etwas gegen die Trauung habe.

«‹Don Rodrigo› brachte der Bedrängte hastig hervor. Er überstürzte die wenigen Silben und streifte die Konsonanten nur, teils weil er verstört war, teils weil er das bißchen Geistesgegenwart, das ihm blieb, darauf verwendete, von der einen

Angst zur anderen überzugehen, so, daß es war, als wolle er das Wort unterschlagen und auslöschen im selben Augenblick, in dem er gezwungen war, es herauszulassen»[43].

Später wird Don Abbondio Zeuge, wie der Kardinal Federigo den Ungenannten, den in der ganzen Gegend berüchtigten Verbrecher, der sich bekehrt hat, zu Tische bittet. Diesmal braucht Manzoni ein homerisches (oder vergilisches) Gleichnis:

«Don Abbondio stand dabei wie ein ängstlicher Junge, der jemand in aller Gemütsruhe seinen dicken, struppigen Köter streicheln sieht, einen Hund mit roten Augen und einem bösen Namen, der mit Beißen und Anfallen zu tun hat; er hört, wie sein Herr behauptet, der Hund sei ein gutes, ein liebes, liebes Vieh. Er schaut den Herrn an, sagt nichts dagegen und stimmt auch nicht zu. Er schaut den Hund an und getraut sich nicht näher zu kommen aus Angst, das gute Vieh zeige die Zähne, sei es auch nur, um ihn herzlich zu begrüßen; er traut sich auch nicht wegzugehen aus Angst, sich bemerkbar zu machen, und sagt sich im Stillen: O wäre ich daheim!»[44]

Wir haben uns mit den Proben von Manzonis epischer Kraft auf die Gestalt des armseligen Pfarrers beschränkt, der uns zuerst begegnet ist. Doch Ähnliches ließe sich überall finden: Renzo, der mit den beiden Hähnen zu dem Advokaten wandert, der Dicksack mit dem Doppelkinn, der in Mailand vor seiner Tür faulenzt, der Schneider, der zu dem Kardinal gern etwas Gebildetes sagen möchte, mit der Sprache ringt und schließlich nur herausbringt: «Man stelle sich vor!»[45], die nun ganz homerischen Gleichnisse mit den Jagdhunden oder den Schweinen, das grandiose Bild des anhebenden Wirbelsturms für den Einbruch der Pest: dies alles ist von unüberbietbarer, ungezwungener Anschaulichkeit. Es sei betont: von ungezwungener! Wir haben keinen Augenblick den Eindruck von Absicht und Pedanterie wie bei den Naturalisten, die ihr Programm zu realisieren versuchen, oder bei Thomas Mann, der uns auf jeder Seite beweisen will, daß er unfehlbar ins Schwarze trifft. Manzonis Kunst ist unauffällig. Sie gründet in der Lust des Schauens und bringt sich niemals selber, sondern immer nur die Sache zur Geltung. Das zeigt sich unter anderem darin, daß der stetige Fluß der Erzählung auch durch die minuziösesten Einzelheiten nicht unterbrochen wird. Wir finden uns ständig weitergeführt und nur wie nebenbei mit der dichtesten Fülle geschauten Lebens beschenkt. Gelegentlich aber steigert sich die Bewegung zu jenem Brio, wie es nur Italiener fertig bringen, wie wir es aus Goldoni oder Rossinis «Barbier von Sevilla» kennen, so, um wieder den unentrinnbaren Don Abbondio anzuführen, in dem nächtlichen Überfall, der den ersten Teil des Romans beschließt.

«Carneades», beginnt das Kapitel. Ein Wort, das dem Ereignis, das unmittelbar bevorsteht, ferner läge, hätte Manzoni nicht finden können. Abbondio liest und stößt dabei auf den ihm unbekannten Namen des griechischen Philosophen. Unterdessen nähern sich Renzo, Lucia, Perpetua und die beiden Helfer, der schlaue und der blöde. Der Anschlag mißlingt; der erschrockene Pfarrer ist flink genug, das Ehegelöbnis mit dem Tischtuch zu ersticken, bevor es zu Ende gesprochen ist. Er ruft in die Finsternis hinaus den Mesner zu Hilfe; das Dorf belebt sich. Die Bauern greifen zu ihren Gewehren und Mistgabeln und rennen herbei. Im Haus Lucias sind unterdessen Rodrigos Leute eingedrungen. Sie finden niemand. Die Glocke läutet. Ein allgemeiner Tumult bricht aus, in dem niemand mehr weiß, wo er geht und steht. Dann legt der Lärm sich ebenso unbegreiflich, wie er entstanden ist. Die Stille der Mondnacht liegt über dem See. Eine Komödienszene, die Manzoni mit größtem Vergnügen erzählt, übermütig geradezu, doch mit gemeistertem Übermut. Das Durcheinander ist ebenso erstaunlich wie die Übersicht, die keinen Augenblick aussetzt und den Auflauf gliedert und klar präsentiert. In größerem Maßstab bewährt sich diese Kunst bei dem Hungeraufstand in Mailand. Souverän – obwohl er sich dieses Wort verbitten würde – schaltet Manzoni mit großen bewegten Massen. Er glaubt nur die «Wahrheit» wiederzugeben, wie er sie in den Quellen findet, und bewährt sich abermals, trotz des düsteren Themas, mit der Lust des Bildens als Künstler höchsten Rangs.

So leuchtet die Sonne Homers über den «Promessi Sposi» wie über Vergil – doch ohne daß Manzoni klassizistisch antikisieren würde. Sogar die an Homer erinnernden Gleichnisse sind keine Nachahmung. Es ist, als habe der Erzähler diese Möglichkeit, die Dinge dem Leser lebendig vor Augen zu stellen, in aller Bescheidenheit selber entdeckt.

Eben deshalb braucht er auch nicht – wie Goethe in «Hermann und Dorothea» – die Innerlichkeit, die erst die neueren Zeiten kennen, auszuschließen oder nur gleichsam erraten zu lassen. Im Gegensatz zu dem deutschen Hexameter ist Manzonis Prosa auch fähig, das Seelische unmittelbar zu erfassen. Die Italiener rühmen ihm gern «psychologische» Feinheit nach. Wir möchten den Ausdruck lieber vermeiden, seit «Psychologie» eine Wissenschaft heißt, die alles Menschliche ungeniert betastet und lenken zu können glaubt. Von «Seelenkunde» dürfen wir sprechen, ohne Manzoni zu nahe zu treten. Sie zeigt sich zum ersten Mal in der Geschichte der Nonne, die zur Verbrecherin wird. Auch diese Episode haben kirchliche Kreise übelgenommen. In «Fermo e Lucia» war sie noch breiter angelegt. Besonders die letzten düstersten Szenen wurden in allen Einzelheiten geschildert. Das war im Rahmen des Ganzen zu viel. Freunde rieten dem Dichter zu kürzen. Er war damit einverstanden, wieder aus jener für ihn so bezeichnenden Verbindung von künstlerischen und sittlichen Gründen. Aber den ganzen Abschnitt zu tilgen, konnte er sich doch nicht entschließen. Er hatte die Geschichte bei Ripamonti, einer von ihm auch sonst ausgiebig benutzten Quelle, gefunden und offenbar rasch erkannt, wie typisch auch sie für den Geist der Epoche war.

Der Frevel des Vaters, der, um das Vermögen der Familie zusammenzuhalten, die Tochter zwingt, den Schleier zu nehmen, reiht sich an das Verbrechen Rodrigos, Padre Cristoforos Jugendschuld und andere Taten, die den Zeitbegriffen von Ehre und Macht entspringen. Wieder wiegt bei dem Erzähler das sittliche Interesse vor. Er hat sich die größte Mühe gegeben zu zeigen, wie Gertrude unmerklich, Schritt für Schritt, irregeleitet wird, wie alles zusammenwirkt, ihr Stolz, ihr Zärtlichkeitsbedürfnis, falsche religiöse Vorstellungen, Herrschsucht, Eitelkeit, harmlose Jugend, um sie ins Verderben zu stürzen. Schon bei ihrem ersten Erscheinen, wie sie Lucia aufnimmt, kündigt ihr seltsames Äußeres Unheil an. Der angeborene Adel ist noch erkennbar, als Vorzug und als Gefahr. Sie scheint noch nicht verloren. Lucia könnte ihr rettender Engel werden. Sie liebt das reine Wesen wirklich und ergreift mit Wehmut die Gelegenheit, von Mensch zu Mensch doch einmal Gutes stiften zu dürfen. Aber dann wirkt der Zwang des Bösen so mächtig, sie hat sich so tief verstrickt, daß kein Entrinnen mehr möglich ist ohne Demütigung. Und zu dieser sich zu entschließen, verbietet ihr die Sünde, die Manzoni als den Ursprung aller Sünde kennt, die superbia. Sie liefert Lucia dem Ungenannten aus und richtet sich selber zugrunde.

Der Weg der Nonne führt aus der Unschuld der Jugend zum Verbrechen, der Weg des Ungenannten aus Verbrechertum zu heiligmäßigem Wandel. Wieder gibt Manzoni, als echter epischer Dichter, den kein Kunstgesetz zu unnatürlich jähen Entwicklungen nötigt, der Zeit die Ehre. Er stellt die Bekehrung nicht als plötzliches, unbegreifliches Himmelswunder im Stil so vieler Heiligenlegenden und sakraler Bilder dar. Den Ungenannten hat schon lange eine geheime Unruhe gequält. Das nahende Alter, die Mahnung des Todes in einem allmählich ermüdenden Körper, die Stimme Gottes im Gewissen, das er freilich zunächst mit noch entsetzlicheren Taten zum Schweigen bringt, dies alles geht der Nacht nach der Begegnung mit Lucia voraus. Auch in dieser Nacht unterscheidet Manzoni Stufen des inneren Geschehens. Zuerst ist der Ungenannte nur ärgerlich über die seltsame Anwandlung. Er hofft sie sich aus dem Sinn zu schlagen, glaubt, Lucia vergessen zu können und schilt sich selber so grob, wie er sonst seine Untergebenen zu schelten gewohnt ist. Das hilft aber nichts. Er faßt den Entschluß, Lucia in Freiheit zu setzen, statt sie Don Rodrigo auszuliefern. Denn – «wer ist Don Rodrigo?» Mit dieser Frage beginnt der gewichtigste Abschnitt:

«Wie einer, der von der unerwarteten peinlichen Frage eines Höheren überrascht wird, dachte er plötzlich daran, auf die

Frage zu antworten, die er sich selbst gestellt, er, oder vielmehr der neue ‹Er›, der plötzlich furchtbar emporgeschossen und aufgestanden war, den alten zu richten. Er suchte die Gründe, die ihn, fast ehe er noch gebeten worden war, zu der Verpflichtung bestimmt haben könnten, Rodrigo zu Gefallen, ohne Haß und ohne Angst, ein armes, unbekanntes Geschöpf zu quälen. Doch er vermochte keine zu finden, die in diesem Augenblick die Untat hätten entschuldigen können. Ja, er wußte sogar sich selber kaum mehr klar zu machen, wie er sich eigentlich hatte verführen lassen. Der Entschluß war unüberlegt, er war nur eine unwillkürliche Regung seines Gemüts gewesen, das alten, gewohnten Neigungen nachgab, eine Folge unzähliger Taten, die vorausgegangen waren. Und er, der, so gemartert, sich selber prüfte, um sich von einer einzigen Handlung Rechenschaft abzulegen, fand sich genötigt, sein ganzes Leben einer Prüfung zu unterziehen. Rückwärts, rückwärts, von Jahr zu Jahr, von einem üblen Handel zum andern, von Blut zu Blut, von Frevel zu Frevel, alles tauchte wieder vor der neuen inneren Einsicht auf, gelöst von den Begierden, die ihn einst zum Wollen und Tun bewogen; es tauchte auf mit einer Fürchterlichkeit, die eben jene Begierden von ehedem ihm verborgen hatten. Es waren die seinen; sie waren er. Das Grauen vor diesem Gedanken, das sich bei jedem Bild erneuerte, das jedem anhaftete, wuchs zur Verzweiflung. Er setzte sich wie von Sinnen auf; er fuhr wie von Sinnen mit den Händen an die Wand zur Seite des Bettes; er griff nach einer Pistole; er nahm sie herab und... eben im Begriff, ein unerträgliches Leben zu enden, befiel ihn ein Schrecken, eine, so zu reden, ihn überdauernde Sorge, und seine Gedanken stürzten in die Zeit, die denn doch weiterdauern würde auch nach seinem Ende. Er stellte sich mit Schaudern seinen entstellten, reglosen Leichnam vor, der der Gewalt des gemeinsten Überlebenden ausgeliefert war; die Überraschung, den Wirrwarr in der Burg am folgenden Tag, das Drunter und Drüber; sich selber ohne Kraft, ohne Stimme, weiß der Himmel wohin geworfen. Er stellte sich vor, was da für Reden zu hören wären nah und fern, wie seine Feinde sich freuen würden. Auch die Finsternis und die Stille ließen ihm den Tod noch düsterer, noch entsetzlicher erscheinen. Ihm war, er hätte nicht gezögert, wenn es am Tag geschehen wäre, in freier Luft, vor allen Leuten: in einen Fluß hinab und verschwinden. Vertieft in diese qualvollen Bilder, spannte und entspannte er mit verkrampftem Daumen den Hahn der Pistole. Da blitzte ein neuer Gedanke auf: wenn dies andere Leben, von dem man mir geredet hat, als ich klein war, von dem sie unaufhörlich reden, als ob es etwas Gewisses wäre, wenn es dies andere Leben nicht gibt? Wenn es eine Pfaffenerfindung ist? Was tue ich nur? Warum soll ich sterben? Was liegt dann schon an meinen Taten? Was liegt daran? Das ist ein verrückter Einfall von mir... Und wenn es dies andere Leben gibt?

Bei dieser Ungewißheit, dieser Gefahr befiel ihn eine Verzweiflung, die noch viel schwärzer, noch viel beklemmender war, aus der es kein Entrinnen gab, auch nicht im Tod. Er ließ die Waffe fallen, wühlte mit den Händen in den Haaren, klapperte mit den Zähnen, bebte. Auf einmal kamen ihm die Worte in Erinnerung, die sich ihm vor wenigen Stunden eingeprägt hatten: ‹Gott verzeiht so viel für ein einziges Werk der Barmherzigkeit.› Sie kamen ihm aber nicht in den Sinn mit dem Ton demütigen Flehens, mit dem sie ausgesprochen worden waren, sondern mit einem gebieterischen Klang, der zugleich eine ferne Hoffnung verhieß. Er fühlte sich augenblicklich erleichtert. Er nahm die Hände von den Schläfen und heftete in gefaßterer Haltung das innere Auge auf sie, von der er jene Worte vernommen hatte. Er sah sie – nicht als seine Gefangene, nicht als Schutzflehende, sondern als eine Gestalt, die Trost und Gnade spendet. Sehnsüchtig erwartete er den Tag, um hinzueilen und sie zu befreien, um andere labende Worte, Worte des Lebens von ihrem Munde zu hören. Er stellte sich vor, daß er sie selbst zu ihrer Mutter begleiten würde. – Und dann? Was tue ich morgen den Rest des Tages, was tue ich übermorgen? Was tue ich in den Tagen, die folgen? Und dann die Nacht? Die Nacht, die wiederkehrt in zwölf Stunden? O, die Nacht! Nein! Nein! Die Nacht! – Und er stürzte wieder in die qualvolle Leere der Zukunft, versuchte wieder, umsonst, sich auszudenken, wie er die Zeit verwenden, wie er die Tage, die Nächte verbringen könnte. Bald nahm er sich vor, die Burg zu verlassen und in ferne Länder zu ziehen, wo niemand ihn, auch nicht dem Namen nach, kennen würde. Er fühlte aber, daß bei ihm doch immer auch er, er selber, wäre. Bald regte sich wieder die dunkle Hoffnung, zu dem alten Sinnen und Trachten wie zu einem vorübergehenden trunkenen Zustand zurückzukehren. Bald war ihm bange vor dem Tag, der seinen Leuten zeigen mußte, wie jämmerlich er verwandelt war. Bald ersehnte er ihn, als müßte er ihm auch Licht in seine Gedanken bringen. Und siehe, eben als es dämmerte, wenige Augenblicke, nachdem Lucia eingeschlafen war, als er so unbeweglich dasaß, drang an sein Ohr eine Welle von Klang, undeutlich, aber doch irgendwie freudig. Er merkte auf und erkannte, daß es ein fernes festliches Glockengeläut war. Kurz darauf vernahm er auch das Echo vom Berg, das jedesmal schwach den Akkord wiederholte und sich mit ihm mischte. Und wenig später hörte er ein anderes Geläut, mehr in der Nähe, auch dieses festlich, dann wieder ein andres. Er sprang von seinem Dornenlager auf; halb angekleidet lief er zum Fenster, öffnete, schaute hinaus. Worüber freuen sich denn die alle? Was ist denn für sie so Schönes geschehen?»[46]

Die Glocken feiern, wie wir später erfahren, die Ankunft des Kardinals. Der Ungenannte sucht ihn auf. Der hohe Geistliche vollendet das Werk der Erlösung, das in der Begegnung mit Lucia begonnen hat.

Die Geschichte der Nonne hat Manzoni nachträglich gekürzt, die Bekehrung des Ungenannten dagegen bedeutend erweitert. In «Fermo e Lucia» fehlte ihr die langsame, stetige und eben deshalb unentrinnbare Folge des innerlichen Geschehens. Die Fassung, die wir heute lesen, galt noch dem Anfang unsres Jahrhunderts als höchster Gipfel des Romans. Und heute? Die Angst vor dem Jenseits als Beginn der Umkehr, das Zähneklappern und Beben, das an Franz Moor erinnert, empfinden viele Leser vielleicht als schale Erbauungsliteratur. Und wirklich, wir müssen uns Mühe geben, die tiefe, ja fast erschreckende Seelenkunde nicht zu überhören, die Manzoni auch hier beweist. Man hat sie immer wieder mit seiner eigenen Konversion erklärt. Wenn man dies nicht zu wörtlich nimmt und keine falschen Schlüsse zieht, ist nichts dagegen einzuwenden. Obwohl er über den Vorgang in seinem eigenen Herzen Stillschweigen bewahrt hat, vermuten wir wohl zu Recht, daß er aus eigener Erfahrung wußte, was es heißt, von Gott heimgesucht zu werden. Andrerseits bemerken wir auch bei dem Ungenannten jene Vernunft, die bei Manzoni selbst nie aussetzt. Sogar die Angst vor dem Jenseits bricht nicht als unvorbereiteter, nur durch Gottes Willen erklärbarer Schrecken herein. Sie wird durch eine diskursive Überlegung herbeigeführt: Blick auf das neueste Verbrechen, Blick zurück auf das ganze Leben, Verzweiflung, Entschluß zum Selbstmord, Wendung des Blicks in die Zukunft, die Sorge, wie er nach seinem Tod aussehen, was mit seiner Leiche geschehen werde. «Nach dem Tod» – das führt weiter zum Gedanken der Ewigkeit nach dem Tod. Aber auch dieser Gedanke, bei dem er erbebt, verwandelt ihn nicht plötzlich. Er spielt noch mit der Rückkehr in die düstere Trunkenheit des Verbrechens. Er wägt die Möglichkeiten, die ihm bleiben, gegeneinander ab. Doch dann vernimmt er in den Glocken die Botschaft einer Freude, die er zwar noch nicht zu begreifen, ja, an die er noch kaum zu glauben vermag, der er sich aber anzuvertrauen genötigt ist auf Gedeih und Verderben.

Hier drängt sich ein Gedanke auf, der uns leicht irreführen könnte. Daß Gott es ist, der den Ungenannten im wahrsten Sinne des Wortes heimsucht, steht für Manzoni außer Zweifel. Der Kardinal, die höchste Autorität, sagt es mit klaren Worten. Das irdische Werkzeug, dessen Gott sich bedient, ist aber Lucia gewesen. Dürfen wir da noch weitergehen und erklären, alles Unglück, das den Verlobten widerfährt, rechtfertige sich als göttlicher Plan in der Bekehrung des Verbrechers, der das ganze Land verstört hat? Gleich vielen zeitgenössischen deutschen Tragödien sei auch der Roman Manzonis eine Theodizee? Das hieße den Erzähler in einem wesentlichen Punkte mißverstehen. Man wird zunächst bedenken müssen, daß Lucia zwar in der Begegnung mit dem Ungenannten als Mittlerin göttlicher Gnade erscheint, ihr Charisma der verbrecherischen Nonne gegenüber aber versagt – obwohl auch da zunächst durch ihre bloße Gegenwart ein Strahl vom Himmel in die Finsternis einer verirrten Seele zu dringen scheint. Offenbar gibt Manzoni eine Freiheit des Menschen zum Bösen zu, die sich mit idealistischem Denken im Geiste Hegels schlecht vertrüge. Wir müssen aber noch weitergehen. 1828 schreibt Manzoni an Antonio Cesari:

«In meinen armseligen Schriften der Religion die Ehre zu erweisen, ist zweifellos mein aufrichtiger Wunsch. Indes, wenn der Vorsatz an sich auch gut sein könnte, gestehe ich Ihnen doch offen, daß ich oft darüber im Zweifel war und bin, ob er *mir* zusteht. Im Vertrauen sage ich Ihnen: wenn ich an eine Zeit zurückdenke, in der ich mit meinen Worten und meiner Lebensführung eben diese Religion verleugnet habe, wenn ich an das allzu viele Schlechte und an das wenige Gute denke, das immerhin noch an mir war, so schäme ich mich oft und mache mir ein Gewissen daraus, daß ich mir anmaße, sie zu feiern und mich gleichsam zu ihrem Meister zu machen. Und ich höre in meinem Innern die schrecklichen Worte: ‹Quare tu enarras iustitias meas?›»[47] (Psalm 50, v. 16, vollständig, in Luthers Übersetzung: «Was verkündigest du meine Rechte und nimmst meinen Bund in deinen Mund?»).

In diesem Sinn hat Manzoni den Schluß des Romans an bedeutender Stelle verändert. In «Fermo e Lucia» stoßen Padre Cristoforo und die Verlobten auf den pestkranken Don Rodrigo, der sich auf einen ledigen Gaul wirft, rasend um sich schlägt und davonsprengt. «Gericht Gottes»[48], sagt Padre Cristoforo. Die Szene mit dem wahnsinnigen Reiter lesen wir auch in der Endfassung. Rodrigos Name fällt aber nicht. Mit Namen wird Rodrigo erst als Kranker im Pestlazarett erwähnt. Er liegt seit Tagen bewußtlos da. Padre Cristoforo spricht nicht mehr von Gottes Gericht. Er sagt: «Du siehst! Das kann Strafe, das kann Erbarmen sein»[49]. Später erfahren wir, daß die Pest auch Don Rodrigo dahingerafft hat. Manzoni verzichtet aber darauf, sein Ende zu schildern und dem Leser und sich selber den Anblick der Qualen eines verworfenen Sünders zu gönnen.

Daraus ergibt sich, daß wir offenbar die Pest überhaupt nicht als klares Gottesgericht auffassen dürfen. «Die Pest bringt alles ins Reine»[50], hat sogar de Sanctis behauptet. Es scheint die allgemeine Meinung zu sein. Wir könnten dagegen fragen, warum Don Abbondio dann am Leben bleibt, der sich so schwer vergangen und dem Bösen gleichsam den Weg gebahnt hat. Auch dies entspräche aber der christlichen Demut des Erzählers nicht, der immer die Worte zu hören glaubt: «Quare tu enarras iustitias meas?» Manzoni will die Religion so wenig meistern wie Thornton Wilder in der «Brücke von San Luis Rey». Die Pest hat einen andern Sinn.

Wir müssen sie zunächst so verstehen, wie der Erzähler sie selber in jenem Brief an Fauriel aufgefaßt hat, als ein Ereignis nämlich, das die fürchterlichste Verwilderung, den Aberglauben, das Verbrechen, doch auch die erhabenste Tugend freigibt und so dem Erzähler gestattet, seine ungeheure, mühsam gestaute epische Kraft gewähren zu lassen.

Sie wird auch in diesen Kapiteln, ohne an künstlerischer Wirkung einzubüßen, bestimmt von Manzonis christlich-humanem Willen, die Menschen zum Guten zu lenken. Er stellt die Krankheit nicht zur Schau. Er schildert sie eher wie ein Arzt, der auf ihre Symptome achtet. Und für sein Denken bezeichnend ist, daß ihn sogar die Kirchentreue und die Verehrung des Kardinals nicht hindert, auf die katastrophalen Folgen der Prozession hinzuweisen, die Gottes Hilfe erflehen soll. Der Kardinal hat lange gezögert, sie zu gestatten, nicht so sehr aus ärztlichen Gründen, als weil er einen Mißerfolg und damit eine Schwächung des Glaubens befürchtet, schließlich aber der Menge nachgegeben. Die Zahl der Kranken wächst von einem Tag zum andern ins Ungeheure. Das Volk schreibt dies aber nicht einem Versagen der heiligen Handlung zu, sondern den «untori», den «Salbern», die aus teuflischer Bosheit, vielleicht im Dienst auswärtiger Mächte, die Pest mit einer auf Mauern gestrichenen Salbe verbreitet haben sollen. Hier setzt nun Manzonis Aufklärertum mit einem Eifer ein, der einem Voltaire zur Ehre gereichen würde. Unschuldige waren als «untori» gefoltert und hingerichtet worden. Damit hatte sich schon Pietro Verri, der mit Manzonis Mutter befreundet gewesen war, einer der führenden Köpfe der italienischen Aufklärung, in seinen «Osservazioni sulla tortura» befaßt. Er hatte das Verhalten der Richter aus den Vorurteilen der Zeit erklärt und damit halb entschuldigt. Manzoni lag daran zu beweisen, daß es die Richter – aus Angst vor dem Volk oder Rücksichten anderer Art – am guten Willen hätten fehlen lassen, daß auch sie nach sorgfältiger Prüfung die unglückseligen Opfer hätten freisprechen können und freisprechen müssen. Mit unerbittlicher Logik und nie erlahmendem juristischem Scharfsinn führt er diesen Beweis in der «Storia della colonna infame» durch. Der Exkurs war dann freilich zu lang, um in den Roman aufgenommen zu werden. Die juristischen Argumentationen wurden in einen Anhang verwiesen. Der Kummer und die Entrüstung Manzonis über die Torheit und die Verhärtung der Herzen setzen sich aber auch in dem epischen Bericht der Ereignisse durch, ohne daß er genötigt wäre, zu oft sich selber mit seinen persönlichen Überzeugungen einzuschalten. Und eben diese Menschheitssorge ist es, die ihn vor der Gefahr bewahrt, im Entsetzlichen unterzugehen oder gar darin – im Stil so vieler historischer Romane – zu schwelgen. Das ruhige Licht – der Vernunft, des Glaubens; wir unterscheiden im Sinne Manzonis nicht ängstlich – erlischt keinen Augenblick. Und überwältigend leuchtet es auf in jenem unvergeßlichen Abschnitt, den Italiener mit Recht zur wunderbarsten Prosa aller Zeiten und Völker zählen. Es sei versucht, auf deutsch die unnachahmlichen Sätze wiederzugeben. Die Pest hat ihren Höhepunkt erreicht. Die Toten werden von den «Monatti», rohen gedungenen Gesellen, auf Karren weggeschafft und in eilig ausgehobene Gruben geworfen. Einem solchen Totengeleit begegnet Renzo, und er sieht:

«Über eine Türschwelle trat und dem Zuge näherte sich eine Frau, deren Anblick vorgerückte, aber noch nicht vergangene Jugend verriet. Eine von einer großen Qual und todesnaher Schwäche verschleierte und getrübte, aber noch nicht zerstörte Schönheit schimmerte durch, die weiche und doch majestätische Schönheit, die das lombardische Blut auszeichnet. Ihr

Gang war müde, aber nicht schwankend. Ihre Augen wiesen keine Tränen, aber Spuren zeigten, daß sie viele vergossen hatte. Etwas unbeschreiblich Stilles und Tiefes war in diesem Schmerz und deutete auf eine Seele, die ganz gegenwärtig war und ihn mit vollem Bewußtsein empfand. Es war aber nicht allein ihr Anblick, der, in so viel Elend, sie dem Mitleid besonders empfahl und diese nun in den Herzen erschlaffte, erstorbene Empfindung wieder belebte. Auf den Armen trug sie ein Kind von etwa neun Jahren; das war tot – doch ausgestattet mit aller Sorgfalt, die Haare über der Stirn gescheitelt, schneeweiß gekleidet, als hätten es diese Hände für ein Fest geschmückt, das ihm vor einiger Zeit versprochen und nun als Belohnung gewährt worden wäre. Auch hielt sie es nicht liegend, sondern aufrecht, sitzend auf einem Arm, die Brust gelehnt an ihre Brust, als ob es noch am Leben wäre – nur daß ein Händchen, weiß wie Wachs, auf einer Seite baumelte mit seltsam unbeseelter Schwere und der Kopf auf der Schulter der Mutter ruhte, willenloser als im Schlaf, der Mutter, die als solche nicht nur die Ähnlichkeit der Gesichter bezeugte, sondern deutlich der Ausdruck des einen von beiden, in dem noch ein Gefühl war.

Ein gräßlicher Monatto kam, um ihr das Kind aus den Armen zu nehmen, mit einer ungewöhnlichen Ehrfurcht indes und unwillkürlichem Zögern. Sie aber wich zurück und sprach, doch ohne Spur von Unwille und Ekel: ‹Berührt es jetzt nicht. *Ich* muß es auf diesen Karren legen. Nehmt!› Mit diesen Worten öffnete sie eine Hand, brachte eine Börse zum Vorschein und ließ sie in die Hand, die der Monatt entgegenstreckte, fallen. Dann fuhr sie fort: ‹Versprecht mir, keinen Faden von ihm wegzunehmen, auch nicht zu dulden, daß dies ein anderer wage, und es so zu begraben.›

Der Monatt legte eine Hand auf die Brust. Und dann, voll Eifer, wie unterwürfig, mehr weil ihn das neue Gefühl niederzwang, als wegen der unverhofften Belohnung, ging er daran, auf dem Karren ein wenig Platz für die kleine Tote zu schaffen. Die Mutter küßte sie auf die Stirn, legte sie hin wie auf ein Bett, machte es ihr bequem, deckte sie zu mit einem weißen

Tuch und sprach zu ihr die letzten Worte: ‹Mit Gott, Cecilia, ruhe in Frieden. Heute Abend kommen auch wir. Dann bleiben wir für immer beisammen. Bete inzwischen für uns. Ich will für dich und für die anderen beten.› Dann wandte sie sich wieder zu dem Monatto und sagte: ‹Ihr, wenn Ihr heute Abend vorüberkommt, steigt hinauf und holt auch mich, und nicht mich allein.›

So sprach sie und trat in das Haus zurück. Kurz darauf erschien sie am Fenster mit einem kleineren Kind auf dem Arm, das lebte, aber in seinem Gesicht bereits die Zeichen des Todes trug. So stand sie und schaute der weihelosen Bestattung des ersten Kindes zu, bis sich der Karren bewegte, solang sie ihn sehen konnte. Dann verschwand sie. Was konnte sie anderes tun, als das einzige, das ihr blieb, auf das Bett zu legen und sich daneben, um mit ihm zusammen zu sterben? So wie die Blume, die schon aus dem Stengel hervordringt, mit dem noch knospenhaften Blümchen zusammen hinsinkt, wenn die Sichel darüber fährt, die alle Gräser der Wiese gleichmacht.

‹O Herr!› rief Renzo, ‹erhöre sie! Nimm sie zu dir mit ihrem Kleinen. Sie haben genug gelitten, genug!›»[51]

Der italienische Text beginnt:

«Scendeva dalla soglia d'uno di quegli usci e veniva verso il convoglio, una donna, il cui aspetto annunziava una giovinezza avanzata, ma non trascorsa...»

Wenn wir richtig hören, kündigt sich schon in dieser feierlichen Wortstellung Manzonis Ergriffenheit an, die tiefe, stille Gewalt des in der unbegreiflichen, auf den Knien verehrten Gottheit geborgenen Leidens. Die Schönheit des lombardischen Bluts, der Adel, die Würde der Demut, die an die Grenze des Menschenmöglichen reicht, die Wirkung auf den Monatto, die andeutet, wie die Majestät der Ergebung in den Willen des Höchsten die sündige Welt verwandeln könnte, dazu die Erinnerung an Vergil: «und sprach zu ihr die letzten Worte» (dixitque novissima verba, Aeneis, IV, 650): in all dem rückt uns der Dichter, wie wir ihn nun zu kennen glauben, so nahe und scheint er uns wieder doch so weit in seine geheimste Sphäre entrückt, daß uns nur übrig bleibt, den Anblick seiner ruhig auf uns gerichteten Augen schweigend zu ertragen.

Aber nicht nur Szenen wie diese dürften ihn bewogen haben, so ausführlich von der Pest zu erzählen. Sie gehörte für ihn zum wahren, unbeschönigten Bild des vergänglichen Lebens. Nur dank der Güte Gottes ist sie ein seltenes, ungeheures Ereignis. Sie stellt uns die Macht des allgegenwärtigen, jederzeit möglichen Todes vor Augen und nötigt uns, die irdischen Dinge mit dem richtigen Maß zu messen. Das prägt sich uns am tiefsten ein bei Renzos Rückkehr in sein Dorf. Perpetua ist gestorben. Der junge Tonio ist blödsinnig geworden. Abbondio schleicht wie ein Schatten umher. Den ungepflegten Garten hat ein Gewirr von Blumen überwachsen. Manzoni nennt sie alle mit Namen, nicht nur aus botanischer Liebhaberei, wie manche verärgerte Leser meinen, sondern weil nur so, auf diesem Hintergrund der sündelosen herrlichen Fülle der Natur, das Geisterhafte des gebrochenen menschlichen Trachtens sichtbar wird. Wir stehen auf der Stätte, von der das Schicksal ausgegangen ist, das uns so lange in Atem gehalten, erregt und mit liebender Sorge erfüllt hat, und erkennen, wie angesichts des Todes alles eitel ist: der Frevel Don Rodrigos, Don Abbondios Angst um seine Ruhe, Agnesens Geschäftigkeit, Renzos Zorn. Erst mit dieser Erkenntnis dürfen wir uns des glücklichen Endes erfreuen, des Wiedersehens der Verlobten, der Heiterkeit, mit der Manzoni uns auf den letzten Seiten entläßt. Auch als ein solches über der epischen Welt in ihrer ganzen Weite ausgesprochenes, homerisierender Klassik fremdes Memento mori dürften die großen Pestkapitel Goethe zuwider gewesen sein. —

Wir haben einzelne Bilder und Gestalten ausgewählt und betrachtet, uns aber noch kaum überlegt, wie der Erzähler vom einen zum anderen kommt. In einem Brief an Diodata Saluzzo vom 16. November 1827 schreibt Manzoni:

«Ich bin tief überzeugt von der Wahrheit jenes Grundsatzes, den meines Wissens zum ersten Mal August Wilhelm Schlegel ausgesprochen hat: daß die Komposition eines Werks organisch und nicht mechanisch sein soll»[52].

Es hätte Manzoni wohl gefreut zu erfahren, daß August Wilhelm Schlegel diesen Grundsatz Goethe nachspricht. «Organisch» heißt bei Goethe ein Gebilde, dessen sämtliche Teile ebenso Selbstzweck wie Mittel sind. Nichts hat nur funktionale und nichts nur eigenständige Bedeutung. Jeder Teil besteht für sich und dient zugleich dem Leben des Ganzen. Das scheint genau dem Begriff zu entsprechen, den Manzoni in der durch Mme de Stael besorgten französischen Übersetzung von Schlegels Vorlesungen über dramatische Literatur fand. Es gilt aber doch, auf eine kleine Akzentverschiebung hinzuweisen. Für Schlegel und insbesondere Goethe bedeutet organisches Schaffen Teilhabe an dem schöpferischen Prinzip des Alls. Indem er organisch schafft, beweist der Künstler seine Verwandtschaft mit Gott. Manzoni dürfte eher an den Gehorsam vor dem Gegebenen denken. Eine mechanische Komposition ist in betontem Sinne «gemacht». Eine organische folgt dem Vorbild der von Gott geschaffenen Natur. Auch hier gibt also Manzoni nur ein «Finden», kein «Erfinden» zu, nur ein «Nachbilden», kein «creare». In der Praxis darf er sich freilich auch so mit Goethe einig wissen. Größten Wert legt er darauf, daß die Ereignisse sozusagen nicht «herbeigeführt» werden, sondern sich aus den Voraussetzungen «ergeben». Er braucht zum Beispiel in Lucias Haus den Padre Cristoforo, der den bedrängten Frauen beistehen soll. Da schafft er ihn nicht einfach durch einen glücklichen Zufall rechtzeitig herbei. Er schickt den unbedeutenden Laienbruder voraus, der Nüsse sammelt, und läßt die Bitte durch ihn übermitteln. Damit vermeidet er den Anschein, seine Gestalten eigenmächtig auf dem Schauplatz herumzuschieben. Auf ebenso natürliche Weise entfernt er den Helfer wieder, sobald es darum geht, die Frauen ratlos ihrem Geschick zu überlassen: Der Onkel Don Rodrigos beschwert sich bei dem Provinzialen, daß sich Padre Cristoforo in Dinge, die ihn nichts angingen, eingemischt habe. Alsbald wird der unerschrockene Kapuziner nach Rimini versetzt. Manzoni gewinnt damit nicht nur eine solide Begründung, sondern zugleich eine Szene, die für sich selber spricht: die Einschüchterung eines Geistlichen durch einen gewissenlosen Adligen, eine Gewalttat im Geist der Zeit, gegen die sich kaum etwas ausrichten läßt und unter der nur wieder einfache, unschuldige Menschen zu leiden haben.

Eben dies ist aber mit organischer Komposition gemeint: daß eine Episode ihren eigenen Wert hat und zugleich aus dem Vergangenen zwanglos hervorgeht und das Künftige vorbereitet. Das größte weltliterarische Vorbild findet sich in Homers Odyssee. Odysseus ist vom Meer auf den Strand der Phäakeninsel geschleudert worden. Er liegt erschöpft am Ufer und schläft. Der Dichter muß seinen Helden in den Palast des Königs Alkinoos bringen. Wie geschieht das? Die Königstochter Nausikaa, durch einen von Athene gesandten Traum bewogen, fährt mit ihren Mägden ans Meer, um dort die Wäsche zu besorgen. Nach getaner Arbeit spielen die Mädchen und wecken den göttlichen Dulder. Nausikaa, von Mitleid ergriffen, weist ihm den Weg zum Haus ihres Vaters. Eine Szene von höchstem Rang, die keiner Rechtfertigung bedürfte und die doch, kompositorisch betrachtet, nur ein notwendiges Bindeglied ist. Dasselbe gilt in den «Promessi Sposi» von der Geschichte der Nonne, die auf den Pfad des Bösen gerät. Manzoni konnte sie schon deshalb nicht, wie Freunde wollten, tilgen, weil sie im Zusammenhang der Geschichte unentbehrlich war. Als Schutz Lucias vor ihren Verfolgern kam nur ein Kloster in Betracht. Sie in einem Kloster unterzubringen, war für den Erzähler nicht schwierig. Aber wie kam sie wieder heraus? Indem sie von der «Signora», die unter dem Zwange ihrer Verbrechen handelte, schmählich ausgeliefert wurde. Wie konnte es geschehen, daß eine Nonne zur Verbrecherin wurde? Das führte zu der Vorgeschichte, die sich ihrerseits zu einem großen Sittengemälde auswuchs, das als solches fesselt und zugleich unmerklich weiterführt.

Es wäre falsch zu sagen, so seien alle Einzelheiten «verzahnt». Sie gehen auseinander hervor und wachsen ineinander wie die Gewebe in einem Organismus. Nichts geschieht durch einen zielbewußten Willkürakt des Erzählers. So fühlt auch der Leser sich nie genötigt. Er wird getragen und geführt, so, daß er immer im Gleichgewicht schwebt und sich, im

Bann der Geschichte, einer nie gestörten Freiheit erfreut und nach Belieben rückwärts sinnen, verweilen und weiterfahren kann.

Nun handelt der Roman aber nicht, wie Goethes «Hermann und Dorothea», von einem einzigen, eine kleine Gruppe umfassenden Ereignis. Das Interesse verteilt sich auf eine ungleich größere Zahl von Gestalten, die auf getrennten Wegen wandeln und sich nur selten zusammenfinden. Mit anderen Worten: Das Werk ist kaum – bei der ersten Lektüre wenigstens nicht – als ein einziger Organismus faßbar. Die kompositorischen Schwierigkeiten – oder, in seiner Bescheidenheit: die Ohnmacht dessen, der sich an das Riesengebilde eines Romans wagt – gesteht Manzoni selber auf so reizend-humorvolle Weise, daß daraus wieder ein kleines Kunstwerk wird. Es ist sein eigener Sohn, von dem er, nach dem Verschwinden Lucias im Kloster und einigen Aktionen Rodrigos, in einem homerischen Gleichnis erzählt:

«Ich habe oft einem lieben Jungen zugeschaut – er ist lebhaft, die Wahrheit zu sagen, mehr als nötig, will aber nach allen Zeichen offenbar doch ein Ehrenmann werden – ich habe ihm oft zugeschaut, sage ich, wenn er am Abend damit beschäftigt war, seine Meerschweinchen einzubringen, die er tagsüber in einem Gärtchen frei hatte herumlaufen lassen. Er hätte sie gern alle zugleich im Nest gehabt. Aber das war verlorene Mühe. Eines riß nach rechts aus, und während der kleine Hirt hinrannte, um es in die Herde zurückzujagen, lief ein anderes, liefen zwei, drei nach links, nach allen Seiten. So fügte er sich denn, nach einiger Ungeduld, ihrer Gemütsart und trieb zuerst die hinein, die dem Eingang am nächsten waren. Dann eilte er hin, um die andern zu holen, eins allein, zwei, drei, wie es glückte. Ein ähnliches Spiel müssen wir mit unsern Gestalten treiben. Wir haben Lucia untergebracht und sind Don Rodrigo nachgelaufen. Und jetzt müssen wir ihn wieder fahren lassen, um hinter Renzo her zu sein, den wir aus den Augen verloren haben»[53].

Die Stelle diene zugleich als Beispiel für Manzonis Humor, von dem bis jetzt noch nicht die Rede war. Man ist zunächst vielleicht betroffen, wenn Gestalten, die uns ans Herz gewachsen sind wie Lucia und Renzo, mit Meerschweinchen verglichen werden. Zugleich aber fühlt man, daß dies keineswegs Spott oder Frivolität ist. Wenn irgendwo, so zeigt sich hier der christliche Ursprung des Humors. Alles Endliche sieht der Humor auf dem Hintergrund der Unendlichkeit. Und vor der Unendlichkeit fallen alle Größenverhältnisse und Rangunterschiede, die sonst so bedeutsam scheinen, dahin. Manzoni spricht freilich nicht, wie Jean Paul, als einer, der sich selber des unendlichen Geistes mächtig fühlt. Er spricht im Hinblick auf die ferne, nur in der Andacht zugängliche Gottheit, die ihm erlaubt, das Irdische zu Zeiten heiter als Spiel zu betrachten, heiter und gütig und ohne jede Spur persönlicher Anmaßung. Er lächelt über die eigenen Schwächen wie über die Schwächen mancher Gestalten und weiß sich mit ihnen und dem Leser verbündet in dem gemeinsamen Schicksal irdischer Unzulänglichkeit. Der Ton erklingt nicht oft; er ist im Ganzen aber unentbehrlich als Leuchtspur jener demütigen Freiheit, die nach der Überzeugung Manzonis allein der christliche Glaube gewährt.

Mit dem Begriff des Organischen, auf den Manzoni selber Wert legt, erfassen wir aber die mächtigste kompositorische Schönheit des Werks noch nicht. Ich meine hier «Komposition» in einem Sinn, der an die Aufbaugesetze der Musik erinnern soll, den großen symphonischen Zug, der alles, vom ersten bis zum letzten Satz, aufnimmt und zum Schwingen und Klingen bringt. Der Dichter selber scheint sich dessen nicht bewußt gewesen zu sein; ich finde nirgends einen Hinweis, obwohl der unschätzbare Vorzug der «Promessi Sposi» gegenüber «Fermo e Lucia» nicht zuletzt auf diesen in langer Arbeit erzielten musikalischen Proportionen, dem Wechsel der Töne, den accelerandi und ritardandi, den Pausen und Steigerungen beruht. Auch Interpreten scheinen sich darauf nicht gerne einzulassen. Von jeher schauen sie lieber zur bildenden Kunst als zur Musik hinüber und vergessen nur allzu leicht, daß alle Dichtung sich denn doch im Element der Zeit ereignet. Vielleicht spielt auch der Zweifel mit, ob Leser für Untersuchungen dieser Art überhaupt empfänglich seien. So dachte wenigstens Hofmannsthal, als er in seiner Studie über die «Promessi Sposi» schrieb:

«Von der Komposition des Romans müßte man mit einer sehr großen Genauigkeit und Ausführlichkeit sprechen, um ihr gerecht zu werden. Wie wenige Menschen aber in unserer Zeit wünschen denn auch nur, auf den Genuß eines Ganzen hingeführt zu werden»[54].

Er fährt dann allerdings fort mit einem Tadel, der uns die Vermutung aufdrängt, er habe «Komposition» doch nicht im musikalischen Sinne verstanden:

«Auf einen Fehler, vielleicht den einzigen, hat Goethe scharf hingewiesen: daß an einigen Stellen das historische Material zu unverarbeitet hineingenommen ist; einige Male vergißt der Dichter, Dichter zu sein, um Chronist zu werden, und diese Blätter gleichen wirklich den trüberen Stellen auf einem großen Gemälde.»

Das Buch wird mit einem Gemälde verglichen, und Goethe, der so ganz «zum Sehen Geborene» und «zum Schauen bestellte», wird als Kronzeuge angeführt. Unverarbeitetes oder doch zu wenig verarbeitetes Material erscheint dem bloßen Auge freilich nur als eine trübere Stelle. In der Symphonie ist es unentbehrlich. Die vielbeschäftigte Seele wird eine Zeitlang sozusagen geschont, damit sie fähig sei, sich neuen Erschütterungen zu überlassen. Oder – und das gilt besonders von den Pestkapiteln – das Entsetzliche wird damit neutralisiert. Dokumentationen sind nicht bestimmt, uns Bilder einzuprägen oder an unser Herz zu rühren. Sie übermitteln uns ein Wissen und wenden sich an unser sachliches historisches Interesse. Und eben dieses sachliche, historische Interesse, das uns der Erzähler mit seinem wenig bearbeiteten Material aufnötigt, ermöglicht uns, den fürchterlichen Szenen, die doch nicht verschwiegen werden sollen und dürfen, gefaßt zu begegnen. Wie seltsam, daß so viele meinen, dem Dichter müsse immer an maximaler Wirkung gelegen sein; er könne nicht hie und da aus höherer künstlerischer oder sittlicher Rücksicht – bei Manzoni fällt beides zusammen – auf seine Macht der Beschwörung verzichten. An anderer Stelle wird gerade das Papier der Akten bedeutsam. Wie fremd die spanische Herrschaft dem italienischen Volk gegenübersteht, kann gar nicht besser mitgeteilt werden als durch den Wortlaut der Erlasse, die von den Gouverneuren jahrzehntelang ohne den geringsten Erfolg pompös veröffentlicht worden sind. Wieder dient – in dem stilistischen Rahmen dieses Romans – die «Wahrheit», wie sie Manzoni, historisch-kritisch, versteht, der reinen dichterischen Absicht besser als jede erdenkliche Stilisierung. Und wenn damit die Sachlichkeit bis zur vollkommenen Selbstverleugnung des Erzählers getrieben wird, so finden wir dies, und immer im rechten Augenblick, wieder ausgeglichen durch jene Lyrismen, die sich manchmal fast zu Prosa-Arien steigern, so in dem Monolog Lucias «Addio monti, sorgenti dall'acque...», der den ersten Teil beschließt. Wie vorbereitet ist die schmerzliche Cantilene dieses Ausklangs! Wir sind zu Beginn in die Geographie des südlichen Comersees eingeführt worden, streng, übersichtlich, ohne jeden Versuch, die Landschaft schon als Zustand der Seele erscheinen zu lassen, aber in weit ausladenden Sätzen, die uns zu dem langen Atem erziehen, den wir aufzubringen haben, wenn wir dem Dichter folgen wollen. Wir folgen ihm zu dem Ungemach Abbondios, Renzos vergeblichem Gang zu dem Advokaten, zu dem komödienhaften nächtlichen Überfall, ins Kloster Padre Cristoforos und finden uns wieder in der Landschaft, die uns zu Beginn empfangen hat. Es sind dieselben Berge, dieselbe Adda und dieselbe Brücke, doch nun in nächtlicher Beleuchtung, verwandelt in Traum und gleichsam erinnert, so, wie die Flüchtigen in der Fremde ihre Heimat als erinnerte und geträumte bewahren werden:

«Kein Windhauch zog vorüber. Der See lag glatt und eben und hätte reglos ausgesehen, wäre nicht das Zittern und leise Gekräusel des Mondes gewesen, der sich mitten vom Himmel herab in ihm spiegelte. Nur auf dem Sandstrand hörte man die Wellen fluten, erstorben, langsam, und weiter in der Ferne das Gegurgel des Wassers, das sich zwischen den Pfeilern der Brücke brach, dazu den gemessenen Schlag der beiden Ruder, die die dunkle Fläche des Sees durchschnitten, zur selben Zeit sich triefend hoben und wieder eintauchten. Die von dem Kahn durchfurchte Flut, die sich achtern wieder zusammenschloß, bildete einen gesäumten Streifen, der sich vom Ufer entfernte. Die Reisenden waren schweigsam und betrachteten, rückwärts gewandt, die Berge und das vom Mond erhellte, hie und da tief beschattete Land. Sie unterschieden Dörfer, Häuser, Hütten. Don Rodrigos Kastell mit dem flachen Turm, der sich über den am Fuß gehäuften Häuschen des Vorgebirges erhob, glich einem wilden Gesellen, der, im Dunkel aufgerichtet, mitten in einer Gesellschaft Schlafender wacht und über ein Verbrechen sinnt. Lucia sah es und schauderte. Sie glitt mit den Augen den Hang hinab zu ihrem Weiler, schaute fest auf seinen äußersten Rand und entdeckte ihr kleines Haus, entdeckte das dichte Laub des Feigenbaums, der die Mauer des Hofs überragte, entdeckte das Fenster ihrer Kammer. Da stützte sie auf ihrem Sitz im Innern des Kahns den Arm auf die Kante, stützte auf den Arm die Stirn, wie um zu schlafen, und klagte still...»[55]

Nun sind wir eingestimmt und fähig, die Worte des stummen Abschieds zu hören: «Lebt wohl, ihr Berge, dem Wasser entstiegen...»

So fügen die ersten acht Kapitel sich zu einem einzigen Bogen. Die nächtliche Szene bildet aber zugleich den Abschluß des ersten Teils – des ersten Satzes, möchten wir in musikalischem Sinne sagen – und leitet zu dem zweiten über.

Wir treten in größere Verhältnisse ein. Die Schauplätze sind nun Mailand und Monza. Demgemäß ändert sich auch der Ton. Manzoni verzichtet freilich nicht auf die epische Präzision im Kleinen. Zugleich aber wird er den weiteren, von der Weltgeschichte unmittelbarer berührten Räumen mit mächtigeren Gebärden gerecht. Für Lucia und Renzo scheint hier wenig Hoffnung übrig zu bleiben. Der Dichter sorgt indes dafür, zunächst nur durch Zeichen, die schwer zu bewerten, aber tröstlich sind, daß sie und wir den Glauben nicht verlieren und die Zukunft für vertrauende Kinder Gottes offen bleibt. So bei Renzo, der auf seiner Flucht nach Bergamo, nach unerfreulichen Abenteuern in Mailand, nachts in ein ihm unbekanntes dichtbewachsenes Gelände gerät. Da wird die Landschaft zum unheimlich und am Ende verheißungsvoll «antwortenden Gegenbild» seines Innern:

«Er verspürte einen gewissen Schauder, weiter vorzudringen, überwand ihn aber und ging doch vorwärts. Je tiefer er aber eindrang, desto mehr wuchs der Schauder, desto unerträglicher wurde ihm alles. Die Bäume, die er von weitem sah, erschienen als seltsame, unförmige, ungeheuerliche Gestalten. Beunruhigend war der Schatten der leicht bewegten Wipfel, der auf dem hie und da vom Mond beleuchteten Fußpfad zitterte. Sogar das Knistern der dürren Blätter, auf die er im Gehen trat oder die er wegschob, tönte ihm irgendwie böse. Die Beine verspürten einen wilden Drang zu laufen, und zugleich schienen sie kaum mehr imstande, den Körper zu tragen. Er fühlte die nächtliche Brise rauher und feindseliger auf Stirne und Wange. Er fühlte, wie sie zwischen Hemd und Haut durchzog und ihn frösteln ließ. Er fühlte sie schärfer in den vor Erschöpfung zerrütteten Knochen, wie sie den letzten Rest von Kraft auslöschte. Es kam so weit, daß er diesem unheimlichen Gefühl, diesem unbestimmten Grauen, mit dem seine Seele sich seit einiger Zeit herumschlug, auf einmal zu erliegen glaubte. Er war nahe daran, sich aufzugeben. Aber von seinem Schrecken mehr als von allem andern erschreckt, rief er die alten Lebensgeister ins Herz zurück und befahl ihm, die Führung zu übernehmen. Im Augenblick fühlte er sich gestärkt und stand still um zu überlegen. Dann beschloß er, sofort auf dem Weg, den er gekommen war, zurückzugehen in die Gegend, die er zuletzt passiert hatte, unter Menschen zu sein und ein Obdach zu suchen, vielleicht eine Herberge. Und während er so stand und das Knistern der Füße im Laub aufhörte, als alles rings um ihn schweigend dalag, begann er ein Geräusch zu hören, ein Murmeln, das Murmeln fließenden Wassers. Er spitzt die Ohren. Ja, es ist so! Er ruft: ‹Die Adda!› Er hatte einen Freund gefunden, einen Bruder, einen Retter»[56].

«Salvatore» sagt Manzoni. Das Wort ist in diesem Zusammenhang vielleicht mit «Erlöser» zu übersetzen. Denn das lebendige Wasser – es ist wieder das Wasser der Adda, des Flusses, der durch die verlorene Heimat strömt – verkündet sich dem in der Angst der Welt Beklommenen wie eine Heilsbotschaft. Wir müssen es, vermutlich nach dem Willen Manzonis, offen lassen, inwiefern es als Heilsbotschaft gemeint ist.

Doch nun ereignet sich etwas Ähnliches auf dem Leidensweg Lucias. Der Parallelismus ist unverkennbar, nur daß jetzt alles, was wir dort nur ahnungsweise mitzuhören glaubten, zum cantus firmus wird. Es sind die Glocken, die nach der Schmerzensnacht Lucias und nach der Sündenqual des Ungenannten erklingen. Die kompositorische Bedeutung dieser Glocken ist einzigartig. Wir haben etwas mehr als die Hälfte des uns bestimmten Weges durchmessen, ungefähr also die Stelle erreicht, die man in einem im Element der Zeit sich ereignenden Kunstwerk, in Musik und Dichtung, als Mitte empfindet. Die Not der Verlobten scheint ausweglos. Renzo muß seinen Namen ändern, um den Häschern zu entgehen. Wie sollen die Frauen ihn wieder finden? Lucia hat durch ihr Gelübde für immer auf die Vermählung verzichtet. Was könnte da sogar das Wiedersehen der Verlobten helfen? Doch nun erklingen die Glocken und verkünden die Ankunft des Kardinals. Vernünftigerweise können wir uns keine Rettung von diesem Ereignis versprechen. Doch keine Vernunft ist auch imstande, uns den Glauben auszureden, den die Glocken aufgeweckt haben. Ist es der Glaube an ein irdisches oder ein überirdisches Heil? Wir wissen es nicht und würden auch nicht, im Sinne Manzonis, wahrhaft glauben, wenn wir uns fragen wollten, ob dieses Heil oder jenes Heil gemeint sei. Der Dichter nötigt uns, die Frage «überirdisch oder irdisch?» dem Willen Gottes zu überlassen. Man hat gesagt, man befinde sich in diesem Roman nie in freier Luft; alles spiele sich gleichsam unter einem Kirchengewölbe ab. Das war, von einem profanen Standpunkt aus, natürlich als Tadel gemeint. Wir haben hier Glaubensbekenntnisse weder abzulehnen noch zu vertreten. Wir wollen den inneren Zusammenhang der Welt Manzonis verstehen und zeigen. Da könnte uns nichts willkommener sein als eben dieser vermeintliche Tadel. Alles ist bei Manzoni wirklich von einer Kirche überwölbt. Nur daß dies Gewölbe für seinen Blick an Größe dem Himmelsgewölbe gleichkommt. Auch dies bezeugt der Klang der Glocken, die in der Nähe und Ferne erschallen und von den Bergen widerhallen, in denen sich nur etwas immer und überall Gegenwärtiges, aber meist Verborgenes offenbart.

Wir können sie nicht wieder vergessen. Der cantus firmus ist festgelegt und tönt im Hintergrund bis zum Schluß, auch wenn davon nicht mehr die Rede ist. Und darauf bleiben wir angewiesen. Die Leiden sind nämlich noch nicht zu Ende. Wir nehmen zwar an, daß es von jetzt an nur noch aufwärts gehen könne. Und wirklich: eine so furchtbare Nacht wie in dem Schloß des Ungenannten wird Lucia nicht wieder erleben; und Renzo wird nicht wieder so unmittelbar gefährdet sein wie in Mailand. Doch nun scheint alles durch den Ausbruch der Pest von neuem in Frage gestellt. Über Renzo beruhigen wir uns bald. Die Nachrichten über Lucia aber zögert Manzoni lange hinaus. Wir wissen, es ist unmöglich, daß sie uns nicht genesen wieder begegnet. Ihr Tod widerspräche aller künstlerischen, sittlichen und religiösen Erwartung. Bekanntlich vermindert aber eine solche Gewißheit die Spannung nicht. Wir wissen, *daß* sich alles lösen, aber nicht, *wie* es sich lösen wird, und teilen Renzos Angst und Sorge – nicht zuletzt auch deshalb, weil der Erzähler dieses Finale mit vollem Orchester instrumentiert hat, und zwar durch die unerträgliche Schwüle, die über dem verseuchten und schon halb ausgestorbenen Mailand lastet, durch das Wetter, das aufzieht und sich schließlich in einer Sintflut entlädt, die alles wegzuschwemmen scheint, in Wahrheit aber als ein heiliges Wasser vom Himmel die Erde reinigt. Es ist der innere Zustand Renzos, aber vor allem des Lesers, den Manzoni mit diesem Wetter auffängt: Was haben wir nicht alles hinter uns! Wie viel steht jetzt noch auf dem Spiel! Das muß uns in der Erzählung als sicht- und fühlbare Wirklichkeit begegnen. Und mit weniger als mit diesem lang erwarteten, lange drohenden, dann wie ein Katarakt herniederbrechenden Naturereignis wäre es nicht getan gewesen. Der Rhythmiker Manzoni zeigt sich in seiner ganzen überwältigenden Größe. Er zeigt sich ebenso darin, wie er nach dieser

Klimax weiterfährt. Padre Cristoforo darf und muß Lucia ihres Gelübdes entbinden, weil sie damit auch über das Schicksal eines anderen Menschen verfügt hat. Don Rodrigo ist tot und wird durch den Marchese abgelöst, der den Verlobten wohlgesinnt ist. Don Abbondio braucht nicht länger um sein persönliches Wohl zu fürchten. So löst sich alles, ohne daß der Erzähler je zu lange verweilen oder sich übereilen würde. Und offenbar liegt ihm, als einem höflichen Menschen, daran, den Leser in vollkommener Freiheit zu entlassen. Man kennt den eigenartigen letzten Satz in Goethes «Wahlverwandtschaften». Eduard und Ottilie sind gestorben und in der Kapelle beigesetzt worden:

«Friede schwebt über ihrer Stätte, heitere verwandte Engelsbilder schauen vom Gewölbe auf sie herab, und welch ein freundlicher Augenblick wird es sein, wenn sie dereinst wieder zusammen erwachen.»

Es ist klar, daß Goethe an eine solche Auferstehung nicht glaubt. Er gibt sich aber harmlos. Er macht dem Leser, der nun endlich aufatmen möchte, eine Konzession und findet es nicht unter seiner Würde, sich, dem Leben zuliebe, zu einer Trivialität herabzulassen. Manzoni würde keinen Satz niederschreiben, zu dem er nicht stehen könnte. Und seine Demut ist so echt, er spricht mit solcher Aufrichtigkeit von seinen «armseligen Schriften» und von seinen «fünfundzwanzig Lesern», daß wir nicht ganz sicher sind, ob wir den letzten Satz des Romans nur als Bescheidenheitstopos nehmen oder wörtlich glauben sollen. Doch wie dem auch sei: der Erzähler verabschiedet sich mit dem liebenswürdigsten Lächeln. Wäre er sich bewußt, welch ein gewaltiges Werk er vollendet hat, so würde er uns damit gleichsam bitten, nun so freundlich zu sein und seine Größe wieder zu vergessen und ihm von Mensch zu Mensch zu begegnen in christlicher Brüderlichkeit. Der letzte Abschnitt lautet nämlich (wieder im Hinblick auf das fingierte Manuskript aus dem siebzehnten Jahrhundert):

«Wenn euch die Geschichte nicht ganz mißfallen hat, so bleibt dem wohlgesinnt, der sie geschrieben, und auch ein klein wenig dem, der sie bearbeitet hat. Haben wir euch aber gelangweilt, so dürft ihr glauben, daß es nicht absichtlich geschehen ist»[57].

Wir sind damit am Ende dessen, was wir uns auszuführen getrauen. Wer nicht geborener Italiener oder gründlich geschulter romanistischer Philologe ist, wird darauf verzichten müssen zu würdigen, was Manzoni in der Geschichte der italienischen Sprache bedeutet. Nur so viel sei hier mitgeteilt, als nötig ist, um zu verstehen, daß er sich auch auf diesem Gebiet vollkommen treu bleibt und nur neue, allerdings höchst mühsame Konsequenzen aus einer Gesinnung zieht, die uns bereits aus seiner Dichtung und seinen historischen, religiösen und ästhetischen Schriften bekannt ist. Er wollte eine in ganz Italien leicht verständliche Prosa schreiben. Eine solche Prosa konnte keine künstlich geschaffene, kein Machwerk eines Einzelnen sein. Sie mußte auf einer alten, noch lebendigen Tradition beruhen. Es durfte ferner keine Sprache sein, die man nur in gebildeten literarischen Kreisen schätzen würde, keine, die sich durch eine Patina ausgezeichnet und durch ehrwürdiges Altertum empfohlen hätte. Sie mußte natürlich wirken und der lebendigen Gegenwart angehören. Für Manzoni kam als solche nur das Toskanische in Betracht. Darunter verstand er aber nicht die Sprache Dantes, Boccaccios und Petrarcas, sondern das Italienisch, das man zu seiner Zeit auf dem Mercato Vecchio in Florenz sprach. Dieser Sprache traute er zu, daß sie ohne Zwang und Selbstverleugnung als Vorbild anerkannt werden und Italien einigen könnte. Und also machte er sich daran, sein eigenes schon abgeschlossenes Werk in das von seinem Gewissen geforderte Italienisch zu übersetzen. Die Mühsal, die er damit auf sich nahm, ist kaum mehr vorstellbar. Er überdachte sein Verhältnis zur Accademia della Crusca; er holte sich Rat bei Autoritäten; er fand die zuverlässigste Hilfe bei Emilia Luti, der florentinischen Erzieherin seiner Enkel, die er wohl immer wieder gefragt hat: «Wie sagt man dafür in Florenz?» So «sah» er, wie Luther, «den Leuten aufs Maul» (er hätte ein feineres Wort gebraucht); und was er erreichte, läßt sich vielleicht auch nur, wenngleich mit einigem Abstand, mit der Leistung Luthers vergleichen.

Damit vollendet sich für uns das Bild des einzigartigen Mannes. Er hatte sich schon früh, seit seinen Tragödien und den «Inni sacri», nie um sich selber, seine eigene problematische Individualität, sondern um große Gemeinschaften, um die Nation und die Kirche, gekümmert. Alles was «nur» interessant war, betrachtete er darum mit Argwohn; und was nach Literatentum schmeckte, war ihm, auch wenn er sein strenges Urteil lieber zurückhielt, ein Ärgernis. Wir haben gesehen, wie er sich mit seiner ästhetischen Askese, mit seinen sittlichen Begriffen, auch mit seiner Kirchentreue alle Wege zu einem großen dichterischen Werk zu verbauen schien und wie gerade das Gegenteil eintrat: wie seine Sittenstrenge, sein Glaube auch für die Dichtung fruchtbar wurden, wie alles, was andere nur als schweres Hindernis empfunden hätten, ihm günstig war und seine verborgensten Kräfte weckte und belebte. Man tut sehr unrecht, für die Zeit, in der die «Promessi Sposi» entstanden, immer wieder zu betonen, daß der Künstler in Manzoni denn doch mächtiger gewesen sei als der Moralist und der Katholik. Wenigstens in den Jahrzehnten 1820 bis 1840 hätte er selber einen solchen Gegensatz nicht zugegeben, so schwer dies uns, die wir die Romantik hinter uns haben, eingehen mag. Eben deshalb war Manzoni aber auch einer der seltenen Geister, denen es gelang, die Literatur mit der Öffentlichkeit zu versöhnen. Der hohe künstlerische Rang der «Promessi Sposi» ist nie bezweifelt worden. Dasselbe Werk jedoch, das auch den verwöhntesten Literaten befriedigt, ist in Italien zum Volksbuch geworden. Es hat die italienischen Patrioten begeistert. Das einfache Volk hat sich darin verstanden gefühlt. Den Gläubigen hat es Trost gespendet. Und all dies hätte sich kaum in solchem einzigartigem Maß ereignet, hätte Manzoni als Mensch mit seiner echten Bescheidenheit und seiner makellosen Lebensführung die Wahrheit seiner sittlichen und religiösen Botschaft nicht verbürgt. Es geht nicht an, ihn nach den geläufigen literarischen Maßen zu messen. Eine Möglichkeit des reinen Dichterischen als Lebensmacht scheint auferstanden zu sein in ihm, die in der Antike des fünften Jahrhunderts vor Christus selbstverständlich, auch im

Mittelalter bis weit ins achtzehnte Jahrhundert lebendig war, doch seit dem letzten Jahrhundert im deutschen, englischen, französischen Sprachgebiet nicht wieder wirklich geworden ist, zum mindesten nicht in so großem Stil und mit so schlichter, aber unwiderstehlicher Überzeugungskraft.

Anmerkungen

Vorwort

1 Nach «Hälfte des Lebens»: «... ins heilignüchterne Wasser»
2 Den Begriff der harmonischen Entgegensetzung entwickelt Hölderlin in dem Aufsatz «Grund zum Empedokles».
3 Goethe, Artemis-Ausgabe, V, 571 f.

Sophokles: König Ödipus

Ausgaben

Sophoclis Fabulae, rec. A. C. Pearson,
Oxford 1955
Sophokles, Tragödien, Deutsch von
Emil Staiger, Zürich 1944

Anmerkungen

1 Nach Max Pohlenz (Die griechische Tragödie, 2. neubearb. Auflage, Göttingen 1954, Bd. II S. 93) fällt die Entstehung in die Mitte der zwanziger Jahre, nach Albin Lesky (Geschichte der griechischen Literatur, 2. neubearb. und erw. Auflage, Bern u. München 1957/58, S. 315), auf Grund einer Parodie in den «Acharnern» des Aristophanes, in die Zeit vor 425.
2 Karl Reinhardt, Sophokles, Frankfurt a. M. 1933.
3 C. M. Bowra, Sophoclean Tragedy, Oxford 1944.
4 Die deutschen Zitate nach: Sophokles, Tragödien, deutsch von Emil Staiger, 3. Aufl. Zürich 1962.
5 Poetik, 1453 a.
6 Vgl. Max Pohlenz a. a. O. II, 195.
7 An Lessing, 31. 8. 1756.

8 An Lessing, 14. 5. 1757.
9 An Nicolai, 2. 4. 1757.
10 An Lessing, 14. 5. 1757.
11 Bowra a. a. O. S. 165.
12 Bowra, a. a. O. S. 165 f.
13 Hölderlin, Sämtliche Werke, hrsg. von F. Beißner, V. Bd., Stuttgart 1952, S. 197.
14 a. a. O. S. 126.
15 a. a. O. S. 127.
16 S. Freud, Ges. Werke II. und III. Bd., London 1942, S. 268 ff.
17 a. a. O., XI. Bd., S. 342 ff.
18 a. a. O., XIV. Bd., S. 89.
19 H. Weinstock, Sophokles, Leipzig 1931, S. 175 und 198.
20 Gespräche, zu Riemer 1803/14.
21 Hegel, Sämtl. Werke, hrsg. von H. Glockner, XIV. Bd., Stuttgart 1928, S. 551 f.
22 Seneca, Oedipus, v. 934.
23 a. a. O., v. 1019.
24 Oeuvres complètes de Voltaire, Tome premier, Paris 1835, S. 93 ff.
25 a. a. O. S. 97.
26 Th. Fontane, Schriften und Glossen zur europ. Literatur, eingeleitet und erl. von W. Weber, II. Bd., Zürich und Stuttgart 1967, S. 217 f.
27 a. a. O. S. 197.
28 An Goethe, 2. 10. 1797.
29 Meine Übersetzung dieser Stelle (siehe Anm. 4) war ungenau und wird hier durch eine neue ersetzt.
30 Vgl. Pohlenz, a. a. O., II 92. Vers 713 scheint Pohlenz entgangen zu sein.
31 Vgl. zur Bedeutung der Orakel Albin Lesky, Der Herren eigner Geist, in: Das Altertum und jedes neue Gute, Stuttgart 1970, S. 79–98.
32 Vgl. Pohlenz a. a. O. I, 219.
33 Schiller an Goethe, 21. 4. 1797.
34 Vgl. dazu die Charakterisierung des dramatischen Stils, in: Emil Staiger, Grundbegriffe der Poetik, 3. Aufl. Zürich, 1956.
35 Schiller an Goethe, 2. 10. 97.
36 Vgl. dazu C. M. Bowra, Sophokles über seine eigene Entwicklung, in: Wege der Forschung, Bd. XCV, Sophokles, hrsg. von Hans Diller, Darmstadt 1967. – Die Stelle bei Plutarch in «De Profectibus in Virtute» c. 7.
37 Schiller an Goethe, 15. 5. 1798.
38 Goethe, Werke (Artemisausgabe) XIII, 642.
39 a. a. O. S. 66.
40 Hölderlin a. a. O., V, 201.
41 Vgl. hier insbesondere C. M. Bowra, Sophoclean Tragedy S. 177. Die sehr weitgehende Deutung bleibe dahingestellt.
42 Den Gegensatz von Schein und Sein rückt Karl Reinhardt a. a. O. in den Mittelpunkt seiner Interpretation.
43 a. a. O. S. 66 ff.
44 So C. M. Bowra a. a. O. S. 174.
45 Vgl. Tycho von Wilamowitz, Die dramatische Technik des Sophokles, in: Philol. Unters. 22, 1917.

46 Hier ist ein Fehler in meiner Übersetzung (vgl. Anm. 4) zu verbessern: V. 251 heißt: «was ich jenen», nicht «was ich jenem fluchte».
47 Schellings Werke, hrsg. von M. Schröter, I. Hauptbd. München 1927, S. 260 f.
48 a. a. O. S. 262.
49 Bowra a. a. O. S. 175 läßt die Frage der Zuweisung offen.
50 Xenien, hrsg. von E. Schmidt und B. Suphan, Weimar 1893, S. 97 f.
51 Zitiert nach: Meisterwerke der Literaturkritik, hrsg. und eingel. von Hans Mayer, Berlin 1954, S. 806 ff.
52 Hegel a. a. O. (Anm. 21), II 367.
53 Vgl. Anm. 50.
54 So mit aller Entschiedenheit A. Lesky a. a. O. (Anm. 1) S. 318.
55 An Goethe, 4. 4. 1797.
56 Vgl. Ernst Howald, Die griechische Tragödie, München 1930.

Horaz: Zum künstlerischen Problem der Oden

Ausgaben

Q. Horatius Flaccus: Oden und Epoden, erklärt von Adolf Kiessling, zehnte Auflage, besorgt von Richard Heinze, Berlin 1960
Q. Horatius Flaccus: Satiren, erklärt von Adolf Kiessling, erneuert von Richard Heinze, elfte Auflage 1977
Q. Horatius Flaccus: Briefe, erklärt von Adolf Kiessling, bearbeitet von Richard Heinze, zehnte Auflage, 1970
Sämtliche Zitate in eigener Übersetzung.

Anmerkungen

1 Vgl. zum Folgenden: Eduard Stemplinger, Horaz im Urteil der Jahrhunderte, Leipzig 1921.
2 Nov. 1806.
3 Hegel. Sämtliche Werke, hrsg. von H. Glockner, 14. Bd. Stuttgart 1928, S. 459.
4 Nietzsche, Werke, Kritische Gesamtausgabe von G. Colli und M. Montinari, 6. Abt. 3. Bd., Berlin 1969, S. 148 f.
5 Übersetzt aus G. Pasquali, Orazio Lirico, Firenze, 1920, S. 602.
6 Walter Wili, Horaz und die Augusteische Kultur, Basel/Stuttgart 1965, S. 122.
7 E. Fraenkel, Horaz, Deutsche Ausgabe, Darmstadt 1976, S. 302.
8 a. a. O. S. 199.
9 Ernst Zinn, Erlebnis und Dichtung bei Horaz, in Wege zu Horaz, hrsg. von H. Oppermann, Darmstadt 1972, S. 383.

10 Siehe dazu Leiv Amundsen, Die Römeroden des Horaz in: Wege zu Horaz, S. 111 f.
11 Wege zu Horaz, S. 112.
12 E. Fraenkel a. a. O. S. 326 ff.
13 Heinz Haffter, Römische Politik und römische Politiker, 1967, S. 112.
14 Ernst Howald, Vom Wesen der lateinischen Dichtung, Erlenbach/Zürich 1948.
15 Jan Hendrik Waszink, Der dichterische Ausdruck in den Oden des Horaz, in: Wege zu Horaz a. a. O. S. 274.
16 Ernst Howald a. a. O. S. 62 ff.
17 a. a. O. S. 167 ff.
18 E. Fraenkel a. a. O. S. 344 ff.
19 Geschichte der Farbenlehre, im Abschnitt Iulius Caesar Scaliger.
20 Der Auffassung, die E. Fraenkel a. a. O. S. 506 ff. vorträgt, hat Carl Becker widersprochen in: Das Spätwerk des Horaz, Göttingen 1963, S. 121 ff.
21 Für die Interpretation dieser Strophe bin ich meinem Kollegen Prof. Dr. Theodor Knecht zu Dank verpflichtet, umso mehr, als der Kommentar von Kiessling-Heinze hier nicht eindeutig ist.
22 Ich zitiere nach einer mündlichen Äußerung.
23 Zitiert nach: Die Dichtungen des Kallimachos, griechisch-deutsch, übertragen, eingeleitet und erklärt von Ernst Howald und Emil Staiger, Zürich 1955, S. 219 ff.
24 Friedrich Klingner, Römische Geisteswelt, München 1961, S. 387.
25 a. a. O. S. 394.
26 Wiener Studien, Neue Folge, Band 10, 1976, S. 199: Zur Komposition Horazischer Oden.
27 Der Ausdruck stammt aus dem Gedicht «Im Spätboot».

Shakespeare: Hamlet

Ausgaben

Text nach: Shakespeares Werke, englisch und deutsch, hrsg. von L. L. Schükking, Tempel-Klassiker, 6 Bde., Berlin und Darmstadt 1965. Zit. nach Akt (röm.) und Szene (arab. Ziffer).
Kommentare:
  A new variorum edition of Shakespeare's Hamlet, ed. by Horace Howard Furness, 2 vol. New York 1877/1963, zit. NV Bd. und S.
  The new Shakespeare, Hamlet, ed. by John Dover Wilson, Cambridge 1936/1972, zit. C. u. S.
  New Swan Shakespeare, Advanced Series, Hamlet, ed. by Bernard Lott, London, 1968/74, zit. Sw. u. S.
John Dover Wilson, What happens in Hamlet, Cambridge 1935/1959, zit. JDW. und S.

Anmerkungen

1 NV, 2, 144.
2 Otto Ludwig, Studien, Leipzig 1891, I, 199f.
3 H. Straumann in: Theater – Wahrheit und Wirklichkeit, Freundesgabe für Kurt Hirschfeld, Zürich 1962, S. 49–68.
4 Vgl. JDW., S. 30ff. und John Erskine Hankins, Politics in Hamlet, zit. nach «Zeitgeschichtliches in Hamlet» in Hamlet-Interpretationen, hrsg. von Willi Erzgräber, Darmstadt 1977, S. 169ff.
5 So etwa F. Gundolf in «Shakespeare, sein Wesen und Werk», Berlin 1928, 2, 47ff.
6 So insbesondere John Dover Wilson a. a. O. S. 39ff.
7 Vgl. C. S. Lewis, Hamlet: The prince or the Poem, zit. nach «Wege der Shakespeare-Forschung», Darmstadt 1971, S. 447ff.
8 Vgl. JDW S. 60ff.
9 Livius I, 56.
10 4. Buch, 13. Kap.
11 An Schiller, 19. Jan. 1802.
12 NV, 1, 221.
13 Goethes «Faust», v. 1581.
14 NV, 1, 145.
15 C, S. 170.
16 C, S. 171f.
17 C, S. 173.
18 Sw, S. 88 bezieht das Erbleichen und die feuchten Augen seltsamerweise auf Hamlet. Ganz offensichtlich kann mit dem «he» nur der Schauspieler gemeint sein, da Hamlet sich im Folgenden ja gerade das Ausbleiben leidenschaftlicher Erregung vorwirft.
19 Vgl. dazu insbesondere JDW, S. 52–86, wo dem vorzüglichen Shakespeare-Kenner allerdings seine ungeheure Gelehrsamkeit zum Verhängnis zu werden scheint. Er setzt bei Shakespeare und bei Shakespeares Publikum dieselbe gründliche Kenntnis der dogmatischen Diskussion voraus, die er sich selber erworben hat.
20 «Wilhelm Meisters Lehrjahre», 4, 13.
21 L. Tieck «Bemerkungen über einige Charaktere im Hamlet...» und «Nachtrag über Hamlets Monolog», zit. nach Ludwig Tieck, hrsg. von H. Kasack und A. Mohrhenn, 2 Bde, Berlin 1943, 2. Bd. S. 41–82.
22 L. L. Schücking in den Tempel-Klassikern bietet zwar die Lesart «in opposing end them», ändert aber Schlegels Übersetzung aus «Durch Widerstand sie enden» in «Im Widerstand zu enden». Siehe dazu auch seine Anmerkung a. a. O. S. IX.
23 Die folgende Interpretation ist weitgehend bestimmt durch Alex Newell, The dramatic context and meaning of Hamlet's «to be or not to be» Soliloquy, PMLA 1965, S. 38–50.
24 Lukas, 9. 62.
25 Sw, S. 100 und andrerseits C, S. 193.
26 Vgl. dazu die meisterhaften, wenn auch nicht in allen Einzelheiten akzeptablen Ausführungen in JDW, S. 137–197.
27 Schillers Werke, hrsg. von O. Güntter und G. Witkowski, Leipzig o. J. 2, 206.

28 8. Buch, 5. Kap.
29 Vgl. dazu insbesondere Ernest Jones, Hamlet and Oedipus, London 1949.
30 Vgl. E. Leisi: «War Hamlet im Schlafzimmer? – eine lexikalische Frage», in: «Aufsätze», Heidelberg 1978, S. 161–166.
31 N. Rowe in der ersten Edition von 1709.
32 JDW, S. 253.
33 4. Buch, 16. Kap.
34 Platon, Phaidon, 115 c.
35 Eine Musterkarte solcher Deutungen findet sich etwa in Friedrich Th. Vischers Ästhetik, passim.
36 Die Formulierung nach M. Heidegger, Platons Lehre von der Wahrheit, Bern 1947, S. 41.
37 Hölderlin, An die Deutschen.
38 Vgl. H. J. Lüthi, Das deutsche Hamlet-Bild seit Goethe, Bern 1970, S. 129.

Manzoni: Die Verlobten

Ausgaben

Sämtliche Zitate in eigener Übersetzung aus:
Tutte le opere di Alessandro Manzoni, a cura di Alberto Chiari e Fausto Ghisalberti, Mondadori 1954ff., Zit. Röm. Ziffer = Abteilung, arab. Ziffern = Bd. und Seite.
Alessandro Manzoni, Opere, a cura di Guido Bezzola, 3 vol. Rizzoli, Milano 1961, Zit. GB röm. Ziffer = Bd., arab. Ziffer = Seite.

Anmerkungen

1 Italo de Feo, Manzoni, l'uomo e l'opera, Mondadori 1971, S. 610f.
2 M. Parenti, Immagini della vita e dei tempi di A. M., Milano, 1942, S. 115.
3 H. von Hofmannsthal, Prosa IV, Frankfurt a. M. 1955, S. 422.
4 VII, 1, 156f.
5 VII, 3, 200f.
6 Feo, a. a. O. S. 110.
7 GB III, 9.
8 GB III, 211.
9 GB III, 45.
10 GB III, 542
11 GB III, 361.
12 GB III, 364.
13 II, 1, 784f.
14 VII, 1, 667.

15 VII, 1, 34.
16 VII, 1, 158.
17 G. Petronio in Antologia della letteratura italiana, Bd. V, Rizzoli 1968, S. 11.
18 Goethe, Artemis-Ausgabe, XIV, Zürich 1950, S. 822.
19 GB III, 420 f.
20 nach A. Momigliano, A. M., Firenze 1948, S. 145.
21 GB III, 500.
22 VII, 1, 133, nach Horaz, de arte poetica v. 311.
23 VII, 1, 227.
24 VII, 1, 244 f.
25 II, 1, 7 f.
26 II, 1, 371 f.
27 VII, 1, 270 f.
28 An H. Meyer, 28. 4. 1797.
29 An Schiller, 23. 12. 1797.
30 II, 3, 143 ff.
31 II, 1, 143 f.
32 II, 1, 256.
33 II, 1, 417.
34 II, 1, 452.
35 II, 1, 673.
36 II, 1, 301 f.
37 II, 1, 672.
38 II, 1, 572.
39 VII, 1, 271.
40 Nach Feo a. a. O. S. 420.
41 An F. Bovet 14. 1. 1888.
42 II, 1, 13 f.
43 II, 1, 34.
44 II, 1, 392.
45 II, 1, 422.
46 II, 1, 365 ff.
47 VII, 1, 484.
48 II, 3, 657.
49 II, 1, 619.
50 nach Feo a. a. O. S. 383.
51 II, 1, 596 f.
52 VII, 1, 448.
53 II, 1, 202.
54 H. von Hofmannsthal a. a. O. S. 422.
55 II, 1, 143.
56 II, 1, 293 f.
57 II, 1, 673.

Inhalt

7
Vorwort

13
SOPHOKLES
König Ödipus

63
HORAZ
Zum künstlerischen Problem
der Oden

119
SHAKESPEARE
Hamlet

221
MANZONI
Die Verlobten

293
Anmerkungen